ISSN 3058-5139

교육담당자와 강사를 위한 핵심 키워드 37가지

강의 트렌드 2026

윤은기 정헌희 박정아 한 민 최동하 장한별
최재용 최주리 조연심 정진수 김순복 김민태

강의 트렌드 2026

1판 1쇄 인쇄 2025년 10월 15일
1판 1쇄 발행 2025년 10월 20일

발행인 한상형
기획 정헌희
편집디자인 김영대
펴낸 곳 한국강사신문
출판등록 제 2019-000092호
주소 서울 용산구 청파로 269, 4층 한국강사신문
전화 02-707-2210
팩스 02-707-2214
홈페이지 www.lecturernews.com
이메일 gaeahh17@gmail.com

ISSN 3058-5139
ISBN 979-11-970348-6-2 13370

※ 이 책은 저작권법에 따라 보호받는 저작물이므로 무단전재와 무단복제를 금지하며, 이 책 내용의 전부 또는 일부를 이용하려면 반드시 저작권자와 한국강사신문의 서면 동의를 받아야 합니다.

※ 잘못된 책은 구입하신 서점에서 바꾸어 드립니다.

※ 책값은 표지 뒷면에 표기되어 있습니다.

Prologue

AI와 초개인화 시대,
교육의 지속 가능성을 말하다

기업교육과 강단의 풍경은 인공지능의 약진, 초(超)개인화 시대의 도래, 하이브리드(hybrid) 근무 환경의 확산으로 전례 없는 변화의 물결 속에 있다.

한상형
(한국강사신문 발행인)

격변의 시대를 맞아 한국강사신문은 교육담당자와 강사들이 미래를 준비하고 새로운 기회를 포착할 수 있는 나침반이 되고자 『강의 트렌드 2026』을 집필하게 되었다.

기업교육은 AI 리터러시와 실무 적용 중심 교육에 대한 수요가 급증하고 있다. 진단 기반 맞춤형 교육으로 학습자 개개인의 성장 경로를 설계하는 방향으로 진화하고 있다. AI는 배워야 할 기술이 아니라 문제 해결의 도구이자 조직 문화를 만들어가는 핵심 요소로 인식되고 있다. 이런 변화 속에서 교육 담당자는 조직과 학습자의 특성을 강사와 공유하고 협업해 교육의 완성도를 높이고, 강사는 조직의 문제를 이해하고 인사이트 제공하며 그 역할이 확장되고 있다.

과거 지시와 통제 중심의 리더십은 구성원의 속도와 언어를 이해하고 연결하는 '적응적 리더십'으로 전환되고 있다. 이제 리더는 혼자서 일을 잘하는 것을 넘어 팀원들이 스스로 성과를 낼 수 있도록 돕는 '코치형 리더'의 역할을 수행해야 한다.

AI 시대에는 팀이 고정된 단위가 아닌 프로젝트에 따라 유동적으로 결성되고 해체되는 유기체로 발전한다. 팀 코칭은 이런 변화 속에서 팀의 역량을 강화하고 성과를 극대화하는 핵심 도구로 부상하고 있다.

초(超)개인화 시대는 역설적으로 인간관계의 중요성을 다시 일깨우고 있다. '관계 인문학'은 의무적이고 권위적인 관계에서 벗어나 자발적인 관계의 본질과 필요성을 이해하는 틀을 제공한다. 직장 내 관계의 질은 조직의 효율성과 구성원의 정신 건강에 직결된다.

하이브리드(hybrid) 근무 환경에서 소통은 '정보신호(InfoSignal)'와

'감정신호*(EmoSignal)*'의 균형을 요구한다. 정보는 명확하게, 감정은 따뜻하게 전달해야 오해를 줄이고 신뢰를 형성하며 협업의 성과를 이끌 수 있다.

전문가 경제 시대에 강사는 지식 전달자보다는 '브랜드 시스템 설계자'이자 '지식 기업가'로 변화해야 한다. 디지털 평판은 보이지 않는 면접관처럼 강사의 신뢰도를 좌우하며, '디지털 카리스마'는 스크린 너머로 전달되는 매력과 영향력의 핵심 요소가 된다.

특히 중장년 강사들에게는 수십 년간 축적된 '경험'이 AI가 결코 흉내 낼 수 없는 독보적인 경쟁력으로 재조명되고 있다. AI는 강사의 경쟁자가 아니라 콘텐츠 기획, 제작, 최적화 등 전 과정에서 효율성을 높이는 강력한 파트너가 될 것이다.

세부 내용으로 정헌희의 「교육담당자가 말하는 2026년 기업교육 트렌드」에서는 2026년을 준비하는 교육담당자가 주목해야 할 핵심 키워드와 생성형 AI가 기업교육에서 어떤 방식으로 실질적 변화를 이끌고 있는가를 살펴본다. 초개인화 시대, 기업교육은 어떻게 구성원의 '맞춤형 성장'을 설계하고 있는지를 알아본다. 특히 교육담당자가 현장에서 직면한 대표 고민은 무엇이며, 어떤 전략으로 대응하고 있는지, 어떤 강사를 선호하는가에 대한 답을 제시한다.

윤은기의 「협업 경영의 시대가 왔다」에서는 'X혁명이란 무엇인가? 초성과와 초리스크의 원인은? 협업경영을 잘하려면? 협업형 인재와 폴리매스 CEO란? 초협업과 협업코디네이터의 역할은?'이란 물음에 명쾌한 해답을 준다.

박정아의 「생존하는 조직, 어댑티브 리더십에 주목하라!」에서는 '세상의 변화에 탑승하기 위한 리더십 방법은 무엇인가? 어댑티브 리더십의 개념은 무엇이며, 왜 지금 시대에 필요한가? 리더의 강력한 소셜스킬, 커넥티브 파워는 어떻게 실현되는가?'에 대한 길을 안내한다.

한민의 「나 홀로 시대 '관계 인문학'에 주목하라」에서는 '초개인화 시대에 왜 관계가 중요해지는가? 인간은 왜 관계를 맺어야 하는가? 기업에서 관계 인문학 강의는 왜 필요한가?'에 대해 명쾌하게 풀어낸다.

최동하의 「AI 시대의 팀의 변화와 팀코칭」에서는 '현대 조직에서 AI 시대의 팀의 구조와 기능은 어떻게 변화하고 있는가? 이러한 변화 속에서 팀코칭은 어떤 역할을 수행해야 하는가? 성공적인 AI 활용 팀코칭을 위해 코치는 어떤 역량과 접근 방식을 갖추어야 하는가? 팀코칭과 팀코칭 강의의 차이는 무엇이며 팀코칭 강의는 어떻게 준비해야 하는가? 디지털 환경 변화에 대응하기 위한 팀코칭과 팀코칭 강의의 발전 방향은 무엇인가?'에 대해 심층적으로 분석한다.

장한별의 「하이브리드 커뮤니케이션 시대의 '인포시그널과 에모시그널'」에서는 '하이브리드 워크 시대, 커뮤니케이션은 어떻게 변화하고 있나? 하이브리드 커뮤니케이션, 일반적인 소통이 아니라 왜 '조직 생존 전략'이 되었을까? '인포시그널'은 어떻게 커뮤니케이션을 명확하게 만드는가? 감정 없는 디지털 대화, '에모시그널' 없이 협업은 지속 가능한가? 인포시그널과 에모시그널은 어떻게 조직의 전략적 커뮤니케이션 시스템으로 자리 잡을까?'에 대해 생각해보고 이에 대한 명쾌한 해답을 제시한다.

최재용의 「AI 영상제작 혁명, 미래는 지금 시작됐다」에서는 '왜 AI 영상제작이 기업에게 중요해지고 있는가? AI 영상제작 기술은 어떻게 콘텐츠 시장을 변화시키고 있는가? 기업에서 AI 영상제작 강의는 왜 필요한가? 기업교육에서 다뤄야 할 AI 영상제작의 주요 주제는? AI 영상제작 강의는 앞으로 어떻게 변화할 것인가?'라는 물음에 실전적인 해답을 준다.

최주리의 「와인플로(wine flow), 지식이 넘친 조직에 감정을 흐르게 하라」에서는 '지식은 넘쳤지만, 왜 조직은 여전히 변화되지 않는가? 지금 기업교육에서 '감정'과 '경험'이 중요한 이유는 무엇인가? 초개인화 시대, 왜 조직은 감정 기반 학습을 다시 고민해야 하는가? 감정 회복과 관계 설계에 '와인'은 어떤 교육적 기능을 할 수 있는가? 조직 교육에서 감정이 흐르도록 구성하기 위한 방식으로 '와인플로'는 어떤 가능성을 제시하는가?'에 대한 물음에 적절한 답변을 제시한다.

조연심의 「전문가 경제 시대의 강사 브랜딩 전망」에서는 '전문가 경제 시대에 강사는 무엇을 해야 하는가? 퍼스널 브랜딩 2.0이란 무엇이며, 기존 브랜딩과 어떻게 다른가? 디지털평판 브랜딩은 강사들에게 어떤 기회를 제공하는가? 디지털카리스마를 위해 강사들은 어떻게 브랜드를 강화할 수 있는가? AI 퍼스널 브랜딩이 강의 환경에서 필요한 이유는 무엇인가?'를 심도 있게 다룬다.

정진수의 「AI와 디지털 대전환 시대, 강사가 준비해야 할 SNS

전략」에서는 'SNS 강의 시장은 어떻게 진화해왔으며, 지금의 변화는 무엇을 의미하는가? 2026년, 생성형 AI와 디지털 환경의 전환 속에서 SNS 강의 시장은 어떤 방향으로 재편되는가? 강사는 어떻게 디지털 트렌드를 강의 기회로 연결할 수 있을까? 강사 브랜딩과 콘텐츠 전략에 있어 각 SNS 플랫폼은 어떤 기준으로 선택하고 활용해야 하는가? 앞으로 강사가 경쟁력을 유지하기 위해 반드시 갖춰야 할 역량은 무엇인가?'에 대한 물음에 답안을 준다.

김순복의 「'경험의 르네상스', AI 시대 중장년 강사가 선택받는 이유」에서는 'AI가 많은 것을 대체하는 시대, 중장년 강사의 경험만큼은 왜 절대 흉내 낼 수 없는가? MZ세대 학습자에게 중장년 강사의 경험을 어떻게 팔아야 하나? 기술에 약한 중장년 강사가 AI 도구를 활용해 경쟁력을 높이는 구체적인 방법은? 세대 간 갈등이 심한 조직에서 중장년 강사는 어떻게 '번역자' 역할을 할 수 있는가? 은퇴 후 제2의 커리어로 강사가 되려면, 어떤 경험부터 콘텐츠화해야 할까?'라는 현실적이고 구체적인 해답을 제시한다.

김민태의 「강사가 강사에게 전하는 원포인트 레슨」에서는 분야별 최고 강사는 어떤 비법이 있는지에 대한 의미 있는 성찰을 제시한다. 특히 최고 강사 대부분이 '실패'라는 공통분모를 가지고 있다는 점, 콘텐츠를 공유한다는 철학, 청중 중심의 사고방식, AI 시대에 대한 관점, 진정성이 있다는 점이 주목할만한 결과였음을 보여준다.

2026년의 '강의 트렌드'는 어떻게 학습자를 움직이고 변화를 이끌어낼 것인가에 대한 깊은 성찰을 요구한다.

『강의 트렌드 2026』은 이런 시대적 요구에 발맞춰 교육담당자와 강사 모두에게 실질적인 통찰과 실행 가능한 전략을 제시한다. 이 책이 제시하는 다양한 트렌드와 전문가들의 생생한 목소리를 통해, 모든 교육 관계자들이 새로운 시대를 기회로 삼아 끊임없이 성장하고 혁신하는 데 큰 도움이 되기를 바란다.

『강의 트렌드 2026』은 다가올 미래 교육의 지형을 예측하고, 그 속에서 우리의 역할을 재정립하는 중요한 출발점이 될 것이다. 독자 여러분의 강의 여정이 더욱 풍요롭고 의미 있는 변화로 가득하기를 기원하며, 한국강사신문이 그 여정과 늘 함께하겠다.

2025년 10월 어느 날
한국강사신문 한상형 대표

Contents

Prologue 한상형 | AI와 초개인화 시대, 교육의 지속 가능성을 말하다 ⋯3

Part 1. 기업교육 트렌드

정현희 | 교육담당자가 말하는 2026년 기업교육 트렌드 ⋯⋯⋯⋯⋯ 16
- 요즘 기업교육 트렌드 '생성형 AI & 초개인화' ⋯⋯⋯⋯⋯⋯⋯ 21
- 교육담당자의 고민과 현장에서 찾은 8가지 대응 전략 ⋯⋯⋯ 32
- 교육담당자와 강사는 협업 파트너 ⋯⋯⋯⋯⋯⋯⋯⋯⋯⋯⋯⋯ 44

Part 2. 강의 트렌드

01 윤은기 | 협업 경영의 시대가 왔다 ⋯⋯⋯⋯⋯⋯⋯⋯⋯⋯⋯⋯ 58
02 박정아 | 생존하는 조직, 어댑티브 리더십에 주목하라! ⋯⋯⋯ 76
03 한　민 | 나 홀로 시대 '관계 인문학'에 주목하라 ⋯⋯⋯⋯⋯ 108

04 최동하 | AI 시대의 팀의 변화와 팀코칭 ·················· 136

05 장한별 | 하이브리드 커뮤니케이션 시대의
　　　　　'인포시그널과 에모시그널' ························ 168

06 최재용 | AI 영상제작 혁명, 미래는 지금 시작됐다 ············ 194

07 최주리 | 와인플로, 지식이 넘친 조직에 감정을 흐르게 하라 ······ 214

Part 3. 강사 트렌드

01 조연심 | 전문가 경제 시대의 강사 브랜딩 전망 ················ 242

02 정진수 | AI와 디지털 대전환 시대, 강사가 준비해야 할
　　　　　SNS 전략 ·· 274

03 김순복 | '경험의 르네상스', AI 시대에 중장년 강사가
　　　　　선택받는 이유 ·· 304

Part 4. 강사의 진심

김민대 | 강사가 강사에게 전하는 원포인트 레슨 ················ 336

- 강사의 기준을 다시 묻다 ·· 339
- 42년 강단의 비밀, 시대를 반 박자 먼저 읽어라 ················ 343
- 맞춤형에서 독보적 강사로 거듭나는 법 ······························ 348
- 경험은 AI 시대 특별한 무기가 된다 ····································· 353
- 자기 이야기의 힘 ·· 358
- 나눌수록 강해지는 강사의 길 ·· 362
- 경험 없는 강의는 공허할 뿐입니다 ······································ 366
- 인간다움이 우리를 더 좋은 강사로 만듭니다 ···················· 370
- '청중을 먼저 생각하라', 그 진짜 의미에 대하여 ················ 374
- 청중의 문제 해결까지 가야 비로소 완성 ···························· 378
- 수식어가 있는 강사가 되어야 합니다 ································· 382

Epilogue 정헌희 | "교육은 나눌수록 깊어지고, 지식은 나눌수록 커진다." ·· 387

교육담당자가 말하는
2026년 기업교육 트렌드

"성장은 우연히 일어나지 않는다. 그것은 선택과 의지, 그리고 반복되는 실천에서 온다."

- 존 맥스웰 -

정현희
(한국강사신문 강사사업본부장)

· 한국강사신문 강사사업본부장
· 한국강사에이전시 대표
· 『강의 트렌드 2025』, 『남자는 고쳐 쓰는 거 아니다』 등 기획

해시태그

#AI활용 #문제정의 #진단기반맞춤교육 #데이터기반 #러닝저니
#실무중심 #조직문화 #자발적참여 #AI추천큐레이션 #리더십
#강사컨설턴트 #강사협업

핵심질문

1. 2026년을 준비하는 교육담당자가 주목해야 할 핵심 키워드는 무엇인가?
2. 생성형 AI는 기업교육에서 어떤 방식으로 실질적 변화를 이끌고 있는가?
3. 초개인화 시대, 기업교육은 어떻게 구성원의 '맞춤형 성장'을 설계하고 있는가?
4. 교육담당자가 현장에서 직면한 대표 고민은 무엇이며, 어떤 전략으로 대응하고 있는가?
5. 교육담당자는 어떤 강사를 선호하는가?

교육담당자가 말하는
2026년 기업교육 트렌드

지금, 기업교육은 다시 질문을 던지고 있다

"이 강의를 들으면, 내 일에 도움이 될까?" 요즘 기업의 구성원들은 예전보다 더 교육의 이유를 묻는다. 업무는 바쁘고, 시간은 부족하다. 하지만 사람들은 배움을 멈추지 않는다. 교육은 더 나은 성과를 위한 전략이자 스스로의 성장을 위한 무기이기 때문이다. 과거에는 정해진 교육을 수동적으로 따랐다면, 이제는 필요한 강의를 스스로 선택해 듣는 방식으로 바뀌고 있다.

"이 강의가 구성원의 성장을 이끌어낼 수 있을까?", "교육이 실제 업무에 적용되려면 어떻게 구성해야 할까?" 교육담당자의 고민 역시 깊어지고 있다. 이에 따라 교육의 기획 방식, 콘텐츠 구성, 강사 선정 기준까지 새롭게 변화하고 있다.

실제로, ATD (Association for Talent Development) 2025에서는 'AI', '성

과 중심의 교육 설계', '맞춤형 학습 경험', '몰입도 높은 실습 중심 교육'이 글로벌 교육 트렌드로 제시되었다. 이는 국내 기업교육의 흐름과도 맞닿아 있다.

생성형 AI와 초개인화 시대, 기업교육의 실질적인 성과를 위해서는 교육 기획 단계에서 교육담당자와 강사의 협업이 중요하다. 교육담당자가 조직과 학습자의 특성을 공유하고, 강사는 이를 바탕으로 조직에 맞는 콘텐츠를 구성해 교육의 완성도를 높일 수 있다. 이제는 조직의 문제를 이해하고 인사이트를 줄 수 있는 강사가 주목받는 시대다.

2026년 기업교육 트렌드는 어떻게 변화할까?

기업교육 현장에서 지금 어떤 변화와 고민이 일어나고 있는지 알기 위해 다양한 산업군의 교육담당자 121명을 대상으로 설문 조사와 인터뷰를 진행했다. 이 글은 다음의 세 가지 흐름을 중심으로 구성된다.

첫째, 생성형 AI와 초개인화 시대를 맞아 기업교육의 학습 환경이 어떻게 변화하는지를 살펴본다. 둘째, 교육담당자가 현장에서 마주하는 고민을 분석하고, 실제 사례로 그 해결 방안을 탐색한다. 셋째, 기업이 선호하는 강사의 특징과 역량을 알아보며, 교육 현장에서 강사의 역할을 재조명한다.

기업마다 환경과 업태, 직면한 이슈가 다르기에 모든 기업에 똑같이 적용되기는 어렵다. 하지만 이런 흐름을 정확히 읽는 것은

2026년을 준비하는 교육담당자와 강사 모두에게 필요한 출발점이 될 것이다.

■ **교육담당자 121명이 꼽은 관심 키워드**(중복선택, 설문조사기관: 한국강사신문)

1. 생성형 AI 활용 (리터러시) 77.7%
2. 리더십 및 핵심인재 양성 59.5%
3. 조직문화 및 조직개발 45.5%
4. 직무전문교육 31.4%
5. 변화관리 21.5%
6. 자발적 학습문화 구축 17.4%
7. 초개인화 15.7%
8. 진단기반교육 / 협업 각 13.2% (공동 8위)

1. 요즘 기업교육 트렌드 '생성형AI & 초개인화'

'생성형 AI'는 기업교육에서 가장 많이 언급되는 키워드다. 기업교육 역시 디지털 전환의 흐름 속에서 AI 리터러시와 업무 효율화를 위한 현업 적용 교육 수요가 늘고 있다. 또한 초개인화 시대에 맞춰 '진단기반교육'도 주목받고 있다. 사전 진단을 통해 학습자의 수준을 반영한 맞춤형 교육 설계가 교육만족도를 높이는 주요 요인으로 떠오르고 있기 때문이다.

기업 HRD 담당자들이 주목하고 있는 기업교육의 핵심은 '구성원의 성장'과 '조직의 성과'다. 교육은 조직의 핵심가치와 비전에 부합해야 한다. 강사 또한 기업의 이슈와 방향성을 깊이 이해한 상태에서 콘텐츠를 설계해야 교육 효과를 극대화할 수 있다.

한국강사신문이 국내 교육담당자 121명을 대상으로 진행한 설문조사 결과를 통해 '2026년 기업교육 트렌드'를 살펴보자.

1.1. 기업교육 "생성형AI 리터러시 & 활용"

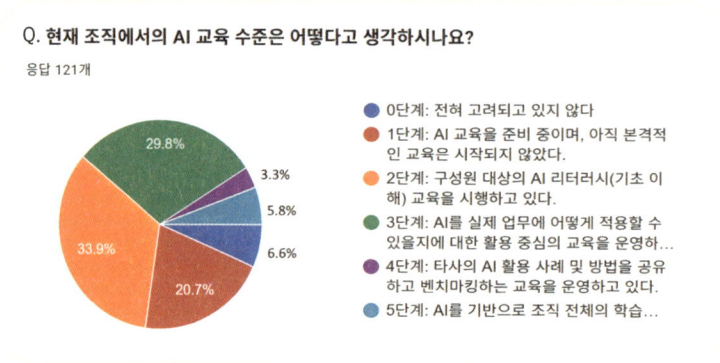

"Q. 현재 조직에서의 AI교육 수준은 어떻다고 생각하시나요?"라는 질문에 기업마다 차이를 보였다. 가장 많은 응답은 '2단계: 구성원 대상의 AI 리터러시(기초 이해) 교육 시행'으로 33.9% 이다. 그 뒤를 이

어 '3단계: 실무 활용 중심 교육'이 29.8%를 차지했다. 고도화된 수준인 5단계 조직 전체의 학습·업무 시스템에 AI 적용은 5.8%, 4단계 타사 사례 벤치마킹은 3.3%로, 전략적 수준의 AI 교육을 하고 있는 기업은 전체의 약 10% 정도다. 반면, AI 교육을 아직 준비 중이거나 (1단계, 20.7%), 전혀 고려하지 않는 상태(0단계, 6.6%)라는 응답이 27.3%에 달해, AI 교육에 본격적으로 착수하지 못한 기업도 적지 않다.

이처럼 기업마다 AI 교육의 깊이와 진척 수준은 다르다. 전반적으로 업무 효율성과 성과 창출을 위한 AI 도입은 확장되는 추세다. 각 조직은 자신만의 속도와 방식으로 'AI 학습 환경'을 만들고 있다. 보안의 이슈를 해결하기 위해 자체 AI를 개발해 운영하는 기업들이 늘어나고 있다. 중요한 점은 AI를 '배워야 할 기술'로만 보지 않고, '문제해결의 도구', 나아가 '조직문화를 만들어 가는 도구'로 바라보는 시각이다. AI를 잘 활용해서 업무성과와 조직의 생산성을 높이는 방식 자체가 하나의 조직문화로 자리 잡아가고 있다.

앞으로 AI 교육은 '실제 업무에 어떻게 활용할 것인가?'를 중심으로 구성되어야 한다. 이는 교육담당자와 강사 모두에게 중요한 기획 포인트가 될 것이다. 기업에서 운영하는 AI 교육 사례를 알아보자.

AI 리터러시 교육, 참여와 활용으로 연결하다.

"Q. 최근 교육 트렌드 변화에 따라 새롭게 도입한 강의나 프로그램이 있나요?*(중복선택)*"라는 질문에 1위 AI 실습 및 현업 활용 중심 강의*(66.1%)*, 2위 AI트렌드 및 타사 사례 중심 강의*(33.1%)*, 3위 코칭*(24%)*, 공동 4위로 리더십 교육*(18.2%)*과 진단기반 맞춤형 교육*(18.2%)*이라는 응답이 나왔다. 기업교육 현장에서 AI교육은 리터러시 교육을 지나, 직무 연계와 실전 적용 능력을 강화하는 방향으로 변하고 있다. AI를 활용해 일을 더 잘하는 방법에 대한 실전 교육이 필요하다는 인식이 커지고 있다.

한국타이어는 2022년 11월 챗GPT가 나온 후 이듬해 3월부터 본격적인 AI리터러시 교육을 진행했다. 현재는 데이터 분석, 파이썬, 프롬프트 엔지니어링 등 기본적인 AI 이해 교육뿐 아니라 영상 제작 교육까지 포함해 교육 범위를 넓히고 있다. 특히 마케팅팀의 경우, 시장조사와 데이터 분석에 AI를 적용하고자 하는 요청이 많아지면서 직무 맞춤형 AI 활용 교육이 중요한 과제로 떠오르고 있다.

IT 역량이 높은 카카오모빌리티는 'AI 아카데미'를 운영하고 있다. 'AI 아카데미' 교육은 구성원들이 AI의 한계, AI의 장·단점을 스스로 체득해 실무에 활용할 수 있는 인사이트를 얻기 위해 기획됐다. 참여도와 만족도 모두 높은 평가를 받고 있다. 교육은 3개의 세션으로 나눠 진행된다.

'트렌드 데이'는 마이크로소프트, 구글 등 현업 전문가들이 AI 기술 발전 현황을 소개한다. '케이스 데이'에서는 다양한 기업의 AI 활용 사례를 공유한다. '메이커스 데이'는 학습자들이 실제로 AI를 활용해 새로운 서비스를 만들어 보는 실습 과정이다. 교육담당자는 "AI교육은 AI기술의 발전이 대단함을 알리는 것이 아니다. 현재 해결해야 하는 '문제를 명확하게 정의'하고, 이것을 어떻게 해결할지를 'AI를 활용해 해결'해보는 것이다."라고 말한다.

1.2. 초개인화 시대, 기업교육은 '나만의 성장 경로'를 설계한다

초개인화 시대의 기업교육은 구성원이 자신의 성장 경로를 설계할 수 있도록 돕는다. 그 과정에서 조직과 구성원이 함께 성장하는 상호 발전의 방향으로 나아가고 있다.

AI 추천 큐레이션 교육

"통합 러닝플랫폼 등에서 자기 역량 진단 등을 통해 개인별 맞춤 학습이 진행될 것으로 보입니다." [전 DB인재개발원 교육담당자]

"Q. 조직에서 초개인화 학습을 적용하고 있는 방식은 무엇입니까?(중복선택)"라는 질문에 1위 직무별 필요한 스킬학습, 업스킬링·리스킬링 등(48.8%), 2위 AI기반 추천 시스템을 활용한 학습지원(41.3%), 3위 진단프로그램 결과에 따른 맞춤형 커리큘럼 설계 및 운영(22.3%), 4위 LMS(Learning Management System) 지원(21.5%), 5위 조직 내 자발적 스터디 운영(18.2%) 순으로 나왔다.

 기업의 경영 환경은 크고 작은 불확실성 속에서 빠르게 변하고 있다. 사업 방향도 민첩하게 조정되고 있다. 이 과정에서 구조조정이나 직무 전환이 빈번하다. 각자의 업무에 적합한 스킬셋에 대한 요구도 높아지고 있다. 이에 리스킬링과 업스킬링이 기업교육의 핵심 과제로 부상했다.

 특히 AI 기술이 학습 설계에 접목되면서 '진단기반의 맞춤형 학습'이 확산되고 있다. ATD 2025에서도 'AI 추천 큐레이션 교육'이 주요 트렌드로 제시되었다. AI는 학습자의 데이터를 분석해 직무별로 필요한 역량이나 기술을 파악한다. 맞춤형 학습 경로 제시, 콘텐츠 제공, 피드백을 통해 구성원이 무엇을 배워야 하는지를 알려준다. AI를 활용한 '교육 추천 큐레이션'은 구성원의 직무 수행과 경력 개발에 실질적인 도움을 줄 것으로 보인다.

진단기반 맞춤형 교육의 도입과 활성화

 진단기반 교육(사전 진단을 통해 학습자나 조직의 역량과 수준을 파악하고, 그 결과를 바탕으로 맞춤형 교육을 설계하는 방식)은 기업교육 현장에서 점차 확산되고 있다.

 "Q. 조직에서는 진단기반 교육을 어느 정도로 운영하고 있습니까?"라는 질문에 '일부 운영 중'(43.8%), '파일럿 수준'(19.8%), '매우 활발히 운영 중'(13.2%)이라고 응답자의 76.8%가 진단기반 교육을

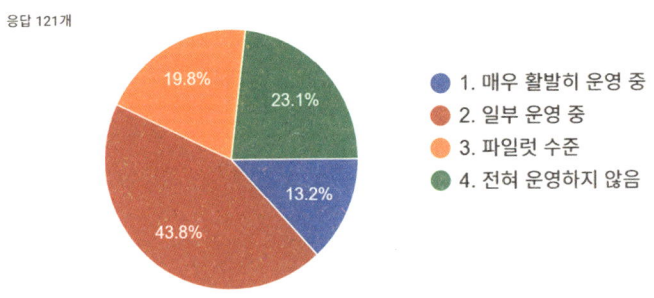

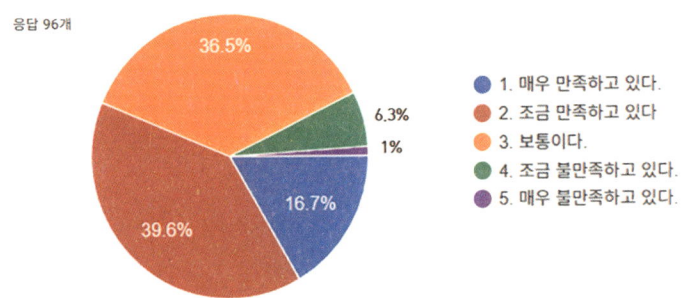

운영하는 것으로 나타났다. 반면 '전혀 운영하지 않음'이라는 응답도 23.1%에 달해, 진단기반 교육이 아직 보편화된 단계는 아니며, 조직에서 시범 운영이나 제한적 실행 단계임을 보여준다.

운영 중이라고 답한 조직을 대상으로 만족도 조사를 진행한 결과

'조금 만족하고 있다'(39.6%), '보통이다'(36.5%), '매우 만족하고 있다'(16.7%)가 나왔다. 진단기반 교육의 실효성에 대한 현장의 평가는 분분하다.

긍정적인 반응으로는 "팀 맞춤 설계에 대한 리더들의 만족도가 높다", "실제 페인포인트(pain point) 해결 중심의 실습이 효과적이다", "진단, 피드백, 현업 적용이 가능하다" 등의 의견이 있었다. 반면 "진단 도구의 신뢰도 부족", "조직 문화상 정확한 진단이 어렵다", "진단 후 교육 연계가 미흡하다", "진단만 했지 피드백 이상의 효과는 없다" 등 회의적인 의견도 다수 제시되었다. 이런 결과는 진단기반 교육이 진행은 되고 있으나 실행력, 시스템화, 구성원의 수용 태도 등에서 과도기임을 보여준다.

특히 진단 결과와 교육콘텐츠의 연계성, 맞춤형 설계 역량, 실무 적용 가능성은 향후 진단기반 교육의 핵심 개선 포인트가 될 것으로 보인다. 이 점이 개선된다면 진단기반 교육은 학습자의 몰입도와 조직의 성과를 동시에 높이는 강력한 솔루션으로 자리매김할 가능성이 크다.

진단기반 교육을 활용하는 OB맥주는 "진단교육은 교육과정을 풍부하게 해주는 역할을 한다. 특히 리더십 교육에서 '자기 인식' 용도로 활용되며, 어떤 진단 기법을 사용하느냐에 따라 효과가 다르다."라고 말했다. HD현대마린솔루션은 "'심오피스'와 같은 진단기반 교육의 만족도가 높아, 전사적으로 확대하자는 니즈가 있다."

라고 말해 진단기반 교육의 확산 가능성을 보여준다. 중소벤처기업 연수원은 "기업별, 개인별 역량과 니즈를 정밀하게 진단하고 이에 맞춘 맞춤형 교육 과정이 표준이 될 것이다."라고 말했다.

1.3. 매년 반복되는 교육, 리더십 교육은 여전히 '핵심'이다

"매년 꼭 운영하는 교육이지만, 구성원들의 니즈를 반영하여 교육을 운영하고 있어요."

리더십 교육, 직무교육, 신입사원 및 승진자 교육(윤리경영, 핵심가치 외), 마케팅 교육 등은 해마다 진행하는 강의 주제다. 흥미로운 것은 반복되는 교육 안에서도 운영 방식은 조금씩 달라지고 있다는 점이다. 설문조사, 교육 피드백을 통해 구성원의 니즈를 반영한 교육을 운영하며, 내용과 방식은 유연해지고 있다. 최근 리더십 교육은 이론 중심에서 벗어나 실전 중심으로 이동하고 있다. 구성원과의 면담, 갈등 상황, 성과 압박 등 현실에서 마주하는 문제를 어떻게 해결할 수 있을지가 중요하다.

NCSOFT는 신임 임원을 대상으로 리더십 진단 후 개별 코칭 프로그램을 운영하고 있다. 경험 많은 외부 전문 코치가 참여해, 전환기 리더의 고민을 함께 다룬다. "리더십 강의는 성과면담 등 시나리오 코칭 형식의 강의, 실패 사례나 실제 대화법을 구체적으로 알려주는 강의가 가장 반응이 좋았다"라고 교육담당자는 말한다. 이론만 전달하기보다는 '나도 저렇게 해볼까?'라는 현업에 적용해볼 수 있는 아이디어를 얻는 실전형 강의가 특히 높은 평가를 받고 있다.

HD현대마린솔루션은 리더를 대상으로 합숙형 리더십 교육을 운영하고 있다. 처음엔 1박 2일 일정으로 파일럿 형태로 진행됐지만, "존중받는 느낌이 좋았다."라는 후기가 이어지며 합숙 형태로 운영되는 인기 과정이 되었다. 리더로서의 정체성과 책임감을 일깨우는 경험 중심 교육으로 설계된 셈이다.

S사는 승급자를 대상으로 한 리더십 프로그램을 직접 운영한다. 전문코치가 신임 임원을 코칭하여, 코치형 리더 양성에 힘쓰고 있다. 자연스럽게 코칭의 핵심인 '경청'과 '질문'을 익힌다. 이런 리더십은 조직문화에 긍정적인 영향을 미치며, 소통을 촉진하고 구성원의 성장을 지원하는 문화를 만든다. 나아가 자발적 학습을 장려하는 조직문화로 발전하고 있다.

교육으로 만들어가는 조직문화

기업교육은 조직문화를 형성하고 확산시키는 중요한 토대다. 자율적인 참여, 지식의 공유, 일하는 방식의 변화까지 모두 교육으로 만들어가는 조직 문화의 일부다.

S사는 사내 학습 플랫폼을 통해 교육은 물론 조직 소식도 투명하

게 공유한다. 이를 통해 구성원의 자율성과 유대감을 높이고 있다. 교육담당자는 "조직은 구성원이 성장할 수 있는 환경을 만드는 것이 중요하다. 구성원은 그 안에서 성장 욕구를 실현하며 조직과 함께 발전해야 한다."라고 말한다. 실제 교육 역시 구성원의 세대와 경력에 따른 니즈를 반영해 설계하고 있다. 저경력자는 '성장', 중경력자는 '승진과 미래', 고경력자는 '퇴직 이후'에 관심을 둔다.

카카오모빌리티 교육담당자는 "회사가 더 이상 평생직장이 되기 어려운 시대, 기업교육은 구성원이 '나만 할 수 있는 일'을 찾게 도와야 한다. 그것이 개인의 경쟁력이고, 회사에서 직원의 경쟁력이고, 초개인화의 성장 동력이 될 것이다."라고 강조한다. 실무 능력을 높이는 데 그치지 않고, 자신만의 고유한 역량을 발견하고 업(業)을 설계할 수 있게 지원하는 교육 환경이 필요하다는 것이다. 이런 교육은 구성원이 주도적으로 성장의 방향을 설정하고 실행하도록 돕는 데 초점을 두고 있다. 결과적으로 개인의 성장이 조직의 성과로 이어지는 기반을 마련한다는 점에서 의미가 크다.

한편 코스맥스BTI 교육담당자는 초개인화가 강조될수록 오히려 '팀 단위 교육'이 중요하다고 본다. "개인의 전문성만으로 성과를 내기 어려운 구조다. 팀의 협업과 시너지를 높이는 교육이 결국 조직성과로 연결된다." 개인 중심에서 시작하되, 팀과 조직의 연결성까지 고려한 교육 설계를 말한다.

2. 교육담당자의 고민과 현장에서 찾은 8가지 대응 전략

"Q. 교육담당자로서 고민은 무엇인가요?(중복선택)"라는 질문에 1위는 트렌드에 맞는 교육콘텐츠 개발/도입(48.8%), 2위 현업과 교육의 연결고리 만들기(47.1%), 3위 구성원의 교육 참여도 높이기(34.7%), 4위 교육 성과 측정 어려움(24.8%), 5위 자발적인 학습 조직문화 구축(24%), 6위 교육에 대한 경영진 설득의 어려움(14.9%), 7위 핵심인재 선발 및 육성(9.9%), 8위 리더십 개발(4.1%) 순으로 나왔다. 교육담당자들은 현실적 고민을 어떻게 풀어가고 있을까? 기업교육의 방향을 고민하는 모든 교육자와 강사에게, 지금 필요한 것은 무엇인지 함께 살펴보고 미래를 조망해보자.

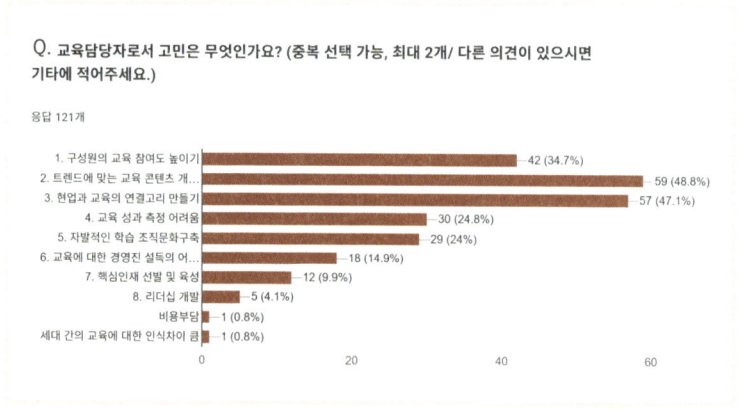

2.1. '트렌드에 맞는 교육 콘텐츠 개발/도입' 어떻게 할까?

#트렌드기반교육 #교육콘텐츠기획 #생성형AI활용
#맞춤형교육설계 #실무적용

"생성형 AI 등 최신 이슈를 반영해 머신러닝, 코딩, 데이터 시각화와 같은 실무 중심 교육을 운영합니다. 월 1회 전사 임직원 대상 트렌드 특강을 진행합니다." [코스맥스BTI 교육담당자]

"트렌드를 파악하기 위해 HR 채널뿐만 아니라 폴인, 롱블랙, 캐릿 등 다양한 플랫폼을 활용해 콘텐츠 아이데이션을 팀에서 공유하고 있습니다." [NCSOFT 교육담당자]

"외부 교육기관과 협업하거나, 팀별 자체 연구를 통해 교육 콘텐츠를 개발합니다." [전 DB인재개발원 교육담당자]

교육담당자는 더 이상 외부 콘텐츠를 수동적으로 받아들이지 않는다. HR 플랫폼, 개발자 컨퍼런스, 산업 동향 리포트 등을 활용해 먼저 트렌드를 읽고, 조직에 필요한 역량과 연결한다. 이후 조직에 맞는 맞춤형 콘텐츠를 '직접 설계'하며 실행력을 키우고 있다. 특히 생성형 AI, 머신러닝, 디지털 리터러시는 빠르게 변화하는 주제다. 이런 주제일수록 실무 연결성과 현업 적용 가능성을 중심에 두고 교육을 설계하려는 움직임이 뚜렷하다.

이런 흐름은 강사에게도 영향을 미친다. 최신 트렌드를 이해하는 것은 기본이다. 실제 학습 경험으로 구현하는 역량이 필요하다. 조직 맥락에 맞춘 실습, 워크숍 설계 등 현업 밀착형 강의 기획력이 중요해지고 있다.

2.2. 현업과 교육의 연결고리 만들기를 위한 핵심은?

#학습니즈분석 #조직개발 #HRDAgent #공동설계 #성과연계

"교육 전에 조직장 인터뷰와 구성원 서베이를 진행해, 실제 팀의 니즈에 맞춰 아젠다를 세부 설계합니다." [NCSOFT 교육담당자]

"교육생분들을 사전 인터뷰를 많이 하는 편입니다. 강의 주제를 그들과 함께 짜는 편이에요." [OB맥주 교육담당자]

"각 조직 내 일원에게 HRD Agent 역할을 부여합니다. 현업에서 HRD Agent가 필요한 교육을 찾고, 실행까지 함께하면서 연계성을 높이고 있습니다." [한국타이어 교육담당자]

"조직개발을 통해 조직의 전반적인 성과에 긍정적인 영향을 미칠 수 있는 접근이 필요합니다." [코스맥스BTI 교육담당자]

교육이 현업과 효과적으로 연결되기 위해서는 초기 기획 단계부터 조직의 실제 니즈를 반영한 교육 설계가 필요하다. 교육담당자는 조직장 인터뷰, 구성원 서베이, FGI 등 다양한 방법으로 현장의 목소리를 모으고 있다. 이를 바탕으로 주제를 공동 기획하거나 세부 콘텐츠를 조정하는 시도가 늘고 있다. 또한 조직 구성원에게 HRD Agent 역할을 부여해, 교육 필요를 현업에서 직접 정의하고 실행까지 연계하는 구조가 운영되고 있다. 교육이 실질적인 문제해결로 이어지는 좋은 사례다. 일부 기업은 교육을 조직개발의 한 축으로 접근해, 학습을 통한 개인의 성장과 조직의 성과 향상까지 추구하고 있다.

강사 역시 현업과 밀접한 교육일수록 교육담당자와의 소통이 필수다. 실제 기업 사례를 반영하고, 조직의 문제해결에 초점을 맞춘 강의를 체계적으로 구성해야 한다.

2.3. 구성원의 교육 참여도를 높이기 위한 전략은?

#자기주도학습 #선택형콘텐츠 #사전학습설계 #교육몰입전략 #참여유도

"기본 필수 교육 외에는 게시판이나 학습플랫폼에 교육을 오픈해, 구성원 스스로 신청하게 합니다. 투명한 절차를 통해 신청을 받고 있습니다." [S사 교육담당자]

"사전학습, 본학습, 사후학습을 연결하는 과정 운영과 마이크로 러닝 콘텐츠를 강화했습니다." [전 DB인재개발원 교육담당자]

"흥미 있는 콘텐츠, 리더의 홍보, 성과평가 연계까지 교육 참여를 유도하는 3가지 요소가 중요합니다." [전 CJ인재원 교육담당자]

"직무공통교육으로 반기별로 30개 정도 개설하고 직원들이 선택해서 교육을 듣도록 합니다. 선택형 교육으로 바꾸니, 참여도가 300% 이상 늘었습니다." [한국타이어 교육담당자]

최근 기업들은 개인을 성장 전략의 주체로 인식하는 추세다. 구성원이 자율적으로 교육을 선택하고 참여하는 방향으로 운영 방식도 바뀌고 있다. 선택형 교육, 학습플랫폼 운영, 개인 맞춤형 콘텐츠를 통해 참여율을 높이고 있다. 사전학습 자료 제공, 흥미를 유도하는 콘텐츠, 리더의 적극적 홍보 등 교육 전 단계에서 몰입을 설계하는 방식도 뚜렷해지고 있다.

성과평가와 연계되거나, 선택의 자유를 부여할수록 몰입도는 높아지는 경향이 있다. 구성원이 자율적으로 교육의 필요성을 인식하고 집중할 수 있는 학습 환경을 만들어가는 것이 장기적인 관점에서 절실하다.

이런 흐름에서 강사에게는 학습자 중심의 '강의 주제' 선정과 '콘텐츠 구성력'이 중요하다. 트렌드를 반영해 '콘텐츠의 매력'을 높이려는 지속적인 연구개발이 필요하다.

2.4. 교육성과 측정 어려움을 개선하려면?

#정성정량통합평가 #사전사후비교 #현업적용도 #성과지표 #피드백관리

"교육을 마무리할 때 설문 결과를 바로 보여주고, 어떤 내용이 좋았는지 함께 이야기합니다. 익명 피드백이라 부담 없이 공유하고, 함께 정리하며 마무리하죠." [OB맥주 교육담당자]

"교육 후 현업에서 계속 활용할 수 있도록 2개월에 3번 정도 리마인드 활동을 합니다. 조직장님과 대면 인터뷰로 팀의 변화와 추가지원이 필요한 부분을 점검하고, 나타난 변화를 질적 자료로 수집하고 있습니다." [NCSOFT 교육담당자]

"사전·사후 자가진단, 교육 후 현업 적용도 조사, 필요할 때 후속 피드백까지 함께 운영하고 있습니다." [중소벤처기업연수원 교육담당자]

"학습자가 만족한 교육이 정말 좋은 학습인가? 평가만 믿기는 어려운 지점이 있어요." [전 CJ인재원 교육담당자]

교육성과를 어떻게 측정하고 설명할 것인가는 어려운 과제다. 특히 리더십, 커뮤니케이션 등 소프트스킬 교육은 수치화가 어렵다. 만족도 외 객관적 지표 확보도 쉽지 않다. 교육담당자는 사전·사후 진단, 현업 적용도 조사, 조직장 피드백, 리마인드 활동 등 다양한 방법을 활용하고 있다. 특히 정성·정량 데이터를 함께 수집하며 교육 효과를 입체적으로 분석하고 있다. 교육 직후 설문 결과를 구성원과 함께 공유해, 자유롭게 피드백을 나누고, 다음 과정에 적용하는 것도 좋은 실천 사례다. 향후 AI 기반 학습 분석과 성과 연동 피드백 시스템 등 기술 기반의 측정 방식이 확대될 것으로 보인다.

강사는 이전의 만족도 조사 결과에서 학습자들이 중요하게 생각한 요소나, 개선이 필요한 항목을 점검해야 한다. 교육담당자와 함께 검토하고 강의안을 구성하는 것도 필요하다.

가능하다면 교육 설계 단계에서 성과 측정 지표를 함께 논의하는 것이 좋다. 교육 효과를 공동으로 분석하는 과정은 강사에게도 자신의 콘텐츠를 보완하고 교육의 완성도를 높이는 기회가 된다. 이는 교육담당자와의 신뢰 기반 협업을 지속하는 데에도 긍정적 영향을 준다.

2.5. 자발적인 학습 조직문화를 구축하려면?

#자기계발현황공유 #투명성 #동기유발 #학습시간보장 #인센티브

"한 달에 한 번, 직원들에게 자기계발 현황과 운영된 교육을 공유합니다. 참여율이 높으면 나도 해야겠다는 자극이 생기죠." [S사 교육담당자]

"리더 평가에 인재육성 지표를 포함해요. 학습 여유시간을 제도적으로 확보하는 것이 중요합니다." [전 CJ인재원 교육담당자]

"판교책방, 직무스터디 등 구성원이 주도하는 프로그램을 운영하며 자발적 학습 생태계를 조성하고 있습니다." [카기오모빌리티 교육담당자]

사내 플랫폼을 활용해 구성원의 학습 활동을 나누거나, '학습이 곧 성장'이라는 조직 내 공감대를 형성하는 것이 중요하다. 예를 들어 매월 교육 참여 현황을 전 직원에게 공개함으로써 '나도 해야겠다'는 심리적 자극을 유도한다. 이는 구성원 간의 자연스러운 경쟁심을 일으켜 자율적 학습참여로 이어진다. 또한 '시간과 권한'을 보장하는 제도적 기반도 필요하다. 일부 기업은 학습 시간을 별도로 확보해주거나, 리더 평가 지표에 구성원 교육 시간을 반영해 조직 차원의 동기를 설계하고 있다.

강사는 조직이 지향하는 자발적 학습문화의 방향을 이해하고, 이에 맞는 콘텐츠 기획과 운영 방식을 고민할 필요가 있다.

2.6. 교육에 대한 경영진 설득의 어려움

#성과우선주의 #실행중심교육 #내부성공사례 #전략적설득
#HRD역할전환

"실무자의 관점으로 경영진의 전략적 사고와 경영 마인드적인 니즈를 맞추는 것에 한계가 있습니다. 따라서 조직의 비전과 경영진이 지향하는 방향성을 충분히 숙지하고 반영하는 것이 필요합니다. 특히 우리 조직의 현재 상황과 단계에 부합하는 실질적이고 실행 가능한 교육 과정을 개발하는 것이 중요합니다." [HD현대마린솔루션 교육담당자]

"교육이 성과 창출에 도움이 된 내부 성공사례를 만들고, 지속적으로 성과를 보여주며 설득력을 키워가야 합니다." [코스맥스BTI 교육담당자]

경영진을 설득해 교육의 가치를 인정받는 일은 교육담당자에게 가장 현실적인 도전 과제 중 하나다. 교육을 비용으로만 인식하거나 관심이 적은 경영진 앞에서 그 필요성과 효과를 설명하고 공감대를 형성하는 일은 어렵다. 이를 극복하기 위해 조직 전략과 연계된 성과 중심의 교육 설계, 조직의 현황에 맞는 실행 가능한 콘텐츠 제안은 설득력을 높이는 핵심 요인이다. 또한 작은 성공사례라도 축적하며 교육이 조직성과에 기여한다는 근거를 계속 보여주는 과정이 중요하다.

강사는 조직성과와 연결되는 실행 중심의 교육 콘텐츠를 기획함으로써 교육담당자가 경영진을 설득할 수 있도록 실질적인 근거를 줄 수 있어야 한다. 경영진 설득에 도움이 될 만한 타사의 성공 사례를 공유하거나 또는 교육의 중요성을 함께 전달할 수 있는 동반 미팅을 마련해 교육담당자의 설득 과정에 힘을 보태는 것도 의미 있는 지원이 될 수 있다.

2.7. 핵심인재 선발 및 육성을 위한 방법은?

#하이포텐셜 #미래리더 #맞춤형성장 #전략연계 #장기육성

"2,300명 중 핵심인재 20명을 선발해 별도 집중 프로그램을 운영합니다. 본인 업무 외에도 다방면에 뛰어난 인재를 뽑아, 장기적 관점에서 조직을 이끌 인재를 미리 준비합니다." [OB맥주 교육담당자]

"관계사에서 자체 관리하는 핵심 우수인력 중 다시 20~25명을 선발해 1년 과정의 예비경영자과정을 운영합니다. 전략, 디지털, 퍼포먼스, 변화 리딩 등 리더 역량 중심 교육입니다." [전 DB인재개발원 교육담당자]

핵심인재 육성은 조직의 미래를 이끌 리더를 미리 준비하는 전략적 활동이다. 기업들은 리더십 역량, 전략적 사고, 디지털 이해도 등 다양한 기준으로 인재를 입체적으로 평가해 핵심인재를 선발한다. 선발된 구성원에게는 글로벌 경험, 코칭, 프로젝트 기반 학습 등 맞춤형 성장 경로가 제공된다. 교육담당자는 중장기 전략에 맞춰 핵심인재의 성장과 성과가 균형을 이루도록 교육 프로그램을 설계할 필요가 있다.

강사는 핵심인재가 리더로서 사고의 폭을 넓히고, 다양한 관점에서 의사결정을 내릴 수 있도록 돕는 콘텐츠를 설계해야 한다. 실무 중심의 깊이 있는 토론, 실제 사례 기반의 시뮬레이션 등 사고 전환을 이끌어내는 기획 역량이 중요하다.

2.8. 리더십 개발은 어떻게 해야할까?

#진단기반교육 #맞춤형개발 #조직성과연결 #경험중심학습 #타깃설계

"과거처럼 한두 가지 리더십 이론으로 '이렇게 되라'고 교육하는 시대는 끝난 것 같습니다. 진단 기반의 맞춤형 교육이나, 주무사원(핵심 실무자), TF장(Task Force를 이끄는 리더) 같은 실전 경험자의 멘토링이 가장 효과적입니다." [전 CJ인재원 교육담당자]

"전체 구성원을 대상으로 한 일괄 교육이 아니라, 매년 전략적으로 리더십 교육 대상을 정하고 집중설계 합니다. 예를 들어 올해는 부장급, 내년은 중간관리자처럼 타깃을 나눕니다." [OB맥주 교육담당자]

"리더 평가가 낮은 조직을 대상으로 팀빌딩 과정을 운영했습니다. 구성원과 리더가 함께 참여하며 모두가 성장하는 경험이 되었습니다." [한국타이어 교육담당자]

리더십 개발은 진단기반의 맞춤형 전략으로 변하고 있다. 기업들은 리더 개인의 역량 수준과 조직 내 역할에 따라 교육 대상을 세분화하고, 집중 육성으로 효과를 높이고 있다. 멘토링, 실전 과제, 팀빌딩 등 경험 중심의 학습이 리더십 내재화에 더욱 효과적이라는 인식이 커지고 있다. 일부 기업은 자사 조직문화에 맞춘 리더십 교육을 자체 개발해 운영하며, 구성원이 리더로 성장하는 발판으로 삼고 있다.

강사는 리더의 현장 과제를 이해하고, 실행 중심의 교육을 설계해야 한다. 리더가 조직 내에서 어떤 변화와 영향력을 미칠 수 있는지를 고려한 사례 중심, 피드백 중심의 교육이 중요하다.

3. 교육담당자와 강사는 협업 파트너

교육의 최종 목적은 생각과 행동의 변화다. 현업에 적용 가능한 실천형 학습이 요구되는 지금, '학습 여정(learning journey)'의 정교한 설계는 교육담당자의 새로운 과제로 떠오르고 있다. '러닝저니'란 말 그대로 여행 계획을 짜는 것처럼 구성원의 성장 경로를 단계적으로 설계하는 것이다. 기획, 실행, 피드백, 현업 적용으로 이어지는 교육의 흐름에서, 교육담당자와 강사의 협업은 필수다.

3.1. 사내 강사 내재화 증가 추세

기업의 사내 강사 비중이 점차 확대되고 있다. 특히 HRD를 전

담하는 교육담당자가 직접 강사 역할까지 겸하는 사례가 늘고 있다. 한국생산성본부의 『2025 HRD Trend Report』에 따르면, 임직원이 2025년에 가장 필요하다고 느끼는 교육 1위는 '전문 직무 스킬'(47%)로 나타났다. 이는 산업과 기술 변화가 가속화되는 환경에서 구성원이 자신의 직무 역량을 지속적으로 강화하고자 하는 수요가 크다는 점을 보여준다.

많은 기업에서 구성원의 직무 역량 향상을 위해 현업을 가장 잘 아는 직원을 '사내 강사'로서 활동하도록 장려하거나 '사내 강사 양성과정'을 운영하고 있다. 이는 '현장과 교육의 연결고리' 문제를 해소하는 전략으로도 작용한다. 사내 강사를 적극 활용하는 이유는 기업이 전달하고자 하는 동일한 메시지를 일관되게 전하고, 현장의 요구를 빠르게 반영할 수 있기 때문이다. 외부 강사 대비 비용 절감 효과까지도 기대할 수 있다.

"사내강사 양성과정을 2일(14시간) 동안 직접 운영하고 있습니다. 신입사원-비즈니스 매너교육, 기본적인 업무 스킬 OA, 커뮤니케이션, 핵심가치 교육, 보고문서 작성 등의 교육을 신행하고 있어요."
[한국타이어 교육담당자]

"올해는 업무 성향 진단 검사를 활용한 강사 양성과정을 수료하고, 직접 사내 교육을 진행해보려 합니다." [NCSOFT 교육담당자]

최근에는 HRD 담당자가 외부 교육을 수료한 뒤, 사내에서 대화나 문제해결 중심의 워크숍을 기획하고 직접 운영해보려는 시도가 늘고 있다. 사내 강사가 조직 맞춤형 성과 창출에 얼마나 기여하는지가, 향후 기업이 사내 강사 체계를 유지할지를 결정하는 중요한 기준이 될 것이다.

기업에서 사내 강사의 비율을 높이고 있음에도 불구하고 외부 전문 강사를 초청하는 이유는 분명하다. 강의 전문성, 콘텐츠 개발 능력, 전달력 등에서 외부 강사는 여전히 강점을 가지고 있기 때문이다.

사내 강사의 역할이 확대되고 있는 만큼, 외부 강사는 기업이 '왜 외부 전문가를 선택해야 하는가'에 대한 분명한 이유를 제시할 수 있어야한다. 또한 다른 외부 강사와의 차별화를 위해 트렌드를 반영한 콘텐츠를 구성하고 이를 지속적으로 개선하려는 태도 역시 중요하다. 그렇다면, 교육담당자가 실제로 선호하는 '좋은 강사'는 어떤 특징을 갖고 있을까?

3.2. 교육담당자가 선호하는 강사의 특징

매년 수많은 교육을 기획하고 운영하는 교육담당자는 끊임없이 새로운 콘텐츠와 강사를 탐색한다. 다양한 강의를 경험해온 만큼, 강사를 선정하는 기준도 높아지고 있다.

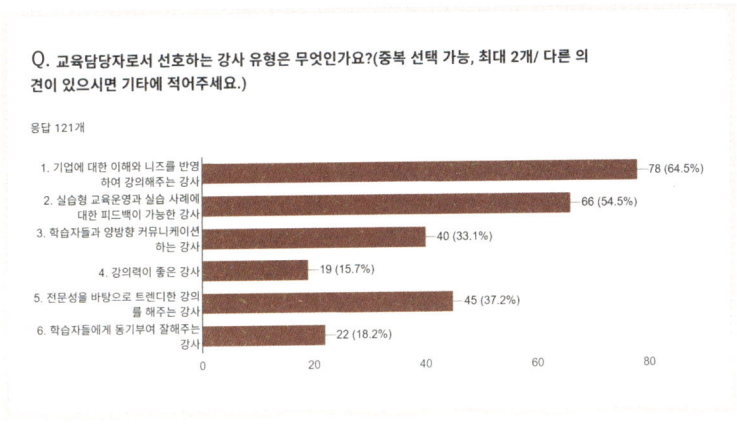

"Q. 교육담당자로서 선호하는 강사 유형은 무엇인가요?(중복선택)"라는 질문에 1위 기업에 대한 이해와 니즈를 반영하여 강의해주는 강사(64.5%), 2위 실습형 교육운영과 실습 사례에 대한 피드백이 가능한 강사(54.5%), 3위 전문성을 바탕으로 트렌디한 강의를 해주는 강사(37.2%), 4위 학습자들과 양방향 커뮤니케이션 하는 강사(33.1%), 5위 학습자들에게 동기부여를 잘해주는 강사(18.2%), 6위 강의력이 좋은 강사(15.7%) 순으로 나왔다. 이를 뒷받침하는 현장의 목소리를 들어보자.

기업에 대한 이해도와 니즈를 반영하여 강의를 준비해주는 강사

"강사님이 가지고 있는 콘텐츠만 고수하지 않고 사전에 저희의 니즈를 많이 청취하고 궁금해하시는 분들이 교육 만족도가 높았어요." [NCSOFT 교육담당자]

많은 교육담당자가 강의 전 기업에 대한 충분한 이해와 커뮤니케이션을 바탕으로 한 강의 준비를 중요하게 여긴다. 예를 들어 직급 체계가 없는 조직에서 '차장님', '부장님' 같은 직급 중심의 사례를 들 경우, 구성원들은 강사가 우리 조직을 이해하지 못한다고 느끼며 몰입도가 급격히 떨어진다. 반대로 기업에서 실제 사용하는 용어나 상황에 맞춘 사례를 사용할 경우, 학습자는 편안함을 느끼며 강의에 쉽게 몰입할 수 있다.

한국강사에이전시가 기업 강사 114명을 대상으로 진행한 설문조사에 따르면, "Q. 강의 콘텐츠 준비 중 많이 활용하는 방법은 무엇인가요?*(중복선택)*"라는 질문에 1위 도서*(61.4%)*, 2위 생성형 AI·ChatGPT*(45.6%)*, 3위 언론보도 등 온라인 자료*(39.5%)*, 4위 교육담당자와의 사전 소통*(30.7%)*, 5위 유튜브*(28.9%)* 순으로 나타났다. 강사의 정보 탐색이 여전히 외부 자료 중심으로 이뤄지고 있다. 반면 교육담당자와의 직접적인 커뮤니케이션은 비교적 낮은 비율에 그쳐 더 적극적인 사전 소통의 필요성을 보여준다.

실제로 한 교육담당자는 강의 준비 전 조직의 현안이나 구성원들의 관심사를 먼저 묻는 강사가 훨씬 긍정적인 반응을 얻는다고 언급했다. "신임 팀장들의 고민을 사전 설문으로 파악하고, 그 내용을 강의에 녹여내는 강사님은 항상 반응이 좋다"는 것이 그 예다. 강의는 기관 및 기업의 특성과 상황을 반영해 커스터마이징 되어야 한다. 트렌드나 사례가 해당 조직과 동떨어져 있을 경우 강의평가는 낮아지고 몰입도 역시 떨어진다.

따라서 교육담당자와의 사전 소통을 통해 교육 목적과 방향을 명확히 정리하는 과정이 그 어느 때보다 중요해지고 있다. 현업에 대한 이해와 진정성 있는 콘텐츠 설계가 어우러진 강의는 학습자의 공감을 이끈다. 반면, 늘 하던 강의를 그대로 반복하거나, 조직 맥락을 고려하지 않는 콘텐츠는 다음 기회로 이어지기 어렵다.

실습형 교육과 사례에 대한 피드백이 가능한 강사

"실습 위주의 참여형으로 진행하는 강사가 굉장히 선호도가 높습니다. 왜 그 사례가 좋은지, 어떤 점을 보완하면 더 나은지를 명확히 피드백해주는 강사에게 높은 평가가 나옵니다." [한국타이어 교육담당자]

"사례만 이야기하고, 어떻게 적용할 수 있을지에 대한 안내가 부족해 아쉽다는 인상을 받았습니다." [HD현대마린솔루션 교육담당자]

사례를 소개하는 데 그치지 않고, 그 사례를 어떻게 해석하고 실무에 적용할 수 있을지에 대한 인사이트를 제공해야 학습자들은 강의를 통해 자신만의 실행리스트를 만들 수 있다. 실무에 어떻게 연결할지를 알려주지 못한다면, 아무리 내용이 많아도 높은 만족도와 긍정적인 평가를 받기는 어렵다. 예전에는 정보 접근성이 낮아 강의가 중요한 지식 습득 수단이었다. 하지만 지금은 책, 유튜브, 생성형 AI 등 다양한 채널을 통해 양질의 콘텐츠를 누구나 쉽게 접할 수 있다. 그럼에도 기업이 여전히 강의를 활용하는 이유는 명확하다.

기업교육의 목적은 업무에 필요한 지식과 기술을 익혀 생산성과 효율성을 높이는 데 있다. 그리고 똑같은 콘텐츠라도 누가, 어떻게 풀어내느냐에 따라 그 효과는 크게 달라진다. 강사로서 경쟁력을 갖추기 위해서는, 기업이 가진 문제를 이해하고, 이를 강의 콘텐츠로 재구성하며, 해결의 실마리를 제시할 수 있도록 끊임없이 공부하고 연구해야 한다.

전문성 바탕의 양방향 커뮤니케이션 하는 강사

"콘텐츠의 전문성을 가지고, 교육생들과 소통하며 전달해 나가는 능력이 뛰어난 강사입니다." [전 DB인재개발원 교육담당자]

학습자들은 강사만이 줄 수 있는 '전문성 있는 콘텐츠'와 그 콘텐츠를 소통하며 풀어내는 전달력을 기대한다. 설명을 잘하는 강사보다, 질문을 통해 학습자와 소통하고, 강의 흐름 속에서 자연스럽게 참여를 이끄는 강사를 더욱 선호한다. 학습자의 눈높이에 맞춰 적절한 사례와 유머를 들어 강의가 끝날 때까지 집중력을 유지시키는 것은 강사의 핵심 역량이다. 지루하지 않게, 부담스럽지 않게, 그러나 의미 있는 메시지를 남기며 강의를 마무리하는 힘, 이는 학습자에 대한 세심한 관찰과 진정성 있는 소통 의지가 결합 된 결과다.

강사라면 자신의 강의를 구성할 때 콘텐츠 체계성, 전달력, 진행의 유연성 등을 항목별로 점검하고 스스로 피드백하는 루틴이 필요하다. 강의 현장에서의 강사 커뮤니케이션 능력은 말하는 기술이 아니라, 얼마나 준비하고 고민했는가, 학습자에게 얼마나 애정을 갖고 있는가에 따라 달라진다.

3.3. 교육담당자가 뽑은 강사의 역량 3가지는?

"Q. 교육담당자로서 강사의 필수역량 3가지는 무엇이라고 생각하시나요?(3가지 선택)"라는 질문에 콘텐츠 전문성(86%)이 높은 응답률을 보였다. 학습자에게 신뢰와 깊이 있는 인사이트를 주기 위해 이론과 실무경험을 바탕으로 한 현업 적용 중심의 콘텐츠 구성이 중요하다는 점을 반영한다. 다음으로 커뮤니케이션 능력(청중과 소

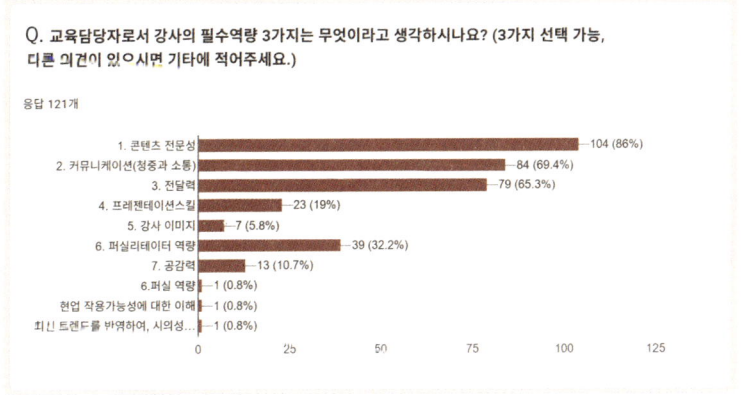

통)(69.4%)과 전달력(65.3%)이 뒤를 이었다. 학습자와의 쌍방향 소통과 공감을 이끄는 표현력이 중요함을 말한다. 또한 아무리 콘텐츠가 좋아도 설득력 있게 전달하고 이해시키는 능력이 동반되어야 교육 효과가 높다는 점을 시사한다. 이외에도 퍼실리테이터 역할(32.2%)과 프레젠테이션 스킬(19%)도 비교적 높은 응답을 받았다. 교육이 강의 중심에서 학습자 중심으로 이동하고 있으며, 참여를 이끄는 강사의 역량이 요구됨을 보여준다.

한 교육담당자는 "요즘은 콘텐츠를 찾는 건 어렵지 않습니다. 결국 실무 사례를 바탕으로 한 Q&A가 더 중요하죠."라고 말하며, 강사 역시 강의뿐만 아니라 프로젝트에 직접 참여해볼 것을 권했다. 현장 경험이 많을수록 학습자와의 소통이 깊어지고, 실제 적용 가능한 인사이트를 전달할 수 있기 때문이다.

3.4. 교육담당자가 강사에게 전하는 진심

"강의가 배움그 자체보다는 실질적인 성장 그리고 성과 창출로 이어질 수 있도록 같이 잘해나갔으면 좋겠어요. 저는 강사님들을 협업 파트너라고 생각해요." [NCSOFT 교육담당자]

"중소기업의 현장 문제해결에 도움이 되는 실무 중심 교육을 부탁드립니다. 업종과 규모를 고려한 맞춤형 솔루션과 유연한 접근이

필요해요." [중소벤처기업연수원 교육담당자]

"좋은 커리큘럼이라도 우리 회사의 문법으로 재해석되지 않으면 아무 소용없어요. 일하는 방식에 맞게 바꾸고, 적용해볼 수 있는 장을 만들어주는 게 진짜 교육이죠." [카카오모빌리티 교육담당자]

교육이 일회성으로 끝나지 않고 조직의 문제해결을 함께 도모하는 공동 프로젝트로 인식하는 변화가 나타나고 있다. 특히 교육성과에 대한 관심이 높아질수록, 강사 역시 내부 구성원처럼 문제를 공유하고 해법을 함께 고민하는 '외부 전문가'의 역할을 요청받는다.

"메시지를 3개 남기면 좋겠지만, 하나만이라도 직원들이 기억에 남는다면 정말 좋은 강의라고 생각해요. 너무 많은 걸 가르치려 하지 마시고, 그 하나를 위해 강의를 짜주셨으면 좋겠어요." [한국타이어 교육담당자]

강의 시간이 길든 짧든 학습자에게 '기억에 남는 한 줄'을 '남기는 것이 중요하다. '많은 내용'보다 명확한 메시지, 실행 가능한 인사이트 하나를 남기는 강사가 오래 기억된다는 의미이기도 하다.

"글로 쓴 제안서만으로 강사님의 매력을 판단하기 어려워요. 샘

플 강의 영상이 있어야 신뢰가 생겨요. 강의력, 몰입감 같은 건 글로는 안 느껴지거든요." [HD현대마린솔루션 교육담당자]

강사마다 전달 방식과 매력이 달라 전문성과 신뢰를 효과적으로 보여주는 '셀프브랜딩'이 중요하다. 특히 AI를 활용해 제안서가 평준화되는 환경에서는 강사의 개성과 강의력을 보여줄 수 있는 구체적인 시각자료가 중요하다.

교육담당자들의 목소리는 다양하지만, 그 안에는 하나의 공통된 메시지가 있다. "우리 조직을 먼저 이해해 주세요. 그리고 그 위에 강사님의 전문성과 메시지를 더해주세요." 상대방에 대한 정확한 이해를 바탕으로 한 교육이 좋은 성과로 이어짐을 교육담당자들은 현장에서 직접 보여주고 있다.

4. 시사점

2026년 기업교육은 더 정밀해지고, 실용적이며, 조직 맞춤형으로 변할 것이다. 교육 방식의 변화는 강사에게 전문성을 겸비한 새로운 도전을 예고한다. 기업의 문제를 진단하고 실질적으로 문제를 해결할 수 있는 교육이 요구된다. 교육을 설계하는 교육담당자와 실행하는 강사 간의 긴밀하고 생동감 있는 연결은 기업교육의 성패를 가를 핵심요소가 되고 있다.

첫째, 강사에게 요구되는 역량은 '조직 맞춤형 강의 설계력'으로 이동하고 있다. 교육담당자와 사전 커뮤니케이션을 통해 조직의 상황을 이해하고, 이를 반영해 커스터마이징할 수 있는 능력이 필수다.

둘째, 교육담당자의 역할도 변하고 있다. 강사에게 강의를 요청하는 것이 아니라, 조직 문제를 명확히 정의하고, 현업에서 수집한 데이터를 공유하여 강사와 함께 교육설계를 완성해야 한다.

셋째, 기업교육의 핵심은 참여형 설계, 실습 기반 구성, 학습 후 현업 적용을 높이는 루틴 구축이다. 반복 가능한 학습 구조를 통해 교육의 일회성을 넘어 실질적인 변화로 이어져야 한다.

2026년의 교육은 '생각과 행동을 바꾸는 경험'이어야 한다. 단발성 강의가 아닌, 구성원의 성장을 이끌고 조직의 성과 창출을 위한 의미 있는 학습 경험을 만드는 일. 그 중심에는 강사와 교육담당자의 협업이 있다. 2026년 기업교육은 교육담당자와 강사 모두에게 주어진 기회이자 새로운 과제다.

■ 참고문헌

- 한국강사신문, HRD 교육담당자 대상 121명 설문조사
- KPC 한국생산성본부, 2025 HRD 트렌드(교육담당자 239명, 교육참여자 532명) 설문조사
- ATD(Association for Talent Development) 2025-휴넷 디브리핑, 홍정민, 김주수, 박현석
- 한국강사에이전시, 기업강사 대상 114명 설문조사
- 조성준, 〈재계, '자체 AI' 개발 속도전… 업무 활용도 높여 시너지 창출〉, 아주경제, 2025.6.12.

◇ 집필연구위원(10명) 심층인터뷰/ 회사명(가나다 순), 이름
- 전 CJ인재원 이재하
- 전 DB인재개발원 우성민
- HD현대마린솔루션 김유진
- NCSOFT 김서연
- OB맥주 김혜영
- 삼성화재 서성일
- 카카오모빌리티 성하준
- 코스맥스BTI 이종찬
- 중소벤처기업연수원 김명진
- 한국타이어 주윤진

01

협업 경영의 시대가 왔다

"협업을 하는 이유는 어느 인간도 전지전능하지 않기 때문이다"

윤은기
(한국협업발전포럼 회장)

· 한국협업발전포럼 회장
· 대한민국 백강포럼 회장
· 멘토지도자협회 회장
· 한국기업사례연구학회 회장
· 서울과학종합대학원대학교 총장(2,3대)/ 중앙공무원교육원장(24대)
· 국제미래학회 정책자문위원/ AI미래융합지도사
· 홍조근정훈장 수훈, 한국HRD 특별공로상 수상
· 저서『협업으로 창조하라』외 20여 권

해시태그

#협업 #콜라보 #X혁명 #X경영 #융합창조 #초격차 #초성과 #초리스크 #협업형인재 #폴리매스 #세대협업 #리버스멘토링

핵심질문

1. X혁명이란 무엇인가?
2. 초성과와 초리스크의 원인은?
3. 협업경영을 잘하려면?
4. 협업형 인재와 폴리매스 CEO란?
5. 초협업과 협업코디네이터의 역할은?

X혁명시대, 협업으로 창조하라

X혁명시대, 왜 협업경영을 해야 하나

최근 경제현상은 인공지능, 플랫폼 경제, 글로벌 공급망 재편 등으로 불확실성이 커지고 예측 또한 어려운 상황이다. 경제의 규모도 커지고 기술적 결합으로 뉴비즈니스가 계속 탄생하고 있다. 따라서 독자적으로는 경영 유지가 불가능하고 조직 안팎의 다양한 역량을 연결해서 협업체계를 갖추어야 한다.

X는 곱하기 부호이며 협업의 부호다. 또한 대전환(exchange), 속도(express), 탐험(explorer) 등 다양한 의미를 담고 있다. 전통적 경영이 경영자원을 잘 관리하여 플러스 시너지를 얻는 것이었다면 신경영은 곱하기 시너지를 창출하는 것이다. 9+9=18이고 9×9=81이다. 10+10=20이고 10×10=100이 나온다. 초격차라는 말이 나오게 된 이유도 곱하기 효과 때문이다.

협업을 하면 거대한 시너지를 창출할 수 있고 연결과 융합을 통해 새로운 가치를 창조할 수 있다. 그러나 서로 다른 강점을 연결하여 거대한 성과를 창출하는 데는 초리스크가 따른다. 곱하기 영(zero)을 하면 한 순간에 모든 것이 영으로 바뀐다. 곱하기 마이너스(minus)를 하면 막대한 손실을 초래한다. 협업을 안 하면 서서히 망하고 협업을 잘못하면 순식간에 망한다. 따라서 신경영을 추진하는 기업인은 반드시 초성과 관리와 함께 초리스크 관리를 해야 한다.

협업경영을 잘하려면 협업형 인재를 채용하고 교육해야 한다. 혼자서도 잘 하지만 함께 하면 더 잘하는 인재가 필요하다. 협업경영을 이끄는 경영자 또한 협업형 리더 즉 폴리매스 CEO(polymath CEO)로 변해야 한다. 폴리매스 CEO는 다양한 분야에 전문성을 지니되 이를 연결하고 융합하여 새로운 가치를 만들어 낼 줄 아는 사람이다.

대규모 조직은 초협업(hyper collaboration)을 이끌어야 하며 이 경우에는 협업 관리자(CCO: Chief Collaboration Officer)나 협업 코디네이터(collaboration coordinator)를 두고 전문적 지원을 받아야 한다. 협업은 기술적인 측면과 함께 경영철학적이고 조직문화적 접근이 중요하다.

1. 요즘 강의 트렌드 '협업경영과 협업형 인재'

1.1. X혁명시대가 다가왔다

X는 시대적 유행어가 아니라 협업과 혁신을 담은 철학적 코드다. 곱하기, 교차, 미지수, 혁명 등 다중적 다층적 의미를 지니고 있다.

- X혁명(X generation)   협업과 곱하기로 세상을 바꾸는 혁신 패러다임
- X경제(X economy)   다른 산업과 기술을 융합하여 만들어 내는 새로운 경제 생태계
- X리더(X leader)   사람과 사람, 조직과 조직을 연결하여 초성과를 이끄는 리더
- X세대(X generation)   기성세대와 신세대가 교차하여 탄생한 독특한 정체성을 가진 세대

1.2. 더하기 경영과 곱하기 경영

기존 경영방식은 사람, 자금, 물자 등 여러 경영자원을 효율적으로 관리하여 산술합산 이상의 시너지효과(synergy effect)를 내는 것이었다. 신경영은 각종 첨단기술을 활용하고 경계를 허물고 연결하여 거대한 시너지(X synergy)를 창출하는 것이다. 거대한 테크기업이나

플랫폼 비즈니스는 더하기 방식이 아니라 곱하기 방식으로 탄생하였다. 지금도 초협업을 통해 초거대 비즈니스가 속속 탄생하고 있고 이것이 신경영으로 자리 잡게 될 것이다.

1.3. 협업경영이란?

협업경영은 혼자서는 불가능한 성과를 서로 다른 주체가 협력하여 만들어내는 것이다. 21세기의 중심경영이다. 이를 위해서는 다양성, 포용력, 상생의 경영철학과 조직문화가 중요하다.

첫째, 서로 다른 강점을 연결하여 거대한 성과를 창출한다.
협업의 기본 원리는 다름의 연결이다. 사람이나 조직은 강점과 약점을 가지고 있고 능력과 한계가 있다. 자력만으로 큰 성과를 내는 것은 불가능하다. 따라서 다름을 계속 연결하는 것은 이러한 한계와 제약을 뛰어넘는 가장 중요한 방법이다. 인간은 유유상종으로 진화해왔기 때문에 다름에 대한 경계심과 거부반응이 있다. 다름을 연결하기 위해서는 소통력과 공감력이 필수조건이다.

둘째, 산업간 경계가 무너지고 융합창조가 경쟁력의 핵심이다.
정보화사회 이후 연결, 컨버전스, 퓨전, 크로스 오버 등 '융합창조' 현상이 대세가 되었다. 인류의 창조활동은 원천창조, 모방창조, 융합창조의 단계로 발전해 왔다. 이제는 융합창조 또는 초융합창조의 시대다. 자동차 산업은 기계공업으로 시작하였으나 전장품이 장착되면서 전자공업으로 바뀌었다. 이제는 인공지능이 탑재된 자율주행차가 새로운 흐름이다. 기계, 전자, 소프트웨어, 인공지능, 예술이 모두 연결된 초융합 산업이 되었다. 이제는 협업을 통한 융합창조가 경쟁력의 원천이다.

셋째, 사회적 신뢰와 지속 가능성을 확보할 수 있다.

독자적이고 독립적인 조직보다 상호 연결되어 협업하는 조직이 사회적 신뢰가 높다. 지속 가능성은 다양성과 상호 존중에 뿌리를 두고 있다. 기업이 협업을 하려면 상대방의 신용과 사회적 평판까지 꼼꼼하게 살펴야 한다. 우리 조직이 협업 파트너로 인정을 받으려면 핵심역량뿐만 아니라 신용자본, 평판자본까지 잘 관리해야 한다. 따라서 협업형 조직은 사회적 평판이 높을 수 밖에 없다. ESG 또한 협업의 산물이다. 협업은 혁신과 창조 그리고 상생이 근본철학이며 이는 지속 가능의 원천이 된다.

넷째, 각종 리스크에 효과적으로 대응할 수 있다.

현대사회는 초리스크 시대다. 격변의 시대이며 불확실성의 연속이다. 거대한 기업도 순식간에 위기에 빠질 수 있나. 독립직 경영을 하면 정보의 제약과 비대칭성이 발생하게 된다. 협업은 공동의 비전을 달성하기 위해 서로 다른 강점을 모두 활용한다. 각종 리스크를 줄이기 위해서도 정보와 역량을 공유하게 된다. 초리스크 대응은 협업을 하는 중요한 이유 중 하나다. 그동안 대기업 집단은 계열사를 두고 정보와 자금을 지원하며 성장해 왔지만 이런 경영방식은 여러 가지 법적 제약을 받고 있다. 기업이 사회에 뿌리를 내리고 안전성을 확보하려면 다양한 조직과 협업을 해야 하며 협업을 통한 사회공헌에도 관심을 기울여야 한다.

1.4. 초리스크 관리가 필요한 이유

서로 다른 조직이 서로 다른 강점을 연결하면서 다양한 리스크가 발생할 수 있다. 기술적 리스크, 법률적 리스크, 윤리적 리스크, 문화적 리스크, 정치적 리스크 등에 대응할 능력을 갖춰야 한다. 이를 위해서 상시적 리스크 관리가 이루어져야 한다. 소통력, 공감력, 협상력, 조정력은 기본적 조건이다.

1.5. 협업형 인재와 폴리매스 CEO

인공지능 시대에도 경영의 주체는 인간이다. 협업경영을 위해서는 협업형 인재의 채용과 육성이 중요하다. 협업형 인재는 다음 조건을 갖춰야 한다.

첫째, 열린 사고와 포용성이다.

서로 다른 관점, 문화, 종교, 세대, 전문성을 존중해야 한다.

둘째, 소통능력이다.

경청하는 태도, 명료하고 거부감 없는 표현능력, 이해관계 조정 능력이 중요하다.

셋째, 융합적 사고다.

자신의 전문분야 이외의 분야에도 상당한 지식과 정보를 지녀야 한다. 통섭적 사고가 기본이다.

넷째, 문제해결 능력이다.

서로 다른 분야를 연결하면서 다양한 새로운 문제가 발생하게 된다. 문제를 회피하거나 두려워하지 않고 능동적으로 임해야 한다.

다섯째, 신뢰와 책임감이다.

협업에서 가장 중요한 것은 신뢰다. 서로 믿지못하면 협업은 불가능하다. 약속은 반드시 지키고 책임감을 잊지 않아야 한다. 개인의 성과보다 공동의 성과를 우선시해야 한다.

여섯째, AI 활용 역량이다.

신경영은 물리적 공간을 초월하여 추진된다. 온라인, 플랫폼 비즈니스는 원격 협업도구, AI 협업툴, 데이터 분석 등 디지털 역량을 갖춰야 한다.

협업경영을 추진하기 위해서 가장 중요한 사항은 최고경영자가 협업형 리더 즉, 폴리매스 CEO로 변신해야 한다. 폴리매스는 다양한 분야를 이해하고 이를 융합하여 시너지를 이끌어내는 사람이다. 폴리매스 CEO는 철학자, 과학자, 예술가, 탐험가, 선도자의 5대 덕목을 갖추어야 한다.

1.6. 세대협업과 리버스멘토링

사회 고령화와 저출산으로 인하여 다양한 세대가 함께 근무하는 환경이 되었다. 세대교체나 세대갈등 대신 세대협업이 필수다. 기성세대는 다양한 경험, 조직운영 노하우, 인맥, 위기관리 등에서 강점이 있고 신세대는 디지털 역량, 유연성, 창의적 사고, 스피드 등에서 강점이 있다. 따라서 이들이 협업하면 안정성과 창의성을 갖추는 데 효과가 있다. 세대협업을 위한 방법으로는 리버스 멘토링 제도를 운영하거나 다양한 세대간 소통과 정보공유가 이루어져야 한다.

2. 협업 강의 향후 전망

2.1. 인간과 AI협업

인공지능이 모든 생활 영역과 사업장에 보급되면서, 인간과 인간의 협업만큼이나 인간과 AI의 협업도 중요해지고 있다. 이에 미리 대응책을 마련해야 한다.

첫째, 초가속 시대에는 AI 대응 능력이 필요하다.

기술, 지식, 산업의 변화 속도가 인간이 혼자 감당할수 없을만큼 빨라지고 있다. AI는 방대한 데이터를 신속하게 분석하고 예측한다. 인간은 이를 활용하여 신속한 대응을 할 수 있다.

둘째, 생산성과 창의성의 시너지가 중요하다.

AI는 반복적이고 기계적인 업무를 빠르고 정확하게 처리하는 데 탁월하다. 반면에 인간은 맥락 이해, 창의적 발상, 윤리적 판단에서 강점이 있다. 인간은 '무엇을 할것인가?'를 담당하고 AI는 '어떻게 효율적으로 할것인가?'를 담당하는 구조가 마련되면 창의성과 생산성 모두 크게 높아질 것이다.

셋째, 불확실성에 효과적으로 대응하는 역량이 필요하다.

기후변화, 팬데믹, 글로벌 유통망, 지정학적 갈등 등은 개인이나 조직, 국가가 독자적으로 해결하기 어렵다. AI는 다양한 시뮬레이션과 패턴 분석을 통해 해결의 단서를 제공하고 인간은 다차원적인 이해와 협상력으로 실행력을 높일 수 있다.

넷째, 분야 간·세대 간 협업을 코디네이팅해야 한다.

AI는 서로 다른 세대, 전문 분야, 언어, 문화 차이를 데이터와 알고리즘으로 연결해 준다. 젊은 세대는 디지털 역량, 기성세대는 다양한 경험과 지혜, AI는 분석과 예측을 제공하면 삼각협력으로 효과적인 대응책을 마련할 수 있다.

2.2. 협업형인재와 협업형리더 육성

협업경영에서 가장 중요한 과제는 협업형 인재의 육성이다. 복잡

다양하고 신속하게 다가오는 문제를 혼자 힘으로 해결하는 것은 불가능하다. 독단과 독선의 태도에서 벗어나, 협력과 팀워크를 바탕으로 문제 해결 능력을 길러야 한다.

첫째, 개방적 사고를 길러라.

협업은 나와 다른 의견, 문화, 세대를 받아들일 때 성과를 낼 수 있다. 교육과 조직문화 속에서 다양성을 존중하고 경청과 토론을 생활화하는 훈련이 필요하다.

둘째, 문제해결 중심의 경험을 쌓는다.

그저 친하게 지낸다고 협업의 성과가 나오는게 아니다. 서로 다른 전문성을 가진 사람들이 공동의 목표에 도전해야 한다. 따라서 프로젝트 기반 학습(PBL)이나 산학협력 프로젝트 등 실제 문제해결형 과제를 통해 협업인재를 길러야 한다.

셋째, AI협업력을 길러야 한다.

인간과 인간의 협업뿐만 아니라 인간과 AI의 협업이 일상화되고 있다. 인간과 AI가 함께 문제를 정의하고 AI의 분석을 해석하며 최종판단을 내리는 훈련이 필요하다. AI를 도구가 아니라 파트너로 인식하고 함께 일하는 능력을 길러야 한다.

넷째, 윤리적 감수성을 길러야 한다.

협업은 서로 다른 강점을 모아 더 큰 성과를 만들어내는 과정이다. 그만큼 마찰과 갈등, 대립이 발생하기 쉽다. 이를 해결하기 위한 기본은 가치와 원칙을 지키는 윤리적 기준과 태도다.

다섯째, 세대협업력을 길러라.

고령사회가 되면서 기성세대와 신세대가 함께 일하는 환경으로 바뀌었다. 서로 다른 세대가 가진 강점을 인정하고 경청하는 훈련이 필요히다. 리버스 멘토링은 이를 위한 효과적인 방법 중 하나다.

2.3. 협업 강의에서 강조 할 사항

강의현장에서 무엇을 어떻게 강조하느냐에 따라 학습자의 생각과 행동이 크게 달라진다. 협업 강의는 관점과 태도의 전환을 이끄는 것이 핵심이다.

첫째, 협업은 나 자신을 위한 것이다.

혼자 일하고 혼자 보상받는 데 익숙한 사람은, 협업을 공동의 성과이자 공동의 보상으로 여기지 않아 적극성이 떨어지는 경향이 있다. 이제는 협업이 필수이며 협업에서 빠지는 사람이 손해이고 협업에 기여를 많이 할수록 더 큰 보상을 받게 된다는 인식 전환이 필요하다.

둘째, 협업이 혁신이며 상생이다.

최선의 혁신은 협업이고 협업이 상생이며 지속가능 경영이라는 걸 확실히 알려야한다.

셋째, 협동과 협업의 차이를 명확히 인식한다.

협력, 협소, 협동 등 유사한 단어가 있지만, 협업은 서로 다른 강점을 연결하여 새로운 가치나 시너지를 창출하는 것이다. 이를 명확히 알아야 협업 아이디어가 나오고 실행력이 생긴다.

넷째, 윤리적 책임과 신뢰가 중요하다.

서로 믿지 못하면 협업은 불가능하다. 약속과 규정을 준수하고, 윤리적 태도의 중요성을 인식해야 한다.

다섯째, 협업의 성공과 실패 사례를 공유하는 것이 중요하다.

협업에서 얻은 성공과 실패의 경험은 함께 나누어야 한다. 그 과정을 구체적으로 분석하고 이해할 때, 협업 마인드가 가장 효과적으로 향상된다.

3. '협업' 강의 시 주의사항 5가지

첫째, 협업의 개념을 명확히 한다.

협업과 협동을 혼동하면 협업 아이디어나 방법이 나오기 어렵다. 협동은 단순히 서로 돕는 것을 의미하고 협업은 서로 다른 강점을 연결하고 융합하여 새로운 가치를 창조하거나 거대한 시너지를 내는 것이다.

둘째, 참여형 구조로 설계한다.

일방적 강의형식이 아닌 실습과 체험방식이 효과적이다. 그룹 토론, 팀 프로젝트, 시뮬레이션을 활용한다. 혼자서는 풀기 어렵고 함께하면 풀 수 있는 과제를 설계하면 좋다.

셋째, 조직의 전략목표와 연계한다.

부서 간 갈등해소가 목표가 되어서는 안 되고, 고객만족 향상이 목표가 되어야 한다. 신제품 개발을 위한 협업도 이를 통해 시장점유율을 높이는 것이 목표가 되어야 한다. 협업은 목적이 아니라 수단이고 방법이다.

넷째, 수평적 분위기에서 진행한다.

수직적 위계에서 벗어나야 한다. 직급, 세대, 성별 차이를 일시적으로 허물고 자유롭고 유연한 분위기 조성이 필수다.

다섯째, 디지털 협업도구를 활용하라.

오늘날 협업은 대면 협업뿐만 아니라 온라인, AI 협업이 함께 이루어진다. 다양한 협업 툴을 활용하고 챗GPT 등 AI 보조도구를 실습에 사용하면 협업 역량을 향상시킬 수 있다.

4. 시사점

오늘날 협업은 일반적인 유행이 아니라 시대적 가치이자 뉴 패러다임이다. 협업이 혁신이고 경쟁력이다. 협업이 상생이고 지속가능 경영이다. 협업경제(collabonomics) 시대인 것이다. 협업은 부서 간 장벽을 연결하는 내부협업에서 조직과 조직을 연결하는 외부협업으로 확장되었다. 최근에는 언어, 문화, 산업, 기술, 예술이 모두 융합되는 초협업(hyper collaboration) 이 진행되며 비즈니스 생태계를 혁명적으로 바꾸고 있다.

또한 인간과 인간의 협업에서 인간과 AI의 협업으로 발전해 나가고 있다. 협업은 곱하기 효과(X- synergy)를 통해 초성과와 초격차를 가져온다. 또한 곱하기를 잘못했을 때 발생하는 현상처럼 초리스크를 가져오기도 한다.

협업을 잘하기 위해서는 협업형 인재를 육성하고 협업형 조직문화를 조성해야 한다. 무엇보다 최고경영자가 협업형 리더 즉, 폴리매스형 CEO로 전환해야 한다. 요즘 강조되는 이해관계자 자본주의, ESG, 지속가능 경영, 스피드 경영, 브랜드 경영 등도 협업을 통해 더큰 성과를 낼 수 있다. 협업은 기업경영에서만 적용되는 것이 아니라 가정에서 사회생활 전반에 필요한 가치이며 문제해결 방법이다. 협업을 중시하는 기업은 이를 통해 사회적 기여와 공헌까지 하게 되는 긍정적 효과가 있다.

◼ 참고문헌

· 윤은기, 협업으로 창조하라, 올림, 2015.
· 윤은기, 時테크, 유나이티드컨설팅그룹, 1991.

- 구기욱, 팀보다 팀워크다, 책구루, 2020.
- Morten T, Hansen(2011) Collaboration:협업, 교보문고.
- 한국인사조직개발학회(NHRD). https://www.nhrd.or.kr
- McChrystal, S., Collins, T., Silverman, D., & Fussell, C. (2015). Team of Teams: New Rules of Engagement for a Complex World. New York: Portfolio.
- Coyle, D. (2018). The Culture Code: The Secrets of Highly Successful Groups. New York: Bantam Books.
- Hastings, R., & Meyer, E. (2020). No Rules Rules: Netflix and the Culture of Reinvention. New York: Penguin Press.
- Jesuthasan, R., & Boudreau, J. W. (2022). Work Without Jobs: How to Reboot Your Organization's Work Operating System. Boston: MIT Press.
- Mollick, E. (2024). Co-Intelligence: Living and Working with AI. New York: Crown Currency.
- Google Re:Work. (n.d.). Tools & Resources for Effective Teams. Retrieved July 24, 2025, from https://rework.withgoogle.com
- IDEO U. (n.d.). Online Collaboration & Innovation Courses. Retrieved July 24, 2025, from https://www.ideou.com
- Team Canvas. (n.d.). Facilitation Toolkit for Team Alignment. Retrieved July 24, 2025, from https://theteamcanvas.com
- Harvard Business Review. (n.d.). Articles on Collaboration & Psychological Safety. Retrieved July 24, 2025, from https://hbr.org

02

생존하는 조직,
어댑티브 리더십에 주목하라!

"살아남는 종은 가장 강한 종도, 가장 지능이 높은 종이 아니라
변화에 가장 잘 반응하는 종이다."

- 찰스 다윈 -

박정아
(아이티앤베이직 교육연구소 소장)

- HR TECH 스타트업 ㈜아이티앤베이직 교육연구소장
- 한양대학교 교육공학/HRD 박사수료
- 신라호텔, 홈플러스 사내강사 외 기업교육강사 경력 18년
- 패스트캠퍼스 심오피스 리더십 전문강사
- 한국형 직장인 업무성향검사 '심오피스' 한국형 구직자 진로성향검사 '심커리어', 한국형 청소년 학습성향검사 '심클래스' 개발&런칭 (2022년 네이버 D2SF 투자유치)
- 저서 『에니어그램 인생극장』, 『에듀윌 SMAT(서비스경영자격) 수험서』, 『강의 트렌드 2025』 등 5권 집필

해시태그

#어댑티브리더십 #커넥팅더닷 #리더의메타인지 #맞춤형가이드
#리더포비아 #극단적개방성 #완전한솔직함 #오피스빌런
#주관성공존의장 #방안의코끼리

핵심질문

1. 세상의 변화에 탑승하기 위한 리더십 방법은 무엇인가?
2. 어댑티브 리더십의 개념은 무엇이며, 왜 지금 시대에 필요한가?
3. 리더의 강력한 소셜스킬, 커넥티브 파워는 어떻게 실현되는가?
4. 세대이론에서 벗어나 팀원들을 '핵개인'으로 보는 것은 왜 중요할까?
5. 다양한 구성원들을 조화시켜 '함께 일을 잘하게 만드는 방법'은 무엇인가?

생존하는 조직, 어댑티브 리더십에 주목하라!

지친 리더, 흔들리는 조직: 지금 우리에게 어댑티브 리더십이 필요한 이유

삼성에서 20년간 HR을 담당해온 한 중간관리자는 최근 팀원들과의 소통에서 혼란을 느낀다고 고백했다. '성과보다 정서가 중요하다는 말이 요즘 팀원들 사이에서 자주 나온다. 도대체 어디서부터 잘못된 걸까?'

대한민국은 세계에서 가장 열심히 일하는 나라 중 하나다. 여전히 OECD 국가 중 상위권에 위치한 근로 시간, 매일 저녁 탈진한 몸을 이끌고 퇴근하는 사람들. 그런데 이렇게 열심히 일하는데도 청년은 미래가 불안하고, 노인은 외롭고, 리더는 지쳐 있다. 한국은 20년째 자살률 1위라는 슬픈 통계를 벗어나지 못하고 있다. 성과지상주의, 위계 중심의 조직문화, 감정을 표현하면 나약해 보일까 걱정하는 분위기는 과거에는 성장을 가능케 했지만, 지금은 오히려 사람들을 병들게 하고 있다. 조직에서 대부분의 시간을 보내는 우리, 조금 더 건강하고 행복하게 일할 수는 없을까? 그 실마리는 '리더십'에 있다. 모두를 같은 방식으로 이끄는 리더가 아니라, 구성원의 속도와 언어를 이해하고 연결하는 리더. 이 책은 그런 '어댑티브 리더십'에 대해 말하고자 한다.

1. 요즘 강의 트렌드 '어댑티브 리더십'

1.1. 살아남는 자가 강한 시대

빅터 플랭크의 『죽음의 수용소에서』라는 책에는 니체의 말을 인용한 다음과 같은 말이 나온다. '왜 살아야 하는지 아는 사람은 어떤 상황도 견딜 수 있다.' 강제 수용소 내에서 같은 상황을 놓고도 어떤 사람들은 성자처럼 행동하고, 어떤 사람들은 돼지처럼 행동한다는 것이다. 같은 조건이지만 누군가는 성자처럼, 누군가는 비굴하게 살아간다. 심지어 강제 수용소에서 극한의 상황에 몰리면 감기, 충치, 불면증, 성욕 등이 다 사라진다고 한다. 인간의 모든 욕구를 전부 생존에만 쓰는 것이다. 그만큼 인간은 적응과 진화의 동물이다. 그렇기에 새롭게 나타나는 질병에 끊임없이 면역력을 강화하고, 기후 변화에 몸의 형태도 조금씩 바뀐다. 어쩌면 인류가 자연을 개척했다고 하지만 사실 지구 환경에 인간이 적응한 것일지도 모르겠다.

'적응(adaptive)'이라는 개념은 주로 심리학이나 교육분야에서 사용되는 개념으로 환경의 요청에 따라 욕망을 조절하여 균형을 이루어 나가는 것, 욕구와 가능성 사이에서 균형을 이루려는 노력이라고도 할 수 있다. 교육학에서의 '적응형 학습(adaptive learning)'은 학습자의 개별 요구, 강·약점에 맞게 학습 경험을 조정하는 접근방식이나 기술을 뜻한다. 그렇다면 '적응적 리더십(adaptive leadership)'은 무엇일까?

1.2. 적응적 리더십의 시작과 국·내외 사례

적응적 리더십의 개념을 체계화시킨 하이펫츠(Heifetz)는 적응적 리더십에서 리더는 조직구성원들에게 기동력을 부여하고 조직화하며 환경이나 상황에 적응해 나갈 수 있도록 도와줌으로써 다른 사람들에 대한 배려에 초점을 맞추는 활동에 관여한다고 하였다 (Northouse, 2022).

적응적 리더십은 원래 의료계에서 시작되었는데 환자들의 건강을 위하여 생활양식의 변화를 유도하는 방안과 관련된 의사들의 리더십 연구에서부터 시작되었다. 적응적 리더십을 통해 병원에서의 업무를 환자 중심적으로 유지되게 함으로써 의료업무의 질을 개선시킬 수 있었다고 한다. 예를 들어 서류 업무를 하는 시간이 길어져 PC 앞에 앉아 있는 시간에는 환자를 돌볼 수 없는 문제를 해결하기 위해 한 명의 간호사가 PC 앞에 앉아 있을 때는 또 다른 간호사는 현장에 있는다든지 하는 방식으로 조율을 하는 것과 같은 것이다.

그러나 이런 의사결정은 간호사간의 합의만 가지고 해결할 수 있는 문제는 아니며 병원 내 제도, 구조, 사람, 근무 시간 등 다양한 요소를 고려해야 하기 때문에 리더의 원칙과 방향성이 중요하다고 볼 수 있다. 일을 하면서 생기는 도전적인 상황과 요소들을 구성원이 잘 대처하도록 환경을 만들어 주는 것이다.

창립 63년을 맞은 월마트도 12년 연속 세계에서 가장 높은 매출을 일으키는 회사로 자리잡고 있다. 온라인 경쟁사인 아마존이 있음에도 불구하고 월마트는 미국 4,600개 소매 매장을 온라인 거점으로 삼아 미국 가구의 93%를 대상으로 당일 배송 서비스를 제공하고 있다. 고객들은 온라인으로 주문한 뒤 매장 주차장에서 픽업하기도 하고 다양한 배송 서비스를 통해 30분에서 1시간 이내에 주문한 물건을 받을 수 있다. 또한 생성형 AI를 도입해 매장에서 대기 없이 결제할 수 있는 자동 체크아웃 시스템을 도입하는 등 디지털 기술을 통해 오프라인 매장 경험을 극대화한 덕분에 아마존에게 밀리지 않게 되었다. 월마트는 철저하게 고객 중심의 '적응형 리테일'을 선보이고 있는 것이다.(매일경제, 2025. 03. 26). 적응적 리더십에 대한 또 다른 관점으로는 '강한 도전에 대응하고 조직의 번영을 이루기 위해 구성원들을 동원하는 것'으로 정의하였고, 진화생물학에 비유하면 적응이란 '생물이 서식환경에 더 유리하도록 변화하는 과정'이라고 하였다. 불확실성이 높아진 시대일수록 리더는 조직과 개인의 생존 가능성을 높이기 위해 변화에 빠르게 대응하고 구성원들이 잘 적응할 수 있도록 실용적인 방법들을 고민해야 할 때다.

1.3. '존중'이 '적응'의 출발점이다

'적응'은 억지로 나를 맞추는 것이 아니다. 환경에 어울리도록 스스로를 유연하게 변화시키는 것이다. 직장인들에게 적응이란 내가 속해 있는 조직에서 안정을 찾기 위한 생존 방법일 수 있다. 구성원에게 안정감을 준다는 의미는 '모두에게 통하는 하나의 방식'을 강요하는 것이 아니라 '각각의 개인에게 맞는 적절한 방식'을 제안하는 일이다. 그 여러 가지 방식들이 잘 맞물려서 여러 강점들의 조합이 시너지를 내는 여정이 곧 조직인 것이다.

이때 중요한 리더의 역할은 하나의 정답을 가지고 밀어 붙이는 것이 아니라 상황을 객관적으로 파악하고 그 문제를 해결하기 위해 여러 구성원들의 역량을 연결하고 설계하는 역할이다. 그리고 그 연결은 조직의 다양성을 바탕으로 불확실성을 견디는 힘이 된다. 하지만 리더가 아무리 환경 변화에 민감하고 방향성을 잘 제시한다고 하더라도 구성원이 변화에 따라오지 않으면 조직은 움직이지 않는다. 그렇다면 사람은 언제 변화하려고 할까?

　내가 소속된 이 조직이 나를 존중하고, 내 스타일과 감정을 이해해줄 때, 그런 신호를 받은 사람은 자발적으로 문을 연다. 반대로 심리적으로 위협을 느끼는 구성원은 더 많이 위축되고 움직이려고 하지 않는다. 그저 '시켜서 하는 일'만 반복될 뿐이다. 이럴 때 리더가 어떠한 전략을 제시해도 구성원들은 내면의 문을 닫아버린다. 리더의 소셜 스킬(social skill) 여기에서 드러난다.

1.4. 변덕스러운 환경에서의 리더의 소셜스킬, 커넥티브 파워

　오늘날 리더십은 과거처럼 지시하고 통제하는 것이 아니다. 여러 구성원을 테트리스 조각처럼 이해하고 그것들을 맞춰 팀 전체의 성과를 이끌어내야 한다. 몇 년 전, 故 스티브 잡스는 대학강연에서 'Connecting the dot'이라는 말을 했다. 스티브 잡스의 명언으로 유명하지만 사실 이 용어는 2003년 하버드 비즈니스 스쿨에서 출판된 단행본 이름이기도 하다. 스티브 잡스의 말을 의역해 보면 현재의 점에 불과한 사건들이 연결고리를 만나 미래에 생각지도 못한 결과를 낳게 된다는 뜻으로 해석된다.

　Lipman-Blumen 교수는 빠르게 변화하는 조직에서 리더에게 중요한 것은 사회적 연결능력(social connectivity)이라고 말했다. 점들이 연결되어 선이 되고, 선은 연결을 만들고, 면들은 입체, 즉 구조물이 되어 마침내 기능성을 갖게 된다는 것이다. 여기서 '연결'은 '연결에 의한 가치의 확장'을 의미한다. 연결은 일반적인 소통이 아니며 '서로 다른 것을 이해하고 조율하고 그 차이들을 시너지로 엮어내는 힘'이다. 연결의 논리는 곧 '생산성'으로 귀결되는데, 내가 부족한 역량은 누군가가 채워줌으로 인해서 더 빠르고 효과적으로 완성해낼 수 있다.

조직관리와 리더십 차원에서의 다양한 점들이란 리더-리더, 리더-팔로워, 팔로워-팔로워 간의 협업, 그리고 부분논리에 매몰되는 갈등과 반목의 조직이 아니라, 전체의 논리에 융합되는 공동체의 기제를 강조하고 개발하는 것이다^(박상규, 2022). 이제 리더는 지시하는 사람이 아니라 사람과 사람 사이를 유연하게 연결하는 촉진자여야 한다. 우리 팀에 맞게 연결을 잘하는 리더, 연결을 디자인할 줄 아는 리더십이 필요한 시대다.

1.5. 모두가 리더일 필요는 없다

적응적 리더가 되기 위해서는 리더는 객관적으로 상황을 파악하고 직원들이 일을 '잘' 할 수 있는 기회의 장을 열어주어야 한다. 그런데 현장에 가보면 리더 혼자서 많은 일을 도맡아 하고 있는 모습을 심심찮게 발견할 수 있다. '시키면 마음에 안 들어서 그냥 제가 해버려요', '훈련하는 데 시간과 비용이 들잖아요, 그걸 기다려 줄 여력이 없어요' 단기적으로는 그 일이 빠르게 해결됨으로서 효율적이라는 생각이 들지만, 그런 리더 밑에 팀원들은 성장의 기회를 놓친다. 또 리더가 자신들을 믿지 못하고 있다는 분위기가 조성됨으로서 조용한 사직 현상(최소한의 일과 책임만 지겠다는 태도)을 촉발한다. 물론 리더가 된 사람들은 실력자였을 것이다. 주어진 일을 잘했고, 성과를 냈고, 인정받았기 때문에 그 자리에 있는 것이다.

하지만 과장, 차장 직급까지는 잘했던 사람들이 부장, 팀장의 관리자가 되면서 힘들어 하는 경우가 많다. 왜 그럴까? 리더가 되고 나서부터는 내가 일을 열심히 하는 것이 아니라 팀원들이 일을 잘하게끔 해야 하기 때문이다. 그런데 리더가 되어서도 혼자 죽어라 열심히 일한다. 대부분 연차와 경력이 쌓이고 경험이 늘어나면 일은 더 잘할 수 있다. 하지만 조직관리는 곧 사람관리인데 이 노하우는 어느 누구도 알려주지 않는다. 그렇기 때문에 위로 올라갈수록 리더로서의 능력은 떨어지고 한계에 부딪히기 때문에 "리더 하기 싫다"라는 리더포비아(집단이나 조직 내에서 책임감과 희생을 필요로 하는 리더 자리를 맡는 것을 꺼리는 모습)가 생긴다. 이 문제 때문에 요즘은 리더가 될 사람은 따로 있다는 말까지 나온다. 직책과 어울리지 않는 리더들에게는 자리를 주지 않고 차라리 플레이어로서 시니어 엔지니어, 시니어 개발자로서만 근무할 수 있도록 배려해주는 조직도 많다. 리더 스스로 리더가 될 의지가 없다면 플레이어로서 역량을 발휘할 수 있도록 해주는 것도 철저하게 실용적이고 현장 중심적인 적응적 리더십이라고 볼 수 있다.

1.6. 적응형 리더십 교육의 단계

적응형 리더십 교육에 정답은 없지만 필자는 주로 이렇게 접근한다. 진단을 통한 분석 → 실험을 위한 워크숍 → 학습 후 전이 순이다. 학습자가 스스로 자신의 업무 성향과 리더십 스타일을 진단하고, 실제 조직에서의 관계와 업무 상황을 실험해보며, 그 결과를 바탕으로 학습을 전이시키는 구조를 갖추게 해주는 것이다. 조금 더 자세하게 설명하면 다음과 같다.

첫째, 진단 기반 맞춤 설계가 필요하다. 리더십 교육 이전에 구성원의 성향, 팀의 문화, 리더 개인의 가치와 경험을 반영한 '퍼스널 리더십 스타일 분석'이 선행되면 좋다. 리더들은 이미 오랜 시간 일하면서 업무 스타일이나 커뮤니케이션 스타일이 굳어져 있을 가능성이 높기 때문에 리더십 스타일을 바꾸기를 요구하기보다는 현재 내가 추구하는 리더십 스타일의 강점과 약점을 객관적으로 분석할 수 있도록 돕는 것이 낫다. 이를 위해서는 리더십 진단 결과를 강사가 디브리핑을 해줌으로써 리더가 보지 못했던 사각지대를 발견해 줄 수도 있다. 국·내외에서 활용되는 리더십 진단 도구들이 많이 있으니 비교해보면서 우리 조직에 맞는 진단을 찾아볼 것을 추천한다. 단, 리더십 진단은 팀원 진단보다는 가격이 높을 수 있으니 참고하자.

둘째, 조직 내에서 실험해볼 수 있는 환경을 워크숍에서 설계하면 좋다. 강의실에서만 머무는 리더십 교육은 한계가 있다. 구성원과의 갈등, 권한 위임의 어려움, 커뮤니케이션 문제 등 현실적인 상황을 '실험 가능한 과제'로 바꾸고, 워크숍에서 체험해 볼 수 있도록 최대한 현실적으로 설계하자. 예를 들어 '나와 다른 업무 성향을 가진 구성원과의 갈등 상황에서 어떻게 대화를 풀어나갈 것인가?'에 대해 강의할 때 실제 나와 다른 성향의 리더와 짝을 만들어 주고 그를 팀원이라고 가정한 뒤, 롤플레잉을 유도하면서 체화하는 데 도움을 주는 것이다. 이때 강사의 역할은 정답을 제시하는 전문가가 아니라, 실험을 설계하고 피드백하는 촉진자 역할이어야 한다.

셋째, 현장으로의 전이(transfer)가 핵심이다. 교육 이후에도 실무에서 적용할 수 있는 툴킷(toolkit), 예시 문장, 팀 운영 매뉴얼 등 '실행 기반 도구'를 제공하여 리더가 실제 조직 변화의 중심이 될 수 있도록 하면 좋다.

많은 강사들이 자신들이 만든 강의안이나 자료를 제공하지 않으려고 하는 편인데, 이 부분에 대해 민감한 강사들에게 팁을 주자면 공유 가능한 자료와 그렇지 않은 자료를 구분하는 것이다. 사후관리 측면에서 강사가 교육 종료 이후에 과제를 내주는 것처럼 실행 시트와 같은 양식을 제공하면서 조직에 적용해볼 수 있도록 장려하는 것이다. 이때 공유가능한 자료를 별도로 구비해놓으면 좋다. 공유 가능한 자료와 그렇지 않은 자료를 구분하여 리더들이 활용할 수 있는 선에서의 자료 제공은 강사에 대한 의존도를 높이면서 우리 조직에 도움이 되는 강사로 각인된다.

2. 리더십 강의 향후전망

2.1. 세대를 넘어, 사람을 본다는 것

MZ세대! 이 단어를 들으면 어떤 키워드가 생각나는가? 미디어에서 말하는 MZ세대의 특징은 주로 이렇다. 팀보다는 개인의 성과가 중요, 공정성에 대한 열망, 디지털세대로서 경험보다는 정보검색, 비대면 소통선호, 확실한 보상요구, 워라밸 추구, 거침없는 의견제시, 소비를 통해 자신을 표현, 높은 이직 의도 등이다. 그러면서 요즘은 성과급 산정이나 진급문제, 인사체계기준에 대해 궁금해 하는 직원들이 CEO에게 인스타그램 DM으로 질문을 했다는 이런 자극적인 소식도 한번씩 들리곤 한다.

그런데 재미있는 연구결과가 있다. 호규현 외*(2023)*의 '정말 MZ세대 직원은 까다로운 개인주의자일까?'라는 연구에서 실제 MZ세대라 불리는 22명을 대상으로 인터뷰를 했는데 미디어에서 나오는 MZ의 특징을 동의하는지에 대해 물었더니 의외의 결과가 나온 것이다. 직업을 바라보는 관점, 조직에 대한 충성도, MZ 개념에 대한 관심도에 따라 6개 유형이 도출되었는데, 우리가 흔히 알고 있는 MZ의 특징 중 가장 유사한 유형을 보인 것은 1개 유형에 불과했던 것이다. 나머지는 Case by Case였으며 오히려 자신들을 하나의 유형으로 일반화하는 것이 불쾌하다는 의견도 다수였다. 실제로 필자가 만나는 교육 대상자들은 40~50대 리더들이 많은 편인데 X세대여도 개인주의자인 경우가 많고, 조직에 충성하지 않는 분들도 많이 보이곤 한다. 그렇다면 앞으로도 계속해서 세대 개념으로 접근하는 것이 어떤 결과를 가져오게 될까?

2.2. 세상에는 수십만 개의 리더십 스타일이 존재한다.

윈스턴 처칠은 매우 외향적인 사람이었다고 한다. 에이브러햄 링컨은 내향적이었다. 마거릿 대처는 매우 깐깐했으며, 테레사 수녀는 매우 따뜻하고 포근한 사람이었다. 넬슨 만델라는 카리스마가 넘쳤다. 실리콘밸리식『팀장수업』,『팀장의 탄생』에 나오는 말이다. 역대 위인들도 각자 나름대로 성향이 있었을 것이고 그 성향들을 잘 활용해서 위대한 업적을 남겼다.

내가 나의 성향을 잘 알아야 나의 리더십 스타일도 알게 된다. 가급적이면 강점을 잘 살리고 약점은 잘 관리하면 되는데 필자는 개인적으로, 약점을 강점으로 만드는 시간에 삶의 허비하지 않는 것이 좋음을 강조한다. 다만 이를 해결하기 위해서는 2가지 방법을 쓸 수 있는데 약점을 관리하기 위해서는 첫째, 누군가에게 피해주지 않은 정도의 사회적 스킬을 사용한다. 둘째, 내가 가지지 못한 부분을 채워줄 수 있는 팀원들을 활용한다. 조직이라는 곳은 나 혼자 열심히 한다고 되는 것은 아니기 때문에 혼자 일을 잘하지 말고 '함께 일을 잘하는 방법'을 터득하면 모든 일을 내가 다 하지 않아도 일을 잘 할 수 있는 방법은 얼마든지 있다.

[강의활용] 강의에 바로 써먹을 수 있는 리더십 밸런스 게임

재미있는 테스트를 하나 해보자. 아래에 하나의 질문에 2가지 상황을 제시해 볼 텐데, 내가 리더라면 어떤 상황을 채택할 것인지 빠르게 선택해 보는 것이다. 밸런스 게임은 극단적 선택이기 때문에 예외상황을 둘 수 없다. 리더십에서의 우선순위를 보는 것이기 때문에 정답 또한 없다.

- 어떤 팀이 좋은 팀인가?

높은 성과를 내지만 팀원들의 불만과 피로도가 높은 팀 vs 성과는 평균적이지만 팀원들이 사이가 좋은 업무만족도가 높은 팀

- 어느정도로 개입할 것인가?

팀원들이 혼란스러워 할 때 직접 개입해 구체적으로 방향을 제시

한다 vs 팀원들이 스스로 해결할 수 있도록 최소한의 개입만 한다.

● **커뮤니케이션 투명성 정도는?**

조직의 변화와 어려운 상황(예:구조조정 등)을 팀원들에게 투명하게 공유한다 vs 팀원들이 불안해 하지 않도록 선별적으로 공유하고 상황이 정리된 후 알린다.

● **성과에 대한 장/단기적 관점?**

팀에 당장 발생한 문제를 신속하게 해결하기 위해 다른 업무를 미뤄서라도 집중한다 vs 당장 문제를 해결하기 보다는 원인을 분석하고 장기적으로 개선하는데 시간을 투자한다.

● **팀원의 성장지원**

중요한 프로젝트에 즉시 성과를 낼 수 있는 역량 높은 팀원을 배치한다 vs 역량은 부족하지만 성장가능성이 있는 팀원을 배치해서 경험을 쌓도록 한다.

간단하지만 이 밸런스 게임을 통해서도 리더들의 우선 순위를 확인할 수 있다. '어떤팀이 좋은 팀인가?'에서 '업무 중심 vs 관계 중심인가?'를 볼 수 있고, '어느정도로 개입할 것인가?'에서는 '통제 vs 자율'인지를 확인할 수 있다. '커뮤니케이션 투명성 정도'에서 '커뮤니케이션 과정 vs 커뮤니케이션 결과'를 중요하게 생각하는

지에 따라 선택이 달라질 수 있고, '성과에 대한 장·단기적 관점'에서 '전술적 vs 전략적'인 리더십 스타일을 지향하는가를 살펴볼 수 있다. 마지막으로 '팀원의 성장지원'에서는 '성과 vs 성장' 중 어떤 것을 우선하는지를 확인할 수 있다. 내가 선택한 것은 나의 성향, 그리고 가치관과도 연결이 된다.

2.3. 맞춤형 리더십을 어떻게 강의할까?

그렇다면 초개인화 시대에 리더 개인별로 맞춤형 리더십 강의를 하기 위해서는 현실적으로 어떻게 해야할까? 한국강사에이전시에서 기업강사 114명 대상으로 조사한 설문조사 결과에서도 초개인화 퍼스널 리더십을 강조하기 위해 어떤 학습방법이 가장 적합할 것이라고 생각하는지에 대한 질문에 1:1코칭/컨설팅(32.5%), 소그

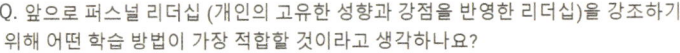
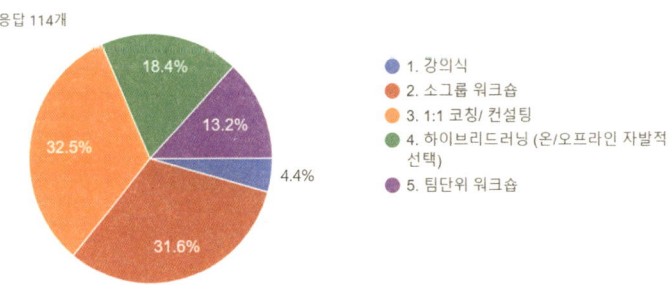

룹 워크숍(31.6%), 하이브리드 러닝(18.4%), 팀단위 워크숍(13.2%)이었고, 강의식 방법은 4.4%에 불과하였다. 많은 강사들이 초개인화 리더십 교육은 강의식 교수방법으로는 쉽지 않다고 생각하고 있었다. 이를 어떻게 구현할 수 있을까? 하나의 예를 들어 보겠다.

 필자는 5개월 전, 패스트캠퍼스라는 기업교육 플랫폼 회사와 리더십 영상 컨텐츠를 촬영하여 업로드하였다. 처음부터 강의 기획은 '기존에 일방적으로 듣는 이러닝 방식을 벗어나자.', '리더 개인에 최적화 된 맞춤형 설계를 해보자.'였다. 그래서 리더십 강의를 수강하기 전, 업무성향 진단을 통해 자신의 리더십 스타일을 찾고, 자신의 리더십 스타일에 맞는 내용만 골라서 듣는 것이다.

 그리고 팀원들의 업무성향을 알고 있을 경우 리더는 팀원 유형에 따라 팀원 가이드 방법, 피드백 스킬 등의 마이크로 영상을 찾아서 골라서 들을 수 있다. 아래 예시는 패스트 캠퍼스에 탑재되어 있는 초개인화 퍼스널 리더십 콘텐츠 중 일부이다. 나와 함께 일하는 팀원이 '규칙형' 업무성향을 가지고 있다면 도움이 되는 피드백과 조심해야 할 피드백을 학습 한 뒤 업무 상황에서 직접 적용해 보는 것이다.

 리더들은 매우 바쁘기 때문에 리더십과 같은 소프트스킬 교육에 많은 시간을 할애할 수 없다. 물론 리더십이라는 것이 한두 번의 교육만으로 행동을 드라마틱하게 변화시킬 수 없지만 현장과 실무를 고려하지 않고 내가 하고자 하는 강의 방식이나 필요 시간만을 강요할 수는 없기에, 현장 상황을 반영하여 촘촘하게 기획한

행동형 리더	협력형 리더	독립형 리더
원칙은 항상 지켜야돼! 규칙형 리더 **강점**: 늘 원칙을 중시하고 회사의 규율을 준수 **단점**: 일의 동시 진행이 어려움 #성실 #모범 #완벽주의	**구성원의 성장 지원! 친절형 리더** **강점**: 변화하는 환경에 적응력이 뛰어나고 수용적임 **단점**: 타인의 시선을 의식하여 자신이 하고 싶은 일을 자유롭게 하기 어려워함 #공감 #친절 #적극성	**혁신의 아이콘! 창조형 리더** **강점**: 남들이 생각하지 못한 혁신적인 아이디어를 냄 **단점**: 평범하고 반복적인 업무를 참지 못함 #예술 #감정 #낭만
협상과 네트워크의 달인! 성과형 리더 **강점**: 시장과 고객의 피드백에 민감하여 민첩하게 움직이고 해결 **단점**: 체계적인 업무진행 보다는 빠른 길을 택하기 때문에 종종 룰을 벗어남 #목표중심 #성과 #성취	**리스크 제로! 안전형 리더** **강점**: 조직에 충성하며 업무를 책임감 있게 수행하고 신뢰할 수 있음 **단점**: 일어나지도 않을 일에 걱정이 많아 도전이 어려움 #신중 #성실 #믿음	**전문성 있는 분석가! 연구형 리더** **강점**: 업무진행에 공정하며 객관적, 통찰력, 논리적임 **단점**: 문제 발생 시, 책임 회피하거나 관찰자의 입장으로 바라봄 #탐구 #독립 #통찰
위기를 기회로! 주도형 리더 **강점**: 업무에 대한 추진력이 강하고 일을 주도적으로 끌고자 함 **단점**: 세세하고 디테일한 것들을 놓치는 경우가 있음 #자기주장 #통솔 #자신감	**변함없이 이어가는 힘! 평화형 리더** **강점**: 하던 일을 더 잘해내고, 더 깊이 파고드는 능력 **단점**: 찬성/반대의 선택 시, 자신의 욕구를 인식하지 못하여 혼란스러워함 #중재 #포용 #배려	**유쾌한 동기부여자! 긍정형 리더** **강점**: 자율성과 독립성을 인정해주고 비교적 비체계적인 조직 안에서 능력 발휘 **단점**: 계획을 세워 업무를 하지만, 끝까지 완수하는 능력은 부족함 #성실 #모범 #완벽주의

- 패스트캠퍼스(fastcampus.co.kr)
"업무성향진단 기반 9가지 유형의 리더십" 이미지 발췌 -

과정이다. 어댑티브 리더십의 핵심은 '실험'에 있으며, 교육생들이 실제 조직 내에서 변화와 적응을 직접 실험해 보고 그 결과를 바탕으로 학습하는 방식을 지향하는 것이다. 이를 위해서는 강사 또한

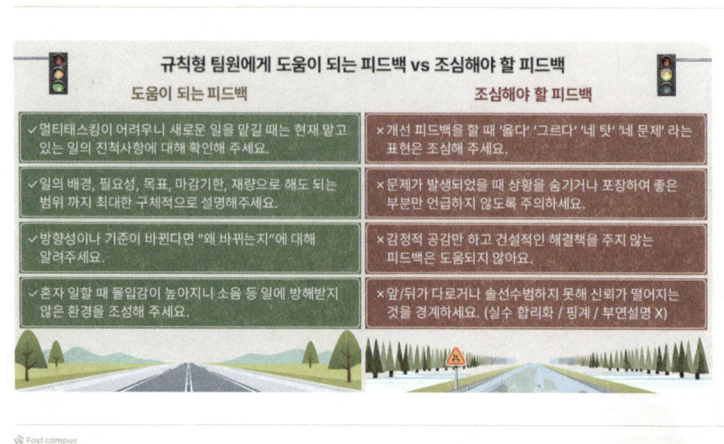

– 패스트캠퍼스(fastcampus.co.kr)
"업무성향진단 기반 팀원유형별 피드백 스킬" 강의 컨텐츠 일부 –

현장 감수성을 잃지 말고 조직의 상황에 적극적으로 협조해야 하며, 강사가 떠난 뒤에도 조직에 적용할 수 있는 기반을 마련해 주어야 한다.

3. '리더십' 강의 시 주의사항 5가지

첫째, 정답을 제시하기보다 '질문'을 던져라.

강사가 모든 조직을 경험할 수 없기에 섣불리 정답을 제시하려다가 오히려 더 얄팍함이 드러날 수 있다. 조직에 오래 몸담고 있던 리더들은 강사의 이야기를 10분만 들어봐도 '우리 조직에 대해 잘 모르네.'라는 것을 단번에 알아챈다. 직무교육이 아니기 때문에 구체적인 실무문제를 강사가 직접 개입하기보다는 리더들이 느끼는 리더십의 어려움에 공감하고 교육 중 상호작용이나 성찰을 통해 스스로 답을 찾게 해주는 역할만 해도 충분하다. 강의 초반에 리더십의 본질이 '리더 개인의 정체성'과 '조직의 상황'에 따라 정답이 없다는 점을 명확하게 인지시키고, 리더십에 대해 고민해 볼 수 있는 분위기만 확 끌어올려도 강사로서 역할은 충분하다. 다음은 리더십 강의 시, 리더들에게 던져봄직한 질문들이다.

「리더십 강의에서 활용하기 좋은 질문 예시」
1. 내가 생각하는 '리더십'이란 무엇입니까?
2. 주니어 시절, 내 상사로부터 어떤 피드백을 들었을 때 일을 더 잘하게 되었나요?
3. 일을 하면서 묘하게 불편한 팀원들의 공통적인 특성은 무엇인가요?
4. 내가 생각했을 때 '일을 못한다'는 것에 대한 기준은 무엇인가요?
5. 내가 CEO라면 조직에서 우리 팀은 꼭 있어야 할까요? 있어야 한다면 왜 있어야 할까요?

둘째, 리더들이 실제 문제와 연결하여 이야기 나눌 수 있도록 강의와 연결하라.

어댑티브 리더십은 리더가 당면한 적응 과제를 다루며 시작된다. 이를 위해서는 실제 조직이나 팀에서 겪는 구체적인 어려움을 가지고 이야기를 나눌 수 있도록 강의를 설계하는 것이 중요하다. 폐쇄적인 조직일수록 방안의 코끼리(elephant in the room) 현상이 더 심해진다. 코끼리가 방안에 있다면 누구나 그 코끼리 때문에 불편함을 겪지만 이 코끼리를 내보내는 과정이 쉽지만은 않기 때문에 애써 외면하고 있는 것이다. 구성원들은 매사 불만이 많지만 누구 하나 나

 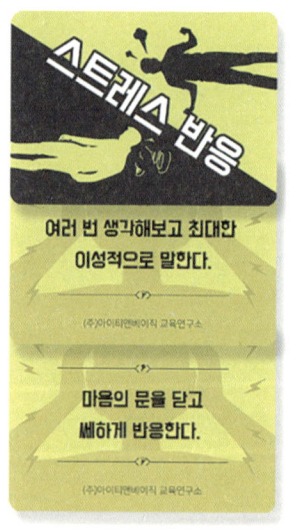

조직문제나 갈등상황을 구체적으로 드러나게 하는 교구 예시
(출처: 아이티앤베이직 교육연구소)

모듈	정의하기	토대 만들기	참여시키기 (관계)	생산성을 높이기 (업무)	성찰하기
목표	우리 팀의 존재 이유 리더와 팀원의 역할에 대해 생각해보기	심리적 안전감과 신뢰감 높은 팀문화 만들기	구성원간 좋은 관계 구축과 소통 활성화	일하는 방식 합의하기	리마인드
구체적인 활동	✓ 무엇을 위해 존재하는가? ✓ 우리 팀은 환경변화에 민감한가? 덜 민감한가? ✓ 우리 팀의 협업정도가 높은가 낮은가? ✓ 리더는 팀원들에게 어떤 역할을 맡길 것인가?	✓ 개방적이고 투명한 커뮤니케이션 ✓ 모호함을 제거하기 ✓ 리더가 취약성을 먼저 드러내기 ✓ 업무상 피드백은 솔직하고 건설적으로	✓ 심오피스 업무성향진단을 통해 서로 간의 업무 성향 파악하기 ✓ 하루 하나 질문으로 10분 팀빌딩 ✓ 메타인지를 높이기 위한 내가보는 나 vs 타인이 보는 나 GAP 확인 ✓ 유형별 워크숍 해보기	✓ 문제도출 ✓ 아이디어 수집 ✓ 아이디어 구체화 ✓ ACTION PLAN ✓ 협업과 시너지를 위한 '제가 도와드리겠습니다' ✓ 나사용설명서 작성	✓ 내가 잘 지킨 것, 못 지킨 것 생각해보기 ✓ 잘 지킬 수 있는 것으로 수정 및 재정비

리더가 당장 써먹을 수 있는 "단계별 팀빌딩 방법" 예시
(출처: 아이티앤베이직 교육연구소)

서서 해결하려고 하지 않고 침묵하며 서로를 탓하고 뒷담화하기만 바쁘다.

강사는 이 숨은 코끼리를 안전하게 끌어올릴 장치를 마련해야 한다. 물론 이 과정에서 누군가는 또 회피하고 저항할 수도 있겠지만 이 또한 변화의 과정이므로 구성원이 당면한 문제를 교육과 자연스럽게 연결할 수 있어야 한다. 진단 도구나 보드게임, 카드형 교구를 활용하면 문제나 갈등을 안전하게 드러낼 수 있다. 핵심은 '문제를 드러내는 과정 자체가 이미 변화의 첫걸음'임을 강조하는 것이다.

셋째, 업무 현장에 돌아가서도 실험해볼 수 있도록 툴을 제공하라.

필자가 가장 감동하는 강의 피드백은 '참여자들이 교육이 종료

되고 나서도 계속 강사님 강의 내용을 계속 이야기합니다.'이다. 강사가 떠난 뒤에도 계속해서 회자되고, 실무에 적용해볼 수 있는 강의가 '진짜 성공적인 강의'다. 행동의 변화를 위해서는 '전이'와 '체화'가 중요한데, 이를 위해서는 리더십을 거시적 관점에서 '설명'하지 말고, '설득'할 수 있어야 한다. 강의 초반부터 '모든 것을 실험으로 여기는 관점'을 강조하고, 강의가 종료되고 나서도 지금 당장 써먹을 수 있는 팁이나 툴을 제공하면 좋다. 왜냐하면 리더십 교육을 들은 리더들은 당장은 뭐든 해낼 수 있을 것 같은 자신감이 생기지만, 현장에 돌아가서는 바꿀 수 없는 제도나 시스템, 변화에 공감하고 따르지 않는 직원들 때문에 금방 좌절감을 겪고 원래 하던 패턴대로 다시 돌아갈 가능성이 매우 높기 때문이다.

이를 위해서는 리더십의 변화 방법을 리더에게 온전히 맡기는 것보다는 최소한의 가이드라도 제시하는 것이 좋다. 다음 이미지는 필자가 강의 후에 리더들에게 알려주는 팀빌딩 프로세스이다. 시간이 걸리더라도 단계별로 시도해보고 어려움이 있을 시, HRD팀에서 사내코치나 동료 멘토링 등으로 후속 채널 연결이나 지원을 할 수 있도록 당부하고 오면 더 좋다. 강사는 '답을 주는 전문가'가 아닌 '탐색을 위한 조력자'임을 잊지 말자.

넷째, 다양한 이해관계자의 관점을 깨닫도록 하라.

조직의 문제는 대체로 '복잡계'이다. 특히 기술적 문제가 아닌 소프트 스킬에 관한 문제는 보통 인과관계가 명확하지 않은 경우가 더 많다. 예를 들어 회사에 '젊은 구성원의 퇴사율이 급증하는 원인'을 찾고 문제를 해결하기 위해 리더들끼리 이야기를 나누게 해보면 모두 다 다른 원인을 언급한다. '연봉의 문제다', '조직문화의 문제다', '구성원간 유대감이 없어서다', '일을 통해 성장하는 느낌을 주지 못해서다' 다수의 리더가 자신이 회사에 가지고 있는 불만을 문제의 원인에 투영한다. 원인 분석을 위해 조직들이 '퇴사자 인터뷰' 등을 시행하고는 있지만 정작 퇴사하는 사람들은 '진짜 원인'을 숨기는 경우가 많아 원인을 찾기 쉽지 않다.

어댑티브 리더십에서 중요한 것은 리더의 다층적 시각과 인지적 유연성이다. 그렇기 때문에 강의 시, 조직의 문제와 연관되어 있는 다양한 이해관계자들의 관점을 경험하게 하는 것이 중요하다. 생존편향(자신의 경험에 유리한 데이터만 수집)과 자가당착(자신의 논리에 스스로 빠져드는 오류)에서 빠져 나와야 객관적으로 그 문제를 바라볼 수 있기에 리더 스스로 자신의 사고과정과 의사결정의 맹점을 인식하고 다양한 관점을 수용할 수 있는 기회를 제공해야 한다. 이러한 과정은 리더가 독단 의사결정을 줄이고, 복합적 문제를 체계적으로 분해하고 해결하는 역량을 길러주는 것이다.

다섯째, 세대 편견을 갖지 않도록 주의하라.

세대 범주는 연령, 문화, 경험이 복합적으로 얽힌 현상을 무시하고 MZ세대, X세대, 베이비부머 등으로 단순화해버린다. 그러면서 'MZ세대는 충성심이 없다', '알파세대는 집중력이 짧다' 등의 메시지로 특정 집단을 잠재적 문제로 낙인 찍을 수 있다. 이때 강사가 무의식적으로 차별적인 언어를 구사하게 되면서 참여자들을 '연령 프레임'이라는 좁은 관문으로 가두게 만들기도 한다. 리더십 교육이 후배 세대에 대한 편견으로 가득한 성토의 장이 될 수 있으므로 주의해서 진행하는 것이 좋다. 오히려 슬라이드와 사례에서 세대 일반화를 없애고, '직무 특성, 업무 성향'과 같이 행동 기반의 개인차 접근이 더 효과적일 수 있다.

리더십 강의는 구성원 각자가 가진 내적 동기, 경험, 가치를 발굴해 조직 목적과 연결하는 과정임을 기억하자. 강사는 세대 담론의 유혹을 벗어나 개인과 상황에 맞춘 구체적 행동 변화를 설계해야 한다. 이를 위해서는 맥락 중심 분석, 차별적 언어 배제, 다층적 상호학습 구조가 필수다.

4. 시사점

지금까지의 내용을 정리해보자면 어댑티브 리더십의 핵심은 정답이 아닌 실험을 장려하는 것이다. 그래서 사실 어댑티브 리더십은 작은 조직에게 더 유리하다. 큰 규모의 조직들은 둔중하기 때문에 민첩하게 움직이기 쉽지 않아서 최근 많은 기업들이 사내독립기업을 만들거나 주요 사업들을 분사해서 운영하기도 한다. 이런 조직 체계의 핵심은 속도전이다. 중간 보고 절차 등 불필요한 것들을 과감하게 생략하고 성과를 내는 방향으로의 의사결정만 빠르게 수행하여 다음 스텝을 밟을 수 있도록 하는 것이다.

지금 이 순간에도 조직은 끊임없이 변하고 있다. 국·내외 정치적 경제적 상황이 시시각각 변화하고, 이로 인해 일하는 방식이 진화하며, 리더에게 요구되는 역량도 다층적으로 확장되고 있다. 과거처럼 하나의 이론을 중심으로 '이런 리더가 되어야 한다'고 말하는 시대는 이미 끝났다. 무엇이 정답인지 묻는 것이 아니라, 어떻게 실험해볼 수 있을지를 묻는 시대. 적응적 리더십(adaptive leadership)은 바로 시대적 전환점 위에서 탄생한 리더십 개념이며, 동시에 오늘날 리더십 교육이 지향해야 할 실천적 프레임이다.

'모두에게 통하는 정답'은 더 이상 없다.

체스, 복싱, 전쟁, 사업, 정치, 리더십 이 6개의 공통점이 뭘까? 상대를 의식해야 하고 상황에 따라 임기응변이 매우 중요한 영역이다. 열심히 한다고 되는 것도 아니고 반복적으로 연습만 한다고 잘하게 되는 영역도 아니다. 여기에서 이기려면 내가 얼마나 능력이 뛰어난가도 중요하지만 내 행동이 상대에게 미치는 영향까지 고려해서 유연하게 움직여야 한다.

그동안 수많은 경영전략과 리더십은 성공한 기업의 사례나 CEO, 검증되었다는 이론 모델을 중심으로 전개되어 왔다. 6시그마, MBO, OKR, 카리스마 리더십, 서번트 리더십, 감성 리더십 등. 현재까지도 수많은 HRD 관련 컨퍼런스나 세미나에서 수많은 신조어들이 쏟아져 나온다. 그러나 들을 때는 좋지만 정작 우리 조직에 적용하려면 제한적이라고 느낀다.

조직은 살아 움직이는 유기체이기 때문에 고정적 프레임으로 이론이나 타사 사례에 우리 조직을 끼워넣지 말고 우리가 당면한 '문제'에서부터 출발하면 된다. 가이드가 명확해야 좋은 팀도 있고, 조금 느슨하게 열어두어 창의성을 촉발해야 좋은 팀도 있다. 시작해야 하는 팀도 있지만 꼼꼼히 완성해야 하는 팀도 있다. 어떤 리더에게는 효과적이었던 방식이 다른 리더에게는 전혀 통하지 않았고, 동일한 리더라도 팀이나 시기, 구성원에 따라 전혀 다른 전략이 필요하다. 이제 우리는 리더십을 '이론'이 아닌 '맥락 속 기술'로 바라보아야 한다.

리더에게는 이제 '사람을 다르게 보는' 새로운 감수성이 필요하다.

리더십 교육이 진정으로 변화하기 위해서는 구성원을 바라보는 시선부터 달라져야 한다. 조직 내 갈등, 성과 부진, 이직 문제의 이면에는 종종 '사람을 일반화하고 동일한 방식으로 다루려는 의도적인 시도'가 있었다. 어댑티브 리더십의 핵심은 '감수성'이다. 구성원을 '핵개인(atomized individual)'으로 바라보고, 각자의 속도와 언어에 맞추어 연결하는 감수성, 이러한 태도는 심리적 공감 수준이 아니라, 리더십 실천의 전제가 되어야 한다. 이를 위해 리더는 메타인지 능력과 사회적 연결성(social connectivity), 커넥티브 파워(connective power)를 갖추어야 하며, 리더십 교육은 이러한 감수성을 자극하고 확장시키는 방향으로 설계되어야 할 것이다.

리더들을 '연결하고 설계하는 사람'으로 성장시켜줄 수 있도록 리더십 교육의 방향성을 잡아보자. 이 전환은 리더의 태도뿐만 아니라, 강사가 하는 교육의 방식, 내용, 강사의 역할까지 통합적으로 바뀌어야 한다. 리더십 강사는 더 이상 정답을 강의하는 존재가 아니다. 질문을 던지고, 조직의 코끼리를 드러내게 하며, 구성원과 리더가 함께 실험할 수 있는 틀을 제안하는 존재가 되어야 한다. 정답은 없다. 실험만이 있다. 이것이 바로 적응적 리더십 교육의 본질이다.

■ 참고문헌

- 줄리 주오, 『팀장의 탄생: 실리콘밸리식 팀장수업』, 웅진지식하우스, 2020.
- 박상규, 「협력적 리더십 요인에 대한 탐색적 연구」, 『인성교육연구』, 인성교육학회, 제7권 제2호, 135-165쪽, 2022.

- 장승석·박미애, 「적응적 리더십과 적응적 수행의 관계에서 상사신뢰의 매개효과 분석」, 『한국지방행정학보』, 한국지방행정학회, 제21권 제3호, 105-137쪽, 2024. DOI: 10.32427/klar.2024.21.3.105.
- 호규현·심승범·조재희, 「정말 MZ세대 직원은 까다로운 개인주의자일까? 미디어에서 묘사된 MZ세대 조직원 특징에 대한 당사자의 주관적 인식연구」, 『한국언론학보』, 한국언론학회, 2023.
- 심오피스 홈페이지, "심오피스", 2023년 참조, https://www.symoffice.kr
- 패스트캠퍼스, "퍼스널 리더십 과정 - 박정아 소장", 2025년 참조.
- Northouse, P. G., Leadership: Theory and Practice (9th ed.), LA: Sage Publications, 2022.
- 허대식, 「홈플러스 사태로 부각된 대형마트의 위기 … 월마트에 해답 있다」, 매일경제,
- 패스트캠퍼스, "패스트캠퍼스 심오피스 기업 과정", 2025년 참조.
- 링크드인, "Mastering Adaptive Leadership: a few helpful hints for succeeding in uncertainty", 2025년 6월 참조.
- 아이티앤베이직, "조직갈등 반응카드", 2025년 참조.

Memo

03

나 홀로 시대 '관계 인문학'에 주목하라

그렇지만 친구는 파는 데가 없으니까
사람들은 이제 친구가 없게 되었단다.

- 생떽쥐베리 『어린왕자』 중에서 -

한민
(숙명여자대학교 사회심리학과)

· 숙명여자대학교 사회심리학과 강사
· 고려대학교 문화 및 사회심리학 박사
· CBS 「세바시」, tnN 「어쩌다 어른」, KBS 「쌤과 함께」, 유튜브 「삼프로tv」, 「지식인사이드」, 「이게 웬 닐리지」, 「신사임당」 등 출연
· 저서 『한국인의 부자 유전자』, 『숭배하는 자들 호모 피델리스』, 『선을 넘는 한국인 선을 긋는 일본인』, 『강의 트렌드 2025』 등

해시 태그

#초개인화시대 #생성형AI #관계인문학 #정신건강 #상호이해
갈등해결 #기업교육

핵심 질문

1. 초개인화 시대에 왜 관계가 중요해지는가?
2. 인간은 왜 관계를 맺어야 하는가?
3. 기업에서 관계 인문학 강의는 왜 필요한가?
4. 기업교육에서 관계 인문학의 주제는 무엇이어야 할까?
5. 관계의 인문학 강의는 어떻게 변화할 것인가?

나 홀로 시대 '관계 인문학'에 주목하라

초개인화 시대, 관계의 의미

초개인화 시대의 가장 대표적인 단면은 '나 홀로 산다'는 생활 방식의 변화일 것이다. 우리나라의 1인 가구 수는 2024년을 기준으로 1,000만 가구를 넘었다. 전체 가구 수의 41.8%에 해당하는 수치다. 세 집 중 한 집을 넘어 두 집 중 한 집 비율에 가까워지고 있다.

생활 방식의 변화는 사회 변화에 기인한다. 대가족이 모여 살았던 농경사회와는 달

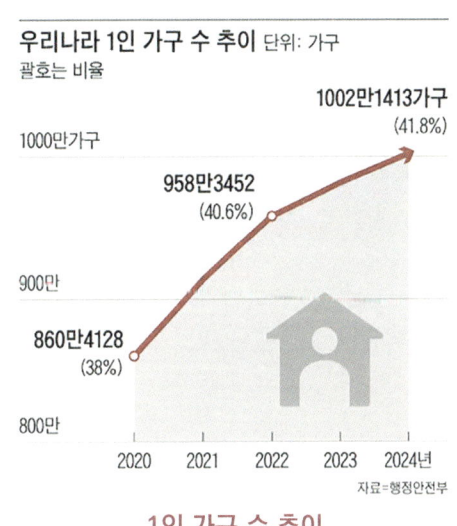

1인 가구 수 추이

리 고도로 발달한 현대 산업사회는 혼자서도 충분히 삶을 유지할 수 있고, 가족을 갖는대도 자신의 가족(핵가족)이면 충분하기 때문이다. 여기에 점점 증가하는 주거 및 교육 비용은 결혼과 출산을 망설이게 만들기 충분하다. 혼자 지내기는 모자라지 않지만, 가족을 부양하기에는 부족하다고 생각하니 나 혼자 사는 삶이 대세가 되는 것은 자연스러운 이치다.

현대 사회의 나 홀로 흐름은 개인주의화 외에도 관계 기술의 상실에 따른 불안에 기인한다는 견해도 있다. 2013년 개정된 DSM-V[1]에는 '사회적 의사소통 장애'가 추가되었다. 사회적 의사소통 장애란 언어적/비언어적 의사소통 기술을 사용하는 것에 지속적인 어려움을 나타내는 경우다. 문화의 변화 및 통신기술과 미디어의 발달은 의사소통 방식의 근본적인 변화를 야기했다. 과거에 당연하게 여겨졌던 의사소통 방식은 현대인들에게 더 이상 익숙하지 않다.

최근 MZ세대에서 보고되는 이른바 '전화공포증'이 단적인 예다. 특히 코로나 19 팬데믹을 거치면서 직접적인 대면 소통이 줄어든 것이 큰 영향을 미쳤을 것으로 보인다. 문화의 변화와 기술 발전 등 여러 이유로 관계와 의사소통에 대한 인식이 달라진 청년세대들이 사회에 진출함에 따라 기업들을 비롯한 각 조직에서는 의사소통이 화

---

1) DSM(Diagnostic and Statistical Manual of Mental Disorders: 정신장애진단 및 통계편람). 2013년부터 5판(V)을 사용 중이다.

두로 떠오른 것은 당연하다. 갈수록 높아지고 있는 현대인들의 우울과 불안에는 관계에 대한 공포 또한 적지 않은 지분을 차지한다.

게다가 날로 심화되는 경쟁과 OECD 최고 수준의 노동 시간으로 친구를 만나거나 연애를 할 정신적 여유도 없다. 현대인들은 퇴근하면 자기계발을 하거나 집에서 홀로 여유를 즐기며 피로를 풀지 사람을 만나려 하지 않는다. 사람을 만나 관계를 유지하는 것도 에너지가 필요하고 시간과 돈이 쓰이는 일이기 때문이다.

모 신문은 이러한 생활 방식에 익숙한 2000년생 이후의 세대를 '인(人)코노미스트'라고 명명했다. '사람(人)'과 '이코노미스트(economist·경제 전문가)'를 합친 말로, 사람을 만나 감정과 시간을 들여 얻는 이익이 혼자서 얻을 수 있는 이익보다 큰지를 따지는 사람을 가리킨다. 언론의 뉘앙스는 이런 삶의 방식이 새로운 세대의 중요한 특징인 것처럼, 이렇게 사는 것이 현명한 것으로 묘사하고 있지만, 사람을 만나지 않겠다는 삶이 현명한 것이라는 생각에는 문제가 있다. 인간은 사회적 존재이고 개인의 삶은 관계 속에서 규정되기 때문이다.

인류, 즉 호모 사피엔스는 수백만 년에 이르는 집단생활 속에서 진화해 왔다. 수십에서 150여 명의 공동체와 그 안에서의 상호작용이 현생 인류의 뇌를 발달시킨 것이다. 진화심리학에 따르면 현대인들의 뇌는 10만 년 전 수렵채집 시대 사람들의 뇌와 다를 바 없다. 현대 문명이 발달하고 개인주의가 시작된 것은 채 100년이 되지 않는다. 무리 속에서 타인과 상호작용하던 인간의 뇌는 갑작스런 고립에 여러 가지 부작용을 토해내고 있다.

기술의 발전과 사회의 변화로 그 중요성이 점차 잊혀져 가고 있지만, 인간에게 관계는 선택이 아니라 생존을 위한 조건이며, 인간다움을 회복하는 핵심이다. 초개인화 시대의 기업과 개인에게 지금 필요한 것은 인간에 대한 '이해'이다. 관계 인문학은 바로 그 '이해의 언어'를 회복하려는 시도라 할 수 있다.

1. 요즘 강의 트렌드 '관계 인문학'

1.1. '나 좀 내버려 둬': 쇼펜하우어 식

나 홀로 시대에 걸맞게 최근 한국은 관계로부터의 탈주가 한창이다. 서점에는 『쇼펜하우어의 인생 수업』 등 인간관계가 필요 없다는 책으로 가득하고, 인터넷 커뮤니티와 유튜브에는 불필요한 관계를 끊으라는 조언들이 넘쳐난다. 이러한 트렌드는 우선 초개인화 과정에서 관계에 피로를 느낀 사람들의 욕구를 반영한다고 볼 수 있다.

하지만 모든 이들이 쇼펜하우어를 따라 할 수는 없다. 우선, 쇼펜하우어는 인류사에 손꼽히는 지성이고 필자를 포함한 대부분의 사람들은 그저 평범한 인간이다. 천재의 삶이 범인들의 삶과 같을 수 없다. 관계에서 벗어나라는 그의 주장은 고독 속에서 자신의 본질을 발견하라는 것이지 자신처럼 살라는 것은 아닐 것이다.

또한 쇼펜하우어는 대표적인 염세주의자로 신경질적이고 괴팍한 성격으로 유명하다. 다시 말해, 결코 사회성이 좋다고 할 수 없는 인물이었다. 그의 저서들에서 나타나는 메시지는 타인들의 시선을 신경쓰지 말고 자유로운 삶을 추구하라는 것이지만, 그의 삶은 편집증적이고 타인의 인정을 갈구하는 모순적인 모습을 보여준다.

실제로 그는 마차와 공공장소, 감염 등에 대한 공포증에 시달렸고, 불안과 우울 등의 증상이 심각했던 사람이다. 그의 학문적 성취 및 철학사에서의 위상과는 별개로 심리학적 관점에서 결코 건강한 정신의 소유자라 말할 수 없는 분이다. 우리는 쇼펜하우어와는 달리 사회 안에서 타인과 관계를 맺고 살아가야 한다. 또한 그 안에서 삶의 의미와 행복을 찾아야 한다. 현대인들이 아무리 관계에 지쳤다 하더라도 쇼펜하우어의 주장을 금과옥조로 받아들이기에는 무리가 있다.

고립과 외로움의 결과

무엇보다, 관계로부터의 이탈은 정신건강에 악영향을 미친다. 연구에 따르면 나 혼자 사는 중장년층의 삶의 만족도는 가족과 함께 사는 이들에 비해 유의미하게 낮았다. 홍성표 가톨릭대 조교수와 임한려 서울대 연구교수는 2017년부터 2020년까지 40세 이상 중장년층 1인 가구 1,378명과 다인가구 6,382명의 삶의 만족도를 분석했다. 연구 결과, 1인 가구의 삶의 만족도 지수는 지속적으로 하락한 것으로 나타났다. 소득 수준이 높아도 삶의 만족도가 비례해 증가하지는 않았다. 연구진은 "경제적 안정보다는 사회적 관계와 심리적 요인이 더 큰 영향을 미친다"라고 분석했다.

　인간이 사회적 존재라는 의미는 인간의 신체 시스템이 사회, 즉 집단 내에서 진화해 왔다는 뜻이다. 수백만 년의 진화로 완성된 현대인들의 몸은 '나 혼자'의 삶에 적응하기에 전혀 준비되어 있지 않다. 일례로, 외로움, 배신감, 이별 등에는 고통이 따른다. 뇌는 이러한 사회적 고통을 이용해 위협을 알리며, 그 덕에 더 치명적인 고립을 방지한다. 뇌영상을 보면 신체적·사회적 고통은 동일한 뇌 부위에서 발생한다. 다리를 잘리는 것만큼 생존을 위협하는 것이 집단으로부터 잘려나가는 것이다. 관계에서 멀어지는 것을 현명하다고 믿고 고립을 당연히 여기는 것은 인간이 진화해 온 방식이 아니다.

　다른 이들과의 관계는 정신건강과 행복에 직접적으로 연관된다. 2010년 실시된 미국인 시간 사용조사에 따르면 다른 사람과 함께할 때 즐거움과 목적의식이 높아졌다. 행복한 사람들은 다른 사람과 함께 지내는 시간이 많았다. 반면 외로움은 행복과 정신건강의 적이다. 시카고 대학의 존 카시오포 교수는 현대인의 가장 총체적인 사망요인이 외로움이라고 단언한다. 바바라 사하키안 교수는 2025년 『네이처(Nature)』에 외로움과 사회적 고립이 만병의 근원인 「악성 단백질 수치를 높일 수 있다」는 연구 결과를 발표했다.

1.2. '그래도 관계는 필요하다': 척 놀랜드 또는 테오도어 트왬블리 식

'나 혼자 산다'가 대세인 듯하지만, 관계에 대한 욕구마저 사라진 것은 아니다. 사람과 관계 맺기 부담스러운 이들은 반려동물 또는 식물을 키우고, 그마저도 어려운 이들은 돌(반려돌)에게서까지 위안을 받는다. 최근에는 생성형 AI가 그 자리를 빠른 속도로 차지하고 있다. 동물과 식물, 돌에게서는 받을 수 없는 쌍방향 상호작용이 가능한 생성형 AI는 누구도 예측하지 못했던 부작용마저 일으키고 있다.

영화 「캐스트 어웨이」의 척 놀랜드가 무인도 생활의 외로움을 달래기 위해 배구공에게 '윌슨'이라는 이름을 붙이고 대화를 나누었던 것처럼, 영화 「her」의 테오도어 트왬블리가 인공지능 운영체제 '사만다'와 사랑에 빠졌던 것처럼, 현대인들은 인간관계에서 얻어왔던 것들을 다른 대상들로부터 충족하려 하고 있다.

얼마 전 방영된 SBS 「그것이 알고 싶다」 1438회는 AI와 사랑에 빠진 사람들을 소개하고 있다. 그들은 어렵고 뜻대로 되지 않는 사람과의 관계보다 자신들을 잘 이해해 주고 원히는 답을 들려주는 AI와의 사랑을 선택했다. 2014년 영화 「her」에서 AI와의 사랑이 처음 묘사된 지 10년 만의 일이다. 그러나 AI기술의 발달에 감탄할 일만은 아니다.

AI와의 관계에 익숙해진 이들은 점차 다른 사람들과의 관계에서

AI와 사랑에 빠진 테오도어 (영화 「her」)

멀어질 것이며, 점점 사회에서 고립될 가능성이 크다. 또한 질문자가 원하는 답을 내는데 최적화된 생성형 AI는 정신적으로 불안하거나 심리적 의존성이 큰 사람들에게는 부정적 결과를 초래할 수 있다. 연구자들은 최신 대형언어모델(LLM)을 적용한 AI들의 위험성을 지적하기 시작했다.

역(逆) 트렌드_사라지지 않은 관계 욕구

한편, 관계에 대한 피로를 호소하는 움직임과는 반대되는 흐름이 포착되기 시작했다. 이른바 역(逆) 트렌드 현상이다. 개인화되어 가는 사회에서 관계는 피로와 부담으로 다가오게 되었지만, 관계에서의 지나친 고립과 단절은 오히려 관계 욕구를 불러일으킨다. 나 혼자의 삶에 익숙해져 가던 사람들은 다시금 사람들을 찾고 있다.

2024년 프로야구 관중 수는 978만 명으로 사상 최대를 기록했다. 코로나 19 팬데믹으로 잠시 주춤했던 프로야구 관중 수는 다시 급격하게 증가하고 있다. 사람들은 야구만 보러 야구장에 가지 않는다. 구단들은 여러 가지 방법으로 사람들을 유인한다. 어린이들을 위한 놀이터와 수영장, 다양한 음식과 음료, 연인과 친구들을 위한 공간들까지. 사람들은 야구를 보면서 치맥을 즐기거나 치어리더들의 동작에 맞춰 함께 춤추고 응원가를 부르며 다른 이들과 '함께한다'.

엔터 산업의 성장에 따른 팬덤 문화의 발전도 눈에 띈다. K-pop 스타들을 비롯한 유명 가수들의 콘서트에는 국적을 불문하고 수만 명의 팬들이 몰린다. 송가인이나 임영웅 등 트롯 스타들의 공연에는 장노년 팬들로 메워진다. 이와 함께 'K-아티스트' 'K-콘텐츠' 열풍에 올라탄 팬덤 플랫폼이 빠른 성장세를 보이고 있다. 팬덤 플랫폼은

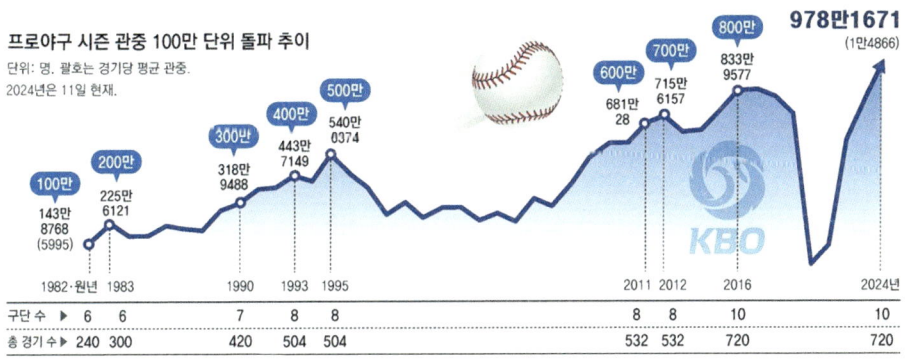

프로야구 시즌 관중 증가 추이

팬덤과 아티스트가 온라인으로 소통하도록 돕는 애플리케이션이다. 단순히 팬덤을 즐길 수 있는 플랫폼에서 커뮤니티, 커머스 기능까지 탑재하면서 '팬덤 포털'로 영향력을 확대하는 중이다. 현대인들은 팬덤 플랫폼을 통해 다양한 교류 욕구를 충족하고 있다.

소규모 오프라인 커뮤니티의 활동 역시 두드러진다. 코로나 19 팬데믹은 오히려 사람들의 교류 욕구를 일깨웠다. 전통의 산악회를 필두로 러닝크루, 음악 밴드, 독서모임 등 다양한 관심사를 기반으로 하는 커뮤니티들이 급성장하고 있다. 대표적인 관심사 기반 커뮤니티 문토는 코로나 19를 거치면서 300배 성장했다. 2021년 1월 앱 론칭 당시 31개 모임으로 시작한 문토는 2022년 6월 9,300개 신규 모임을 오픈했다. 1만8,000명이었던 가입 회원 수는 23만 명으로 늘어났다. 서비스를 이용하는 연령층은 주로 MZ세대다.

전체 활성 사용자 중 60%가 25~34세 연령층이다. 취미 여가를 중심으로 모임을 구성하는 프립의 경우 누적 회원이 120만 명에 달하는데, 이 중 MZ세대 이용자가 92%에 육박한다. 이러한 모임의 특징은 의무감과 압박감이 없다는 것, 그리고 개인적 취향을 반영하면서도 타인과의 관계 욕구를 충족할 수 있다는 점이다.

이같은 추세는 청년들에게 국한되지 않는다. 서울시 50플러스재단은 중장년층을 대상으로 커뮤니티 지원 프로그램을 운영하고 있다. 신청을 받아 원하는 주제로 모임을 만들고 활동할 수 있도록 공간을 지원하는 방식이다. 문화체육관광부는 지난해부터 '중장년 청춘

문화공간' 프로그램을 운영한다. 이곳에서 사회적 연결감을 회복하고 여가·문화를 즐기며 다양한 활동을 할 수 있도록 지원하는 것이다.

민간에서도 다양한 커뮤니티 플랫폼으로 중장년이 모이고 있다. 퇴직 전후 세대가 소통하는 온라인 커뮤니티로 시작한 웨이어스는 '소통의 장' 역할을 하며 최근 오프라인 모임도 시작했다. 이외에도 노는 법, 시놀, 오뉴, 오이, 큐리어스 등 다양한 중장년 커뮤니티 플

노는법 4050 여성들의 여행 커뮤니티

4050여성을 위한 커뮤니티 기반 웰니스 서비스다. 문화생활 번개 모임부터 여행, 서울 근교에서 참여하는 취미 활동까지 다양한 모임에 참여할 수 있다.

시놀 50+ 친구 만들기 & 모임 취미 동호회

50+를 위한 소셜 커뮤니티 플랫폼이다. 여행, 캠핑, 걷기, 와인, 봉사활동 등 다양한 주제를 가지고 동년배 모임장의 리드로 다양한 취미 활동을 할 수 있다.

오뉴 5060 1인 1취미 찾기

액티브 시니어를 위한 문화 여가 큐레이션 서비스 플랫폼이다. 다양한 참여형 프로그램을 통해 취미 활동을 하거나 커뮤니티에 참여할 수 있다.

오이 4060 취미 모임 동호회 동네 친구

중장년층을 위한 취미 기반 모임 플랫폼이다. 비슷한 연령대의 사람들과 취미 및 관심사를 공유하며 모임 활동을 할 수 있다.

큐리어스 중장년의 즐거운 놀이터

4050의 자기계발과 취미 생활을 위한 모임 플랫폼이다. 클래스도 참여할 수 있고, '어울림'을 통해 다양한 오프라인 모임 참여도 가능하다.

중장년 커뮤니티 플랫폼

랫폼이 운영되고 있다. 이곳에 모인 중장년들은 '중장년이 노는 방법', '중장년을 위한 여행지' 등 다양한 정보를 공유하고 소통한다.

이렇듯, 초개인화 시대임에도 불구하고 관계의 욕구는 사라지지 않았으며 다양한 형태로 드러나고 있다. 주목해야 할 지점은 '현대인들이 어떤 경우에는 관계에 피로를 느끼고 어떤 경우에는 관계를 추구하는가?'이다. 사회가 개인화되며 사람들은 전통적인 방식의 관계, 즉 의무적이고 권위주의적인 관계는 부담을 느끼고 때로는 불필요하다고 생각하지만, 인간의 유전자 레벨에 내재된 교류와 정서적 지지에 대한 욕구는 여전히 남아 있다.

2. 기업에서의 관계 인문학 강의

관계에 대한 강의가 모두 사라진 것은 아니다. 연애 시장의 강의나 부부간 소통 등 이성 관계에 대한 강의는 꾸준히 이루어지고 있으며, 기업에도 영업사원들을 대상으로 한 강의나 의사소통 및 갈등해결에 초점을 맞춘 강의들이 존재한다. 하지만 기존의 강의들은 관계의 기술에 국한된 측면이 크다. 관계에 대한 강의는 궁극적으로 관계의 기술로 귀결될 수밖에 없다. 하나, 중요한 것은 관계의 본질과 그 필요성이다. 사람들은 인간에게 관계가 왜 중요하고 그것이 자신의 삶에 어떠한 영향을 미치는지 알아야 한다.

직장은 사람들이 하루의 1/3 이상을 보내는 곳이다. 직장에서의 경험은 개인의 삶과 밀접하게 연결되어 있다. 관계도 마찬가지다. 직장, 즉 기업 조직은 다양한 사람들이 어우러지는 관계의 장이다. 특히 조직 내의 관계 양상과 관계의 질은 조직 구성원들의 정신 건강과 심리적 안정뿐 아니라 조직의 효율성 및 생산성에도 직결된다. 과거 부서와 위계 위주였던 조직 내 관계가 프로젝트와 팀 위주로 재편되면서 조직 내 관계의 중요성은 더욱 커지고 있다. 어차피 계약서에 적힌 자기 할 일만 하면 된다고, 어차피 상대를 이해할 수 없다는 이유로 조직 내의 관계를 기피하거나 소홀히 할 수는 없다.

물론 조직 내의 관계는 외로움을 달래고 정서적 지지를 얻기 위한 목적에서 이루어지는 것은 아니다. 기업에서의 관계 인문학 강의는 기업 조직 내 관계의 중요성, 그리고 일과 관계의 균형에 초점을 두어야 한다. 따라서 기업들은 조직 내 관계의 본질과 특성에 대한 이해를 갖추고 구성원들과 이를 공유할 필요가 있다. 관계 인문학 강의에는 아래의 내용들이 포함되어야 한다.

2.1. 의무적 관계에서 자발적 관계로

현대인들에게 보이는 관계 기피 경향은 엄밀히 보자면 관계에서 자유로워지고자 하는 욕구에 가깝다. 관계와 관련된 최근의 트렌드를 살펴보면, 현대인들은 무조건적으로 관계에서 벗어나려는 것이 아니다. 전통적인 조직에서 강제되던 의무적이고 강압적인 관계는 거부하지만, 자신의 관심사 또는 이익과 관련된 관계는 그 어느 때보다 활발하게 추구한다.

이러한 관점은 기업 조직에서도 적용할 수 있다. 물론 기업 특성상 위계적이고 의무적인 관계 양상이 아예 배제될 수는 없다. 하지만 최대한 조직 구성원들의 자발성과 주체성을 해치지 않는 방향으로 관계들이 이루어진다면 과거처럼 조직 내 관계를 무조건적으로 거부하는 일은 없을 것이다. 또한 개인의 업무와는 별도로 조직 내에서도 인간관계는 필수적이며, 자신의 성장과 이익을 위해서라도 관계와 관계의 기술이 필요하다는 점을 강조할 필요가 있다.

2.2. 관계에 대한 부담을 줄이자

"All the world's a stage, and all the men and women merely players". 셰익스피어가 말했듯, 인간의 삶은 일종의 연극이다. 직장인들은 집을 나서는 순간 가면을 쓴다. 사회생활을 위한 또 다른 나의 얼굴이다. 우리가 집 밖에서, 직장에서 만나는 모든 사람은 모두 자기의 역할을 수행하고 있는 배우들이다. 조직 내의 관계를 고민하는 이들은 이 점을 먼저 기억해야 한다.

많은 이들이 직장에서의 관계를 기피하는 이유는 두 가지가 있다. 첫째, 사람들이 수행하는 역할을 그 사람과 혼동하기 때문이고,

직장을 배경으로 한 연극 「글로리아」의 한 장면

둘째, 직장에서의 자신의 모습이 진짜 자신의 모습과 달라 괴리를 느끼기 때문이다. 이 두 이유는 본질적으로 연결되어 있다.

첫째, 내가 맡은 배역은 내가 아니다. 역할과 사람은 구별되어야 한다. 직장에서의 지위나 업무 역시 말 그대로 배역에 불과하다. 직장에서 업무로 욕을 먹거나 얼굴 붉힐 일이 있어도 그것으로 상대방에게 실망하거나 상처를 받을 필요는 없다는 뜻이다. 자신에게 주어진 역할을 다하기 위해서 신경도 쓰고 노력도 해야겠지만, 역할을 수행하다가 생긴 일로 불필요한 스트레스를 받을 필요는 없다.

두 번째는 자신의 진짜 자기(the self)와 자기 통합에 관한 문제다. 직장인들의 고민처럼, 적지 않은 배우들이 자신이 연기한 배역에서 빠져나오기 어려워하는 이유는 자신을 배역과 동일시하기 때문이다. 이럴 때는 진정한 자기를 되새기고 자신이 하는 역할의 이유를 명확히 하는 것이 필요하다. 자기발견과 자기실현의 노력이 뒷받침된다면 진짜 내 모습과 다른 직장에서의 모습에 괴리를 느끼는 것이 아니라, 잘 통합되고 유연한 자기를 가진 사람이 될 수 있다.

2.3. 연극의 법칙을 이해하라

직장생활을 연극으로 이해하면, 조직 내 관계는 배역과 역할에 대한 이해라 할 수 있다. 연극이 제대로 상연되기 위해서는 배우들의 연극과 배역에 대한 이해는 필수다. 우선, 직장^(조직)이라는 무대와 직장생활, 조직업무라는 역할의 특성에 대해서는 이미 대부분의 기업에서 강조하고 교육하는 내용일 테니 따로 언급하지는 않겠다. 다만 기억해야 할 점은 직장과 자신이 속한 조직에서의 행동양식은 사적 관계에서나 개인으로서의 그것과는 다르다는 것이다.

(1) 세대 간 특성

그 외에 배역에 대한 이해로 손꼽을 수 있는 것은 먼저 기성세대와 청년세대의 문화 차이다. MZ세대가 본격적으로 사회에 진출한 이후로, 많은 기업들이 세대 간 소통이라는 문제에 직면하게 되었다. 이는 본질적으로 다른 세대에 대한 이해 부족에 기인한다. 타인 이해는 문화 이해에서 출발한다. 문화는 인간 행동의 바탕이 되는 것으로 사람들의 관계를 포함한 인간의 모든 행동은 문화의 영향을 받기 때문이다.

기성세대의 문화는 집단주의 문화로 요약할 수 있다. 집단주의 문화에서 개인(나)은 스스로를 집단의 구성원으로 인식하며, 그런 만큼 개인은 집단의 조화와 집단이 부여하는 가치를 따를 의무가 있다. 명절마다 많게는 30여 명에 이르는 사촌들을 만나며 '가문의 영광'을 위해 좋은 대학에 갔던, 전 국민이 '잘 살아보자'는 일념 하에 '금을 모아가며' 위기를 극복하고 '선진 한국' 진입을 위해 노력해 왔던 기성세대는 기본적으로 집단과 관계가 익숙하다. 하지만 청년세대는 다르다.

변화한 가족의 형태와 적어진 자녀의 수, 개인의 능력으로 충분히 생계 유지가 가능해진 현대 사회는 집단에 대한 의존성을 크게 줄였고, IMF 등의 경제위기와 최근 높아지고 있는 불확실성은 각자도생의 가치관을 일반화시켰다. 그 결과, 청년세대는 기본적으로 자신의 안녕과 욕구 충족을 우선하여 행동한다. 관계에서도 마찬가지다.

(2) 연령 집단 특성

또 하나는 소통 주체의 발달 시기적 특성을 이해하는 것이다. 기업과 조직에서 관리자급에 해당하는 40~50세대와 신입 및 실무인력인 20~30세대는 개인적 관심사와 직장과 일의 의미, 삶의 목표 등 많은 면에서 다르다.

심리학자 에릭슨은 성인기 초반 20~30대 시기를 '친밀감 대 고립'이라 명명했다. 부모와 학교로부터 독립하여 처음으로 사회적 삶을 시작하는 성인기 초기는 이전과는 전혀 다른 역할과 관계를 받아들여야 하는 시기다. 기껏해야 부모와 형제, 선생님과 동급생들과 관계를 맺어왔던 청년들은 이제 직장의 직급과 업무체계 속에서 상사와 동료, 타부서의 사람들, 고객사 또는 고객들과 맞부딪쳐야 한다. 이는 사회적 기술이 부족한 청년들에게 엄청난 스트레스로 다가갈 수 있다.

한편, 기성세대에 해당하는 40~50대들은 직장에서 관리자의 역할을 맡고 있다. 기본적으로 이들의 언어는 직위, 직무, 업무 중심적일 수밖에 없다. 또한 이들은 직장과 사회에서의 오랜 경험으로 청년들보다 심리적 우위에 서 있다. 따라서 기성세대들은 직장 내의 관계와 소통은 처음부터 불균형 상태라는 것을 인식할 필요가 있다. 그리고 기성세대들의 관계 기술 역시 완벽할 수는 없다.

(3) 문화적 행위양식

세 번째는 우리가 살고 있는 한국의 문화적 행위양식이다. 한국이라는 무대, 한국인들의 관계라는 연극에서는 그동안 통용되어 온 많은 문화적 관습들이 있다. 예를 들면, 한국인들의 인간관계에는 장유유서(長幼有序) 등의 유교적 가치관과 과거 산업화 시대와 권위주의 정부 시절에 뿌리내린 권위주의적 질서가 자리잡고 있다.

또한 한국 문화 특유의 사적 관계화라든지, 참견과 간섭 등 과도

한 관심의 표현 등 가족 간 정(情)을 중심으로 하는 관계 양상, 구체적인 지시는 없지만 '알아서, 잘, 딱, 깔끔하고 센스있게' 해야 하는 비언어적 소통 등 조직 내 관계를 이해하고 적용하려는 이들이라면 꼭 알아야 하는 문화적 어법들이 많이 있다.

외국에 가기 전에 그 나라의 문화를 공부하는 것은 필수다. 사람들은 단 며칠 간의 해외여행을 위해 그 문화를 공부한다. 우리가 살고 있는 우리의 문화를 이해하려는 노력도 그 정도는 해야 하지 않을까.

(4) 자기 제시와 의사소통으로서의 감정 표현

마지막은 감정의 이해와 표현이다. 감정은 자신의 경험에 대한 신체적 반응과 인지적 해석의 결과로 자기 이해와 타인 이해의 좋은 도구가 된다. 또한 이해한 타인의 감정을 바탕으로 상호교류가 이루어지는 한편, 자기의 의중을 표현하는 자기 제시(self-presentation) 기법으로서의 활용도도 크다. 따라서 자신과 타인의 감정을 잘 이해하고 표현하는 것은 대인관계에서 커다란 자산이 된다.

인간 사회에는 문화나 연령에 따른 감정 표현의 차이가 있으며, 상황과 맥락에 따라 특정 감정 표현이 권장되기도 하고 제한되기도 한다. 직장이나 조직에도 나름의 감정 표현 규칙이 존재하며 이를 이해하고 적절히 활용하는 것은 조직의 효율성 측면 뿐만 아니라 개인적 삶에도 도움이 될 것이다.

2.4. 일-삶-관계의 균형을 회복하라

　과거 산업화 시대에서 개인주의 시대로 전환되던 시점에는 일과 삶의 균형(work-life balance)이 화두였다. 개인주의에서 초개인화 시대로 이행 중인 현재는 일과 삶의 균형과 함께 삶과 관계의 균형도 생각해야 할 때다. 심화되는 경쟁, 발달하는 기술, 증가하는 관계 유지 비용 등, 현대 사회의 개인은 관계의 필요성을 느끼기 어렵다. 하지만 인간의 뇌와 몸은 관계 속에서 진화해 왔다. 이는 신체적, 정신적 건강을 유지하기 위해서는 관계가 꼭 필요하다는 뜻이다.

　여러 조직과 개인들의 업무와 역할이 상호작용하는 직장 역시 다양한 인간관계 위에서 기능하는 곳이다. 주어지는 업무와 맡은 역할, 제한된 공간과 시간이라는 한계가 있지만, 그 안에서 적극적이고 능동적으로 활용할 수 있는 관계는 분명히 존재한다. 단순히 조직에 순응하기 위해, 윗사람에게 잘 보이기 위한 관계가 아니라 더 건강하고 효율적인 조직과 개인 스스로의 성장을 위해 기업은 관계에 주목해야 한다.

　우리는 자기계발을 위해서 없는 시간을 쪼개서 공부하고, 건강한 몸과 체력을 위해서 없는 시간을 쪼개서 운동한다. 관계도 마찬가지다. 건강한 몸과 마음을 위해서라면 관계를 맺고 유지하는 데도 시간과 자원, 노력을 들여야 한다. 처음에는 서툴고 어려울 수 있다. 하지만 거듭된 운동에 체력이 늘고 근육이 자라듯이 관계에 임하는 마음과 기술도 성장할 것이다.

3. '관계 인문학' 강의 시 주의사항 5가지

첫째, 현실적 사례와 생생한 내용으로 강의를 구성하라.
　관계에 대한 강의는 이론이 중요하지만, 단순히 이론만 전달해서는 안 된다. 학습자들이 경험했을 사례나 실제 사회현상 등을 바탕으로 이론이 실제 현실에서 적용되는 모습 등을 강의에 생생하게 담을 수 있어야 한다.

둘째, 실제 상황을 바탕으로 한 실습 과제를 포함하라.
　타인의 사례도 좋지만 본인이 스스로 특정 상황을 경험할 필요가 있다. 조직 내에서 일어날 수 있는 상황 및 사적 관계 상황 등 다양한 상황을 구성하여 역할 연습을 해 본다. 거울 치료 또는 타산지석에 해당하는 사례를 포함하는 것도 좋다.

셋째, 하나의 정답이 아니라 다양한 대안이 있을 수 있음을 강조하라.
　세상에는 수많은 관계와 그 관계를 유지하고 관계에서 비롯된 갈등을 해결하는 수많은 방법이 있다. 모든 경우에 적용할 수 있는 하나의 정답이 없음을 전제하고 서로의 입장과 상황을 이해하는 연습이 필요하다.

넷째, 학습자의 강점과 개선점을 찾을 수 있는 건설적 피드백을 하라.

모든 강의가 그렇듯 관계 강의에서도 시기적절하고 건설적인 피드백이 가장 중요하다. 과제에 대한 맞춤형 피드백을 제공하고 학습자 간에도 서로의 느낌을 이야기할 수 있는 시간을 갖는 것이 좋다. 이는 학습자가 자신의 강점과 개선이 필요한 영역을 이해하는 데 도움이 된다.

다섯째, 기관과 학습자의 특성에 맞춰 유연하게 대처하라.

기관의 특성이나 강의 주제, 심지어 강의 시간대에 따라서 학습자들의 특성은 달라진다. 또한 학습자들의 조직 내에서의 역할과 연령에 따라서도 요구 사항이 달라질 수 있다. 이미 짜여진 강의의 내용과 순서가 있다고 해도 매번 유연하게 대처할 필요가 있다.

4. 시사점

관계의 기술은 기업 조직의 의사소통과 효율성뿐만 아니라 개인의 정신건강과 행복에도 지대한 영향을 미친다. 개인화를 넘어 초개인화 사회로 진행하고 있는 만큼 관계의 중요성은 더욱 강조될 것이다. 관계 인문학 강의의 시사점은 다음과 같이 요약할 수 있다.

첫째, 초개인화 시대에 소홀하기 쉬운 관계의 중요성을 강조한다.

1인 가구 증가와 개인주의의 확산으로 관계를 기피하려는 트렌드가 확산되고 있으나, 인간은 진화적으로 관계를 맺도록 설계된 사회적 존재다. 반려동물, 반려식물, AI까지도 관계 대체 수단으로 등장할 만큼, 정서적 교류와 상호작용에 대한 본능적 욕구는 사라지지 않고 있다. '나 혼자 산다'가 대세처럼 인식되고 있지만, 고립은 정신건강에 치명적이며 삶의 질을 저하시키는 요인이다. 사회적 기술의 부족은 개인의 사회적 적응에도 심각한 악영향을 미칠 것이다.

둘째, 현대인들의 관계 욕구의 변화를 제시하고 있다는 점이다. 현대 사회에서 관계의 형태는 의무에서 자발로 전환되고 있다. 현대인들은 전통적이고 강제적인 관계는 부담스러워하고 심지어 거부하지만, 자신의 관심사나 정서적 만족에 기반한 관계는 활발히 추구한다. 최근 두드러지는 팬덤 문화, 관심사 기반 커뮤니티, MZ세대의 모임 확대 등은 새로운 형태의 관계 추구 방식을 보여준다. 관계는 사라진 것이 아니라 형식과 방식이 변화하고 있는 것이다.

셋째, 조직 내에서도 관계는 중요하며 이에 대한 교육의 필요성을 제안한다. MZ세대와 기성세대의 갈등과 성역할 변화에서 기인한 성별 갈등 등 기업과 조직 내에서도 관계 회피가 빈번하지만, 관계는 조직 효율성과 개인 성장에 직접적인 영향을 미치는 요소다. 이에, 필자는 '역할과 사람을 구분하기', '세대차 이해', '문화적 맥락 이해', '감정 표현' 등의 관계 인문학적 교육 프로그램을 제안하였다. 조직 내 관계는 더 이상 당연한 것이 아니며, 단순한 기술로 접근할 문제도 아니다. 관계의 본질에 대한 인문학적 성찰과 실천이 필요한 시점이다.

넷째, 기업과 개인이 모두 주목해야 할 새로운 과제로 '일-삶-관계의 균형'을 제안한다. 관계는 운동처럼 훈련과 노력이 필요하며, 자기계발의 영역 중 하나로 다뤄야 할 대상이다. 건강한 관계는 정신건강, 신체건강, 조직문화, 삶의 만족도를 동시에 향상시키는 핵심 요인이기 때문이다. 기존의 Work-Life Balance가 집단주의적 조직문화에서 개인의 삶에 주목했다면, 최소한의 관계마저 의미를 잃어가는 초개인화시대 개인의 삶은 관계와의 균형을 필요로 한다.

■ 참고문헌

- 권석만, 『인간관계의 심리학』, 학지사, 2017.
- 송길영, 『시대예보: 핵개인의 시대』, 교보문고, 2024.
- 최인수, 윤덕환, 채선애, 이진아, 최다솔, 『트렌드 모니터 2025』, 시크릿하우스, 2024.
- 데이비드 버스 저, 이충호 역, 『진화심리학』, 웅진지식하우스, 2012.
- 그것이 알고 싶다 1438회. 나의 완벽한 애인-AI와 사랑해도 될까요? 2025.4.12.
- 1인가구 '1000만 시대', 조선일보(2024.4.11.)
- 근로시간 10년새 연 200시간 줄었지만.. 여전히 OECD 평균과 격차 (연

합뉴스, 2024. 3. 3)
- 진화하는 '팬덤플랫폼'… 글로벌 다운로드 1억 넘은 앱도(국민일보, 2023. 7. 18)
- '취향 공동체'가 뜬다.. 왜 '관심사 기반 커뮤니티'로 모일까 (시사저널, 2022. 7. 12)
- "새 친구와 외로움 덜어" 중장년 사이 '소셜 커뮤니티' 인기 (브라보마이라이프, 2024. 10. 15)
- 홍성표, 임한려. (2022). 중고령자 1인가구 삶의 만족도 변화 및 영향 요인분석: 중고령자 다인가구와 비교 분석. 보건사회연구, 42(2), 7-27. 2022
- Cacioppo, J. T. & Cacioppo, S. (2018). Loneliness in the modern age: An evolutionary theory of loneliness (ETL). In Advances in experimental social psychology(Vol. 58, pp. 127-197). Elsevier. https://doi.org/10.1016/bs.aesp.2018.03.003.
- Shen, C., Zhang, R., Yu, J., Sahakian, B. J., Cheng, W., & Feng, J. (2025). Plasma proteomic signatures of social isolation and loneliness associated with morbidity and moratality. Nature Human Behavior(2025. 1). https://www.nature.com/articles/s41562-024-02078-1.pd
- Yoo, D. W., Shi, J. M., Rodriguez, V. J, & Saha, K. (2025). AI Chatbots for mental health: Values and harms from lived experiences of depression. arXiv:2504.18932v1 [cs.HC] 26 Apr 2025.https://arxiv.org/pdf/2504.18932

04

AI 시대의 팀의 변화와 팀코칭

우리가 변한다고 해서 더 나아질 것이라고는 장담할 수 없다.
하지만, 더 나아지기 위해서는 반드시 변화해야 한다.
- Georg C. Lichtenberg(독일의 물리학자, 풍자작가) -

최동하
(단국대학교 경영대학원 초빙교수)

· 단국대 경영대학원 협상코칭 전공 주임교수(Ph.D)
· 기업코칭 전문회사 퀀텀프로젝트 대표코치/CEO
· 케어마인 상담코칭센터 연구소장
· 한국협상경영원 마스터코치
· 국제코치연맹(ICF) 부회장, 전)한국코치협회 이사
· 저서 『마음의 언어, 존중어 사용법』, 『최신코칭학개론』, 『현장실전코칭』, 『코칭의 역사』, 『조직문화와 피어코칭』, 『ICF 8가지 코칭핵심역량』, 『강의 트렌드 2025』 외 다수

해시태그

#AI코칭 #AI팀코칭 #AI팀코치 #AI리더십 #팀의변화 #팀코칭
#팀코칭의변화 #조직변화 #리더십 #팀역량강화 #미래조직
#팀성과 #코칭역량 #조직개발 #혁신 #조직코칭

핵심질문

1. 현대 조직에서 AI 시대의 팀의 구조와 기능은 어떻게 변화하고 있는가?
2. 이러한 변화 속에서 팀코칭은 어떤 역할을 수행해야 하는가?
3. 성공적인 AI 활용 팀코칭을 위해 코치는 어떤 역량과 접근 방식을 갖추어야 하는가?
4. 팀코칭과 팀코칭 강의의 차이는 무엇이며 팀코칭 강의는 어떻게 준비해야 하는가?
5. 디지털 환경 변화에 대응하기 위한 팀코칭과 팀코칭 강의의 발전 방향은 무엇인가?

AI 시대의 팀의 변화와 팀코칭

AI 시대의 변화하는 조직, 변화하는 팀코칭

현대 조직의 풍경은 과거와는 전혀 다르다. 20세기 중반까지만 해도 기업 조직에서 팀의 개념은 비교적 단순했다. 정해진 부서 안에 고정된 직무별 팀이 존재했고, 의사결정은 상명하달식으로 이루어졌다. 팀장은 명령하고 팀원들은 지시된 역할을 수행하는 구조였다. 그러나 21세기에 들어서면서 이 전통적 구조는 빠르게 해체되고 있다. 디지털 기술의 급격한 발전과 글로벌 협업의 증가, 원격 근무의 확산, 애자일(agile) 방식의 도입, 그리고 특히 인공 지능(AI) 기술의 진보 등은 팀의 개념 자체를 근본적으로 변화시키고 있다. 이제 팀은 더 이상 고정된 조직단위가 아니라, 프로젝트에 따라 결성되고 해체되는 유동적 협업 단위로 자리 잡았다.

이러한 변화는 단지 업무 방식만 바꾸는 것이 아니라, 조직 내에서 '팀'이라는 단위가 가지는 의미와 운영 방식을 재정의하는 과정이라 할 수 있다. 현대의 팀은 주어진 업무만 수행하는 집단이 아니라 자율성과 협업을 기반으로 스스로 문제를 해결하고 학습하는 유기체로 발전하고 있다.

그렇다면 팀코칭이란 무엇인가? 팀장이나 리더가 팀원들을 동기부여하는 과정일까? 아니면 팀의 성과를 높이기 위한 하나의 기법일까? 사실 팀코칭은 이보다 훨씬 더 깊고 넓은 개념이다. 팀코칭은 팀이 하나의 유기체처럼 스스로 성장하고 발전할 수 있도록 돕는 과정이다. 즉, 외부에서 지시만하는 것이 아니라, 팀 내부에서 해결책을 찾고, 협력하고, 스스로 학습할 수 있도록 돕는 것이 핵심이다.

조직 구조와 팀 운영 방식이 유연해짐에 따라, 팀코칭은 과거의 개별 코칭이나 리더 코칭과는 다른 접근이 필요해졌다. 팀 단위의 역량 강화와 변화 관리에 초점을 맞춘 팀코칭이 부상하고 있으며, 특히 AI 시대에는 데이터와 기술을 활용한 새로운 코칭 방식이 등장하고 있다. 이제 팀코칭은 변화하는 팀을 지원하고 성과를 극대화하기 위한 핵심 도구로 인식되고 있다. 아래에서는 현대 조직 팀의 변화 양상과 이에 대응하는 팀코칭의 역할 변화를 살펴보고, 나아가 AI 시대에 팀코칭이 어떻게 진화하고 있는지, 팀코칭 관련 강의는 어떻게 해야하는지 구체적인 사례와 함께 알아보고자 한다.

1. 코칭의 새로운 트렌드 '팀코칭'

1.1. 팀의 진화: 전통적 팀에서 현대적 팀으로

팀의 개념은 조직의 운영 방식과 함께 꾸준히 변화해왔다. 팀이란 예전에는 조직에서  정해진 구조 속에서, 명확한 역할을 수행하는 고정된 단위로 여겨졌다. 팀원들은 각자의 업무를 맡고, 팀장은 이를 조율하며 위에서 내려오는 지시를 수행하는 것이 일반적인 방식이었다. 그러나 기술의 발전, 글로벌화, 그리고 일하는 방식의 변화로 인해 팀의 운영 방식도 크게 달라지고 있다.

(1) 과거의 팀 구조와 운영

과거의 전통적인 팀은 대개 수직적 위계 구조를 기반으로 움직였다. 조직의 목표가 정해지면, 팀장은 이를 세부 업무로 나누어 팀원들에게 배정했고, 팀원늘은 사신의 역할만을 수행히는 형태였다. 이런 팀 운영 방식은 효율성이 강조되던 산업 시대에는 적합했지만, 빠르게 변화하는 현대의 비즈니스 환경에서는 점점 한계를 드러내게 되었다. 특히, 복잡한 문제를 해결해야 하는 경우, 단순한 역할 분배와 명령 체계만으로는 대응이 어려웠다.

이러한 팀의 개념이 변화하고 있다. 2025년 4월 1일부터 10일까지 한국강사에이전시에서 기업강사 114명을 대상으로 조사한 결과에 따르면 조직 내 '팀'의 운영방식이 변화하고 있다는 응답이 83.3%에 이르고 있어, 변화를 실감할 수 있다.

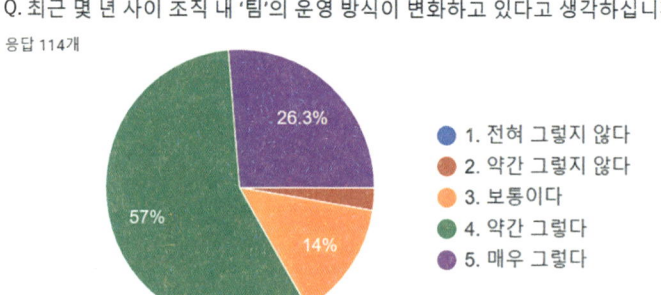

출처: 한국강사에이전시, 2025 '기업강사 대상' 설문조사

(2) 현대의 팀 구조와 운영

오늘날 조직에서는 이러한 전통적 틀이 크게 허물어졌다. 유연하고 기민한 (project-based) 팀 편성이 일상화되어 필요에 따라 팀을 구성하고 해산하는 것이 가능해졌다. 예를 들어, IT 기업에서는 UX디자이너, 백엔드 개발자, 마케팅 전문가 등이 하나의 임시 팀을 이루어 새로운 기능 개발 프로젝트를 수행하고, 완료 후엔 팀이 해산되어 각자 다른 프로젝트로 이동하는 방식이 정착되고 있다. 심지어

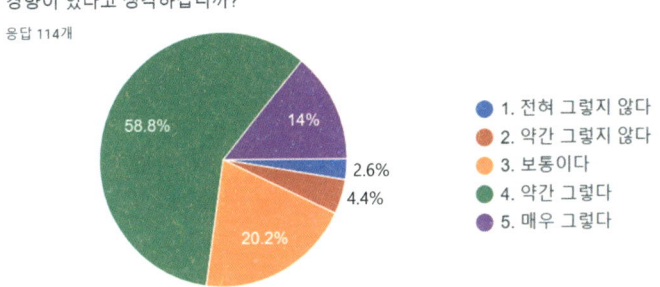

출처: 한국강사에이전시, 2025 '기업강사 대상' 설문조사

한 조직 내에서도 고정된 팀이 아닌 '유동적 협업 네트워크' 개념이 등장하여, 프로젝트마다 최적의 인력이 모였다가 흩어지는 사례도 늘고 있다.

한국강사에이전시에서 실시한 설문 조사 결과에 따르면 "Q. 최근 팀 구성은 고정된 인원 중심이 아니라 프로젝트별로 유동적으로 재편성되는 경향이 있다고 생각하십니까?"라는 질문에서 팀 구성의 유동성과 관련해 75%에 가깝게 팀이 프로젝트별로 재편성되고 있다고 응답하여 의미 있는 경향을 알 수 있다.

국내 사례로는 네이버가 사내 협업 플랫폼 네이버웍스(Naver Works)를 도입하며 CFT(Cross-Functional Team) 중심의 상품 개발 조직을 운영하고, 필요에 따라 조직을 빠르게 재편하는 스쿼드 조직(횡적조합) 체계를 보여준다. 이러한 변화는 팀을 하나의 스타트업처럼 자율적으로 운영하게 만들고, 조직 내 부서 간 경계를 넘나드는 협업을 가능케 한다.

해외 사례로는 중국의 하이어(Haier)사가 전통적 부서를 해체하고 약 4,000개의 미세조직(마이크로 엔터프라이즈)으로 재편한 '렌단헤이(RenDanHeYi) 모델'이다. 구성원(ren), 고객 요구(dan), 그리고 이 둘의 실시간 연결(heyi)을 핵심으로 하는 하이얼의 조직운영 모델을 말한다. 하이어는 직원 각자가 소규모 창업가처럼 일하도록 권한을 주었을 뿐 아니라, AI 기반의 데이터 플랫폼인 스마트 브레인(smart brain)을 도입하여 모든 팀이 실시간 데이터에 접근해 의사결정을 내릴 수 있도록 했다. 이처럼 AI 기술은 거대한 조직을 수천 개의 스타트업처럼 운영하면서도 공동의 플랫폼을 통해 연결하는 역할을 수행하고 있다.

(3) 팀 관계와 협업 방식의 변화

팀 구조의 변화는 팀원 간 관계와 협업 문화에도 큰 영향을 미치고 있다. 과거에는 팀 내 역할이 엄격히 구분되고 실수를 최소화하는 문화가 강했다. 그러나 현대의 팀에서는 심리적 안전감(psychological safety)이 성과에 직결되는 중요한 요소로 부각되었다. 구글의 연구 등에서도 성과가 높은 팀의 공통 요소로 심리적 안전감이 강조되었다고 알려져 있다. 팀원들이 눈치 보지 않고 자유롭게 의견을 내고 실험과 실패를 학습의 일부로 받아들이는 문화가 혁신에 필수적이기 때문이다. 이를 위해 팀 리더는 권위적인 지휘관에서 신뢰를 형성하는 코치의 역할로 변모하고, 팀원 간에는 수평적이고 개방적인 커뮤니케이션이 이루어지는 추세다.

또한 기술 측면에서도 협업 방식이 달라지고 있는데, 디지털 협업 도구의 발전을 넘어 이제는 AI 기반 협업 도구들이 팀원 간 소통과 업무 조율을 지원하고 있다. 예컨대, 원격회의 시 AI 회의 도우미가 자동으로 회의록을 작성하고 결정사항을 요약해주거나, 팀 채팅방에 AI 챗봇을 팀원의 일원처럼 참여시켜 필요한 정보를 즉각 제공하는 모습도 현실이 되고 있다. 이러한 AI 도구들은 팀 내 커뮤니케이션의 사각지대를 줄여주고, 팀원 모두가 정보에 접근하여 데이터에 근거한 의사결정을 하도록 도와준다.

(4) 의사결정과 성과 관리의 변화

팀의 자율성이 높아지면서 의사결정 방식도 분산화되고 있다. 과거에는 팀장이 모든 결정을 통제했지만, 지금은 팀원 각자의 전문성을 존중하여 결정에 참여시키는 집단지성을 활용하고 있다. 여기에 AI 기술이 더해져 의사결정 지원 시스템으로 활용되기도 한다. 예를 들어, AI는 방대한 시장 데이터를 분석해 의사결정에 필요한 인사이트를 실시간으로 제공하거나, 과거 프로젝트 데이터를 바탕으로 미래 성과를 예측하여 팀이 더 나은 선택을 하도록 도와준다. 동시에 팀의 성과 측정 역시 실시간화, 정교화되고 있다.

AI를 활용한 팀 성과 분석 도구는 팀원의 업무 산출물, 상호 피드백, 고객 만족도 등을 종합적으로 수집하여 팀 역량의 강약점을 파악하고 피드백을 제공한다. 과거 분기별 또는 연간 평가에 의존하던 것에서 나아가, 이제는 AI가 실시간으로 팀의 움직임을 모니터링하고 필요한 조언을 제공하는 단계로 발전하고 있다. 이는 팀코칭의 측면에서도 중요한 변화인데, 데이터 기반으로 팀의 상태를 진단하고 그에 맞는 개입을 설계할 수 있게 되었기 때문이다. 결과적으로 현대의 팀은 구조적으로 유연해졌을 뿐만 아니라 AI로 강화된 데이터 기반 운영을 통해 더 똑똑하고 빠르게 움직일 수 있게 되었다.

1.2. 리더십 변화와 팀코칭의 변화

(1) 현대 리더십으로의 전환

팀 구조와 문화가 바뀌면서 리더십 개념도 달라졌다. 전통적 리더십은 리더가 모든 의사결정을 주도했으나, 지금은 '코치형 리더'로 변화하며 팀원의 잠재력을 이끌어내는 리더십이 각광받고 있다. AI 시대에는 분석적 업무가

AI에 의해 처리되면서, 인간 리더는 비전 제시, 감성적 소통, 창의적 문제 해결 등 인간 고유의 역할에 집중해야 한다. AI가 방대한 데이

터를 제공하더라도 최종 판단과 팀 공감대 형성은 리더의 몫이다.

따라서 현대 리더는 데이터를 활용하는 역량과 맥락적 이해, 윤리적 판단력을 갖춰야 한다. 또한, 심리적 안전감 조성 능력도 필수다. AI가 업무 속도를 높이면 팀원들이 불안을 느낄 수 있기 때문에 리더는 신뢰를 조성하고, AI의 조언을 무조건 따르기보다 토론을 통해 최적의 방안을 찾는 문화를 만들어야 한다.

(2) 팀코칭 접근법의 변화

리더십이 이러한 방향으로 변화함에 따라, 팀코칭의 접근 방식도 진화하고 있다. 전통적인 팀코칭은 대개 외부 전문가(코치)가 팀에 개입하여 팀 갈등을 해소하거나 성과 향상을 위한 피드백을 주는 형태가 많았다. 이때 코치는 팀과 신뢰 관계를 형성하며 객관적인 시각으로 진단하고 조언하는 역할을 했다. 이러한 기본 원리는 여전히 유효하지만, 현대 팀코칭에는 몇 가지 새로운 양상이 더해지고 있다.

첫째, 데이터 활용의 증가이다. 과거 코치는 대화와 설문 등을 통해 팀 상태를 파악했다면, 이제는 AI를 활용한 팀 진단 도구들이 등장하여 객관적 데이터를 함께 참고한다. 예를 들어, 팀원들의 상호 피드백 텍스트를 AI가 분석해 감정 빈도나 협업 패턴을 도출해주면, 코치는 이를 참고하여 팀의 문제점을 정확하게 파악할 수 있다. 실제로 음성 AI가 회의 대화를 분석해 팀 분위기의 긍정·부정 비율을 알려주거나, 소시오메트릭스*(집단내 상호성 분석)* 기술을 통해 어떤 두 멤버 간 소통이 적은지 시각화해주는 툴도 활용되고 있다. 이러한 데이터 기반 코칭은 코치의 주관적 판단에 의존하던 부분을 보완해주고, 때로는 놓치기 쉬운 팀 역동의 단서를 포착하게 해준다.

둘째, AI 코칭 보조 시스템의 도입이다. 이는 AI가 코치와 팀원 사이에서 보조 코치로 활동하는 개념으로, 이미 일부 실험이 시작되고 있다. 예를 들어, 미국 콜센터에서는 AI 소프트웨어가 통화 중 말투와 속도를 실시간 분석하여 상담원에게 "말을 좀 더 천천히 하세요" 또는 "지금 고객 감정이 좋지 않으니 공감 표현을 하세요"와 같은 코칭 메시지를 바로 제공하고 있다. 이러한 실시간 피드백 시스템은 팀 코칭 환경에도 적용될 수 있다. 팀코칭 중 AI가 팀원들의 발언 시간을 체크해 일부가 과도하게 이야기하면 균형을 권하거나, 대화 도중 감정이 격앙되면 코치에게 이를 알려 개입하도록 할 수 있다.

(3) AI와 팀코치의 협업

AI 시대의 팀코칭에서 코치의 역할이 줄어드는 것이 아니냐는 우려도 있으나, 현재로서는 AI가 코치의 파트너로 기능하는 양상이 더 두드러진다. AI는 방대한 데이터 처리와 패턴 인식에 강점이 있고, 인간 코치는 맥락을 해석하고 공감적 소통을 실행하는 데 강점이 있다.

예를 들어, 팀 성격 진단을 AI가 대규모로 빠르게 해내고 각 팀원의 성향 데이터를 분석하여 "이 팀은 창의성은 높지만 갈등회피 성향이 있으므로 갈등 관리 코칭이 필요하다"는 식의 인사이트를 주면, 인간 팀코치는 이를 바탕으로 맞춤형 코칭 세션을 설계하고 대화를 이끌어가는 식이다.

또한 AI는 팀코칭 후에 성과 추적을 도울 수 있다. 팀코칭 개입 전후로 팀 협업 지표나 분위기를 모니터링하여 변화 추이를 알려주면, 코치는 그 효과를 평가하고 필요한 추가 조치를 판단할 수 있다. 요약하면, AI와 팀코치가 각자 강점을 살려 협업함으로써 팀코칭의 효과성과 범위가 확대되고 있다.

다만, 이러한 과정에서 윤리적 고려도 필요하다. 팀 대화나 감정을 분석하는 AI 사용 시 개인정보와 사생활 보호를 어떻게 할지, AI의 조언을 어디까지 신뢰하고 따를지에 대한 기준 설정 등이 새로운 과제로 대두되고 있다.

팀코칭 분야에서도 AI 활용에 관한 가이드라인을 마련하고, 인간적 가치(신뢰, 공정성 등)를 훼손하지 않도록 주의해야 할 것이다. 결국 AI 시대의 팀코칭은 "기술+인간"의 협력 모델이라고 할 수 있으며, 코치는 AI를 도구로 활용하되 궁극적으로 인간적인 연결과 변화를 이끌어내는 본연의 역할에 집중해야 한다. 아래는 이런 상황의 일부를 가상으로 표현한 어느 팀코치의 코칭 장면이다.

AI와 팀코치의 하루

오전 9시, A 기업 코칭룸. 팀코치인 수현이 노트북을 열자 AI 코칭 시스템 '아이리스(IRIS)'가 반갑게 인사를 건넨다.

아이리스: 『안녕하세요, 수현 코치님. 오늘 오전 10시, 팀 알파의 회의 분석 리포트가 준비됐어요. 확인해 보시겠어요?』

수현이 고개를 끄덕이며 화면을 클릭하자 지난주 팀 회의의 대화 패턴과 감정 분석 데이터가 깔끔하게 정리되어 나타났다.

아이리스: 『회의 대화의 70%가 두 멤버에게 집중되었습니다. 심리적 안전감을 나타내는 긍정 발언은 지난주보다 15% 감소했어요..』

수현은 데이터를 살펴보며 잠시 생각에 잠겼다.
'이 두 명이 팀의 중심이긴 하지만, 다른 멤버들의 목소리가 너무 작아지고 있군.'

잠시 후 오전 10시, 팀 알파의 팀원들이 코칭룸에 들어왔다. 수현이 밝게 인사를 건넨 후 화면에 아이리스가 제공한 데이터를 띄웠다.

"자, 우리 팀 회의가 어땠는지 잠깐 살펴볼까요?"

팀원들이 함께 화면을 보자, 예상보다 더 극명하게 나타난 소통의 불균형이 눈에 들어왔다. 수현은 아이리스가 분석한 결과를 바탕으로 팀원들에게 질문을 던졌다.

"여러분, 이번 회의는 어떻다고 생각하세요? 모두가 골고루 의견을 내고 있나요?"

팀원들은 서로 눈치를 보며 이야기를 꺼냈다.

"솔직히 조금 부담스러워서 조용히 있었습니다."

"그럴 의도는 없었는데, 제가 좀 말을 많이 했네요."

팀원들이 서로의 이야기를 나누는 사이, 아이리스가 화면 한쪽에서 문자가 올라왔다.

아이리스:『코치님, 지금 참여가 적었던 멤버들에게 '어떤 방식으로 의견을 내고 싶은지' 질문해 보는 건 어떨까요?』

수현은 가볍게 고개를 끄덕이고 다시 질문을 던졌다.

"의견을 내기 편하려면 어떤 환경이 필요할까요?"

팀원들은 이 질문에 구체적으로 아이디어를 내기 시작했다.

"회의 전에 미리 의견을 정리해서 온라인으로 공유하면 어떨까요?"

"모두 돌아가면서 의견을 이야기하는 시간을 가지면 좋겠어요."

팀 스스로가 해결책을 찾고 있었다. 이런 팀코칭 방식에 수현과 팀원들은 만족해 했다. 코칭 세션이 끝나고, 팀원들이 자리를 뜨자 수현이 아이리스에게 작게 칭찬의 말을 전했다.

아이리스: "별말씀을요, 수현 코치님. 좋은 하루 되세요! 다음 세션 준비도 돕겠습니다."

수현은 미소를 지으며 다음 팀의 데이터를 준비하기 위해 다시 노트북 화면으로 눈을 돌렸다.

1.3. AI를 활용한 팀코칭 사례

(1) AI를 활용한 국내 사례

코칭 전문기업인 '인코칭'은 CoMS*(Coaching Management System)*를 통해 팀 특성에 맞는 코치를 AI로 매칭하고, 피드백 데이터를 분석해 팀에 맞는 코칭 전략을 추천하는 시스템을 운영 중이다.

지티티코리아*(GTT Korea)*는 팀 성과 관리를 AI 어시스턴트로 보조하는 솔루션을 통해, 팀 관리 시간을 주 4시간 절약하고 업무 효율을 높였다는 사례를 내놨다. 이 도구는 자동으로 팀 성과를 요약하고 상황에 맞는 개인화된 코칭 및 권장 사항을 제시함으로써 팀 리더들에게 최선의 조치를 제시하고 있다.

(2) AI를 활용한 해외 사례

IBM은 직원의 역량과 경력, 내부 포지션 데이터를 분석하여 맞춤형 커리어 조언을 제공하는 AI 코칭 시스템(Watson career coach)을 운영 중이다. 도입 후 내부 이동률이 12% 증가하고, 만족도도 향상되었다.

Butterfly.ai는 팀원 피드백을 실시간으로 분석해 매니저의 리더십 강점과 개선점을 도출하는 플랫폼이다. AI 추천 코칭 조언을 제공하며, 도입 후 리더십 점수가 평균 20% 상승한 사례가 보고되고 있다.

Accenture는 AI 분석과 인간 코치의 전문성을 조합한 'Coaching

Cloud'를 운영 중이다. AI가 데이터 기반 인사이트를 제공하면, 인간 코치가 심층 코칭을 수행하여 팀의 성과를 35% 이상 향상시켰다는 사례가 보고되었다.

2. 2026년 팀코칭 관련 강의 방향성

2026년의 팀코칭 관련 강의는 기존의 전통적인 팀코칭 개념을 넘어, 변화하는 조직 환경과 기술 발전에 맞춰 더욱 진화된 형태로 진행되어야 한다. 조직과 팀의 구조가 변화하고 있으며, 리더십의 개념 또한 달라지고 있다. 특히 AI 시대에 들어선 지금, 팀코칭 강의는 이론을 전달하는 것을 넘어 디지털 기술과 실제 사례 중심의 교육으로 발전해야 한다. 팀코칭 강의는 조직의 HR 담당자 또는 팀코칭을 준비하는 전문코치를 대상으로 이루어진다. 다음은 팀코칭 관련 강의에서 고려해야 할 주요 방향성이다.

(1) 전략적 내용 구성

강의 내용은 팀코칭의 개념과 원리를 명확히 전달하면서도, 현실 적용 사례를 풍부하게 포함해야 한다. 예를 들어 팀코칭의 모델 또는 프로세스를 소개할 때, 국·내외 실제 기업에서 팀코칭을 도입한 사례 연구를 함께 제시한다. 특히 AI 기술이 접목된 최신 사례가 있다면 이를 다루는 것이 중요하다. 한 글로벌 IT기업에서 AI 분석을 활용해 팀 진단을 실시하고 그 결과를 토대로 코칭을 진행한 사례, 국내 대기업에서 데이터 기반 코칭 프로그램으로 조직문화가 개선된 사례 등 실제 사례를 통해 학습자는 팀코칭의 효과와 도전 요소를 현실감 있게 이해하게 된다.

(2) AI 기반 협업 도구 체험

팀코칭 강의에서는 과거 포스트잇과 화이트보드 실습만 하던 것에서 나아가, 현대 팀들이 쓰는 디지털 협업 도구와 AI 기반 협업 플랫폼을 직접 경험해보는 활동을 포함하는 것이 효과적이다. 예를 들어 강의 중간에 온라인 협업 툴(Miro, Google Docs 등)을 사용해 가상의 팀 프로젝트를 진행해보게 할 수 있다. 여기에 최근 도입된 AI 기능도 활용해본다. 브레인스토밍 시간에 ChatGPT를 아이디어 도우미로 사용해보기, 회의 후 AI 요약 기능을 통해 회의록을 자동 생성해보기 등을 통해 학습자들은 AI가 팀 협업에 어떤 도움을 줄 수 있는지 직접 체감하게 된다.

또한 AI 번역이나 실시간 자막 등의 기능을 시연하여, 글로벌 팀 협업에서 언어 장벽을 AI로 극복하는 법도 보여줄 수 있다. 이러한 실습을 통해 강의는 듣기만 하는 교육이 아니라 체험형 학습이 되고, 참가자들은 향후 자신들의 조직에서 새로운 도구들을 활용하는 데 자신감을 얻는다.

(3) AI 코칭 보조 시스템 소개

팀코칭 강의 내용에는 AI 코칭 보조 시스템에 대한 최신 정보도 포함될 필요가 있다. 이는 참가자들이 미래를 대비하도록 돕는다. 예컨대, 강의에서 "AI 코치" 개념을 소개하면서 실제 상용화된 또는 실험 중인 AI 코칭 솔루션들을 보여준다. 대표적으로 코칭 챗봇이나 AI 기반 피드백 플랫폼에서 제공하는 대화 분석을 통한 팀 건강도 진단 시스템 등의 기능을 데모 영상이나 화면 캡처로 설명할 수 있다.

"AI 코치가 팀 대화를 모니터링해 어떤 피드백을 주는지"를 구체적으로 보여주면 참가자들은 처음 접하는 개념도 쉽게 이해할 수 있다. 아울러 이러한 AI 도구들은 인간 코치의 역할을 어떻게 지원하거나 한계를 보완하는지도 토론해보게 한다.

예를 들어 "AI 코치는 방대한 데이터를 분석해 추이를 보여줄 수 있지만, 그 의미를 해석해 변화로 이끄는 것은 인간 코치의 몫"이라는 식으로 장단점을 짚어보는 것이다. 이를 통해 수강생들은 AI를 막연히 두려워하기보다 팀코칭에 유용한 도구로 인식하고, 동시에 코치로서 자신의 강점이 무엇인지도 되새기게 된다.

(4) 강의 기법의 혁신

팀코칭 강의의 진행 방식에도 변화가 요구된다. 주입식 강의나 일방적 정보 전달로는 현대적 주제인 팀코칭의 정신을 전달하기 어렵다. 대신 워크숍형 참여 기법을 도입하여, 강의 그 자체가 하나의 팀코칭 섹션처럼 느껴지도록 설계한다. 강사 혼자만 이야기하기보다는 수강생들이 팀을 이루어 미니 팀코칭 실습을 해보거나, 사례 연구 조별 토론을 통해 서로 코치와 내담자 역할을 번갈아 맡아보게 할 수 있다.

이때 강사는 퍼실리테이터(facilitator)로서 토론을 이끌고 질문을 던지며, 필요할 때 전문가로서 피드백을 제공한다. 예를 들어 강의 도중 수강생들에게 간단한 팀 진단 설문 결과를 나눠주고, AI 분석을 곁들여 "이 팀은 현재 갈등 회피 성향이 높게 나오는데, 코칭으로 무엇을 해볼 수 있을까요?"라고 논의하게 하는 식이다. 그런 다음 실제 사례에서는 어떻게 했는지 소개하며 시사점을 도출한다. 이러한 쌍방향 학습을 통해 참가자들은 단순한 지식이 아닌 체험을 통한 깨달음을 얻을 수 있고, 팀코칭의 실제 효과와 난점을 미리 경험해보는 기회를 갖는다.

(5) 지속 학습과 팔로우업

팀코칭 강의는 한 번으로 끝나는 이벤트가 아니라, 지속적인 학습 과정의 일부로 설계될 필요가 있다. 팀코칭 자체가 팀의 지속적인 성장과 변화 대응을 돕는 활동이듯이, 이를 가르치는 강의도 수강 이후에 참가자들이 계속 발전해나갈 수 있도록 지원해야 한다. 예를 들어 온라인 커뮤니티나 팔로우업 섹션을 마련하여 강의 수료생들이 서로 경험을 공유하거나 질문을 주고받도록 한다. 이때 AI 기술을 활용하여 맞춤형 추가 자료 제공이 가능하다.

예를 들어 강의에서 다룬 내용 중 이해가 부족한 부분에 대해, 수강생 개개인에게 AI 챗봇 튜터가 추가 설명이나 퀴즈를 제공한다든지, 팀코칭 적용 후기를 모아 자동 요약 뉴스레터를 발송한다든지, 이러한 사후 지원은 학습자의 현업 적용률을 높이고, 강의의 장기적 효과성을 담보한다.

요약하면, 팀코칭 관련 강의는 최신 팀 트렌드와 AI 기술 활용을 적극 통합하여 내용을 구성하고, 참여형·경험형 학습 기법을 활용하여 진행해야 한다. 이를 통해 수강생들은 변화하는 팀 환경에 대한 통찰과 함께, 이를 실제로 다룰 수 있는 도구와 스킬을 갖추게 될 것이며 변화된 팀코칭의 적극적 도입에 대한 의도가 높아질 것이다.

3. '팀코칭' 강의 시 주의사항 5가지

팀코칭 강의는 단순 지식 전달이 아니라 팀의 자기 조직화와 학습을 촉진하는 과정이다. AI 시대인 현재, 팀코칭 강사는 조직 변화와 기술 발전, 리더십 전환 및 심리적 안전감에 대한 깊은 이해를 바탕으로 강의를 설계해야 한다. 이에 따른 주요 주의사항은 다음과 같다.

첫째, 최신 동향을 철저히 파악하고 있어야 한다.

AI 기술 발전, 하이브리드 업무 환경, MZ세대의 등장 등 급변하는 환경을 미리 이해하고 있어야 수강생에게 현실적이고 신뢰도 높은 내용을 전달할 수 있다. 강사 스스로 AI 협업 도구를 사용한 경험을 공유하면 수강생의 관심과 신뢰를 높일 수 있다.

둘째, 풍부한 국·내외 사례 연구를 준비해야 한다.

성공 사례뿐 아니라 실패 사례까지 소개하여 현실적 이해를 높이고, AI 기반 팀코칭 사례를 제시하여 수강생의 공감을 이끌어내야 한다. 사례 제시 후에는 반드시 시사점과 조직 적용 방안을 명확히 전달하여 실질적 학습으로 연결해야 한다.

셋째, 강의 자체가 팀코칭적이어야 한다.

강의는 일방적 지식 전달보다는 쌍방향 소통과 협력적 학습이 중심이어야 하며, 강사는 개방적 질문을 통해 수강생들이 직접 답을 찾게 해야 한다. 강의실 환경 또한 심리적 안전감을 조성해 참여와 성찰을 장려해야 한다. 이를 통해 수강생들이 팀코칭의 가치를 직접 경험하게 만든다.

넷째, AI 활용에 대한 균형 잡힌 시각을 제시해야 한다.

AI의 장점과 한계를 명확히 전달하여 수강생들이 AI를 두려워하거나 맹신하지 않게 하고, 인간 코치의 역할이 여전히 중요하다는 점을 강조해야 한다. 윤리적 사용과 개인정보 보호에 대한 주의사항도 함께 다루어 AI 활용 시 현실적이고 올바른 판단을 하도록 도와야 한다.

다섯째, 강사의 지속적인 학습과 자기개발이 중요하다.
팀코칭 환경과 AI 기술은 빠르게 변화한다. 강사가 최신 연구와 AI 기반 도구, 조직 변화 사례를 꾸준히 습득하고 강의에 반영하지 않으면 내용이 금세 현실과 동떨어지게 된다. 따라서 강사는 지속적인 학습과 동료 코치들과의 정기적인 경험 공유 및 피드백을 통해 강의의 신뢰성과 품질을 유지해야 한다. 강사 스스로가 지속적인 학습자가 될 때, 수강생들에게도 자기성장과 학습을 중시하는 문화를 자연스럽게 전파할 수 있다.

강사는 팀코칭의 원칙과 가치를 강의 자체에서 보여줌으로써 참가자들이 지속적 학습, 신뢰, 데이터와 직관의 균형을 체험할 수 있도록 해야 한다.

4. 시사점과 향후 연구 과제

조직 환경이 급변하는 AI 시대에 팀코칭의 중요성과 활용 방식은 앞으로도 계속 진화할 것이다. 이러한 맥락에서 몇 가지 시사점과 향후 과제를 정리하면 다음과 같다.

첫째, 팀코칭의 상시화 및 내재화다. 과거에는 팀에 문제가 생기거나 변화 관리가 필요할 때 일시적으로 코치가 개입하는 경우

가 많았다. 하지만 이제 조직은 항시적 변화 상태에 있다고 해도 과언이 아니다. 기술 혁신 주기는 짧아지고 시장의 불확실성은 커졌으며, 팀 구성도 프로젝트 단위로 수시로 바뀐다. 이런 상황에서는 팀코칭도 특정 시점의 1회성 이벤트가 아니라 팀의 성장 주기에 따라 지속적으로 이루어지는 프로세스가 되어야 한다. 예를 들어, 팀이 새로 결성될 때 온보딩 코칭, 중요한 점검을 할 때 중간 코칭, 팀 미션 완수에 따른 해체 전 성찰 코칭 등 팀의 라이프사이클 전반에 걸친 코칭 개입이 표준화될 수 있다. 이는 조직 내에서 팀코칭이 옆집 소방서 같은 존재로, 필요할 때 언제든 찾을 수 있는 지원 인프라로 자리매김함을 의미한다. 물론 이를 위해서는 충분한 수의 숙련된 팀코치 확보와, 경영진의 지원, 그리고 팀코칭의 효과를 측정하고 보여주는 작업이 뒷받침되어야 할 것이다.

둘째, 팀 리더십의 재정의가 필요하다. AI와 함께 일하는 시대에 팀 리더의 역할은 기존과 상당히 달라질 것으로 예상된다. 앞서 논의했듯 리더는 더 이상 모든 답을 알고 지시하는 사람이 아니라, 적절한 질문을 던지고 팀이 스스로 답을 찾도록 도와주는 코치형 리더가 되어야 한다. 이에 더해, AI를 팀의 새로운 구성원으로 받아들이는 포용력도 요구된다.

예컨대 구글이 구상중인 AI 가상팀원*(AI teammate)* 개념처럼, 가까운 미래에는 팀 채팅방이나 업무 프로세스에 AI 에이전트가 항상 참여하여 팀원들과 상호작용하게 될 가능성이 높다. 리더는 이러한 AI 팀원을 효과적으로 활용하면서 인간 팀원들의 사기를 높이고 협업을 촉진하는 하이브리드 팀 리딩 역량을 개발해야 한다. 이는 팀코칭 분야의 새로운 도전으로, 인간-AI 협업을 지원하는 코칭 기법 개발이라는 과제로도 이어진다. 향후 연구를 통해 "AI 팀원이 있을 때 팀 역동은 어떻게 달라지는가?", "코치는 AI를 활용해 팀 성과를 어떻게 높일 수 있는가?" 등에 대한 답을 찾아갈 필요가 있다.

셋째, 팀코칭의 효과 측정과 ROI 입증이 더욱 중요해질 것이다. 조직에서 어떤 새로운 시스템이 꾸준히 자리잡으려면 그 효과를 수치화하고 경영진을 납득시키는 과정이 필수다. 팀코칭도 예외가 아닌데, 다행히 AI와 데이터 분석의 발전으로 팀코칭의 영향을 계량화하는 시도가 용이해지고 있다. 예를 들어, 팀코칭 전후의 협업 지표, 혁신 아이디어 수, 직원 참여도, 이직률 등의 변화를 데이터로 추적하고 통계적으로 분석할 수 있다.

또한 AI를 활용하면 여러 팀들의 코칭 사례를 모아 공통 성공 패턴을 도출하거나, 효과 예측 모델을 만드는 것도 가능할 것이다. 이러한 데이터는 경영진에게 팀코칭의 가치를 설득하는 강력한 근거가 된다.

Deloitte의 2024년 인적자원 트렌드 보고서에서도 사람 중심 리더십과 데이터 활용이 강조되었는데 팀코칭은 그 교차점에 있는 활동으로서 앞으로 데이터에 더욱 정통한 코칭으로 발전해야 한다. 학계와 현업이 협력하여 팀코칭의 ROI를 입증하는 연구를 활발히 진행한다면, 더 많은 조직들이 팀코칭을 전략적으로 도입하는 선순환이 생길 것이다.

넷째, 코치의 전문성 개발 방향 재고이다. 팀코칭을 수행하는 코치들에게도 AI 시대는 새로운 역량 개발을 요구하고 있다. 기본적인 코칭 역량*(경청, 질문, 피드백 등)*에 더해, 디지털 리터러시*(디지털 환경에서 정보를 탐색하고 평가하며, 효과적으로 활용하고 창의적으로 생산하는 능력)*와 데이터 해석 능력이 점점 중요해지고 있다. 코치들은 다양한 디지털 도구를 다룰 줄 알아야 할 뿐 아니라, AI가 제공하는 분석 결과를 읽어내고 의미를 해석하는 능력을 길러야 한다. 예컨대 AI 기반 팀진단 리포트를 받아보았을 때 어떤 패턴이 중요한지, 무엇이 허위 데이터일 수 있는지를 분별해야 한다.

또한 코치들은 평생학습자로서 새로운 기술 트렌드와 조직 변화를 꾸준히 공부해야 한다. 그렇지 않으면 급변하는 현장을 따라잡지 못해 코칭 개입의 적시성과 적합성을 잃을 위험이 있다. 이를 지원하기 위해 코칭 단체나 교육기관에서도 AI 시대 코치 역량 개발 프로그램을 운영할 필요가 있다. 다행히 코칭 커뮤니티 내에서도 AI에 대한 관심이 높아져, 서로 새로운 툴 사용기를 공유하거나 AI 윤리에 대한 토론을 시작하는 움직임이 나타나고 있다. 이러한 흐름을 더욱 장려하고 제도화한다면 팀코칭 분야 전문성도 한층 높아질 것이다.

다섯째, 조직 문화와 팀코칭의 연계이다. 팀코칭이 효과를 보려면 결국 그것이 실행되는 조직 문화의 수용성이 담보되어야 한다. 심리적 안전감, 개방적 커뮤니케이션, 실험을 장려하는 문화가 없으면 팀코칭의 영향은 일시적일 수밖에 없다. AI 기술도 마찬가지다. 조직 문화가 데이터 기반 의사결정을 존중하고 기술 활용을 긍정적으로 받아들일 때 AI 도구들이 빛을 발한다.

따라서 향후 팀코칭의 과제는 조직문화 개선 노력과 연계되는 것이다. 팀코칭을 단발 이벤트로 끝내지 말고, 회사의 리더십 개발 프로그램, 변화관리 프로젝트 등과 긴밀히 연결하여 일관된 메시지와 가치를 조직에 퍼뜨려야 한다. 예를 들어 경영진 대상의 코칭에서 강조한 사항(심리적 안전, 참여적 리더십 등)을 팀코칭에서도 똑같이 강조하고, AI 도입 전략과 팀코칭 전략을 맞물려 설계하는 식이다. 이것이 이루어지면 팀코칭은 조직문화 변화를 촉진하는 촉매제 역할을 제대로 수행할 수 있다.

  끝으로, AI 시대의 도래는 팀과 팀코칭에 위기이자 기회를 함께 제공하고 있다. 기술 만능주의에 치우친 조직은 자칫 인간적 유대와 윤리 그리고 창의성 상실이라는 위기를 맞을 수 있지만, 팀코칭은 그런 위험을 줄이고 기술과 사람의 조화를 이루게 하는 형태로 발전해야 한다. 팀코칭을 통해 팀원들은 변화 속에서도 자신의 역할과 가치를 재확인하고, AI를 포함한 다양한 자원과 협력하여 목표를 달성하는 방법을 학습하게 된다. 앞으로의 연구와 실천을 통해 팀코칭이 조직 내에서 더욱 전략적이고 통합적인 솔루션으로 자리매김하길 기대한다. 이는 곧 AI 시대에 인간 중심의 미래조직을 구현하는 데 핵심적인 밑거름이 될 것이다.

◼ 참고문헌

- 피터 호킨스, 강하룡·박정화·박준혁·윤선동 역, 『리더십 팀 코칭: 변혁적 팀 리더십 개발을 넘어』, 한국수퍼비전아카데미, 2022.
- 김기진·김대경·최락구·이소민·김현·김영헌·강미숙, 『AI시대, 코치형 리더의 탄생』, 에릭스토리, 2024.
- 이수연·김태은, 『데이터로 일하는 조직』, 비즈니스북스, 2023
- 에이미 에드먼슨, 최윤영 역, 『두려움 없는 조직』, 다산북스, 2019.

- 박준영·강윤정, 『AI가 일하는 방식: 일의 혁명과 조직 혁신』, 한빛미디어, 2023
- 딜로이트, 『경계를 뛰어 넘는 번영의 길-딜로이트 2024 글로벌 인적자원 트렌드』, 딜로이트, 2024.
- 인코칭, "데이터 기반 코칭으로 만드는 조직문화 사례, HR 컨퍼런스 IPC", 네이버 블로그, 2024. (https://blog.naver.com/incoaching/223395793726)
- 정이음, "AI와 코칭리더십의 융합: 데이터기반 인재 개발의 미래", 티스토리, 2024. (https://nete.kr)
- Accenture(2024). Accenture Coaching Cloud: Hybrid Coaching Platform. Accenture 공식 웹사이트. https://www.accenture.com.
- IBM(2023). IBM Watson Career Coach: Employee Career Development through AI. https://www.ibm.com/mysupport/s/topic/0TO50000000IMrpGAG/watson-career-coach?language=en_US
- Butterfly.ai(2023). AI-driven Leadership Development Platform. Butterfly.ai 공식 웹사이트. https://www.butterfly.ai.
- GTT Korea (2023). AI 기반 팀 성과 관리 시스템 사례. GTT Korea 공식 웹사이트. https://www.gttkorea.com.
- 한국투자증권, 팀스파르타 (2023). AI를 활용한 기업교육 및 코칭 사례 보고서. 팀스파르타 공식 웹사이트. https://teamsparta.co.

Memo

05

하이브리드 커뮤니케이션 시대의 '인포시그널과 에모시그널'

"소통에서 가장 큰 문제는 소통이 이루어졌다고 착각하는 것이다."

- 조지 버나드 쇼(영국의 극작가) -

장한별
(프로커뮤니케이션 대표)

· 프로커뮤니케이션 대표
· 기업교육 강사 15년차
· 저서 『내 인생은 도대체 왜 이럴까』『기적의 7초 고객서비스』『강사 트렌드 코리아 2020』『강사 트렌드 코리아 2019』

해시태그

#하이브리드워크 #리모트워크 #하이브리드커뮤니케이션
#에모시그널 #인포시그널 #감정신호 #정보신호

핵심질문

1. 하이브리드 워크 시대, 커뮤니케이션은 어떻게 변화하고 있나?
2. 하이브리드 커뮤니케이션, 단순한 소통이 아니라 왜 '조직 생존 전략'이 되었을까?
3. '인포시그널'은 어떻게 커뮤니케이션을 명확하게 만드는가?
4. 감정 없는 디지털 대화, '에모시그널' 없이 협업은 지속 가능한가?
5. 인포시그널과 에모시그널은 어떻게 조직의 전략적 커뮤니케이션 시스템으로 자리잡을까?

하이브리드 커뮤니케이션 시대의 '인포시그널과 에모시그널'

정보는 명쾌하고, 감정은 연결되는 하이브리드 커뮤니케이션

말은 오가지만 정보는 흐릿하고, 정보는 흘러가지만 감정은 끊긴 채 일하는 조직. 이것이 하이브리드 워크를 시행하고 있는 많은 기업들의 커뮤니케이션 풍경이다.

불과 몇 년 전만 해도 우리는 같은 공간에서 같은 시간에 모여 일했다. 얼굴을 마주 보고 회의하며, 비언어적 신호와 감정이 오가는 속에서 커뮤니케이션은 자연스럽게 이루어졌다. 그러나 코로나19 팬데믹은 전 세계적으로 리모트 워크(remote work)를 급속히 확산시키는 계기가 되었다. 리모트 워크는 물리적 사무공간에 구애받지 않고, 구성원이 각자의 장소에서 비대면으로 일하는 근무 형태를 의미한다.

코로나19 팬데믹 기간 동안 우리는 집에서도, 카페에서도, 혹은 다른 도시나 국가에서도 동일한 업무를 수행할 수 있다는 가능성을 확인했다. 출퇴근이 필요 없는 근무 환경은 유연성과 생산성 측면에서 긍정적인 변화를 불러왔지만 동시에 조직 내 소통의 단절과 관계의 약화라는 새로운 문제를 드러내기도 했다.

(1) 하이브리드 워크의 등장: 유연성과 연결성의 공존

이러한 경험을 바탕으로 많은 기업들은 리모트 워크의 장점은 유지하되, 구성원 간의 유대감과 협업의 질을 회복하고자 했다. 그 결과로 등장한 것이 바로 하이브리드 워크*(hybrid work)*다. 하이브리드 워크는 사무실 출근과 원격 근무를 병행하는 혼합형 근무 방식으로, 특정 요일이나 상황에 따라 대면과 비대면을 유연하게 조율할 수 있도록 설계됐다. '어디서 일하느냐'의 문제가 아니라, '어떻게 연결되고 협업하느냐'에 초점을 맞춘 방식으로 일하는 환경이 바뀌고 있는 것이다.

HR 분야 전문가 천성현은 그의 저서 『HR 메가트렌드: 하이브리드 워크플레이스』에서 재택근무의 비효율을 고심하던 리더들은 사무실 출근을 선호했고, 직원들은 재택근무의 유연성을 선호함으로써 하이브리드 방식이 타협점이 됐다고 설명했다.

즉, 하이브리드 워크는 리모트 워크의 유연성과 오피스 환경의 연결성을 결합한 진화된 형태이며, 이로 인해 소통 방식도 다시 설

리모트 워크와 하이브리드 워크

구분	리모트 워크 (Remote Work)	하이브리드 워크 (Hybrid Work)
근무 장소	원격	사무실+원격 혼합
협업 방식	비대면 협업 중심	대면과 비대면 병행
소통 격차의 원인	비언어 정보 부족, 감정 단절, 오해	일부는 대면 정보 받고, 일부는 못 받아서 정보 비대칭 발생
장점	유연한 근무 환경, 출퇴근 없음	협업 효율 + 개인 시간의 균형
단점	소속감 저하, 고립감, 감정 단절	일부만 아는 정보, 오프라인/온라인 혼선, 팀 내 소외감

계될 필요가 생겼다.

공간은 떨어져 있어도 정보는 명확하게 흐르고, 얼굴을 마주하지 않아도 감정은 전달되어야 한다. 바로 이러한 필요성 속에서 '하이브리드 커뮤니케이션'이 중요한 화두로 떠오르고 있으며, 그 핵심에는 인포시그널*(InfoSignal)*과 에모시그널*(EmoSignal)*이라는 새로운 커뮤니케이션 전략이 떠오르고 있다.

티맥스클라우드가 2024년 실시한 국내 기업의 하이브리드 워크 환경에 관한 설문조사에 의하면 하이브리드 워크를 시행 중이라고 답변한 기업이 44.7%, 시행하지 않는다고 답변한 기업이 55.3%였다. 코로나19 팬데믹 이후 상당수의 기업에서 하이브리드 워크를 지속하고 있는 것을 확인할 수 있었다.

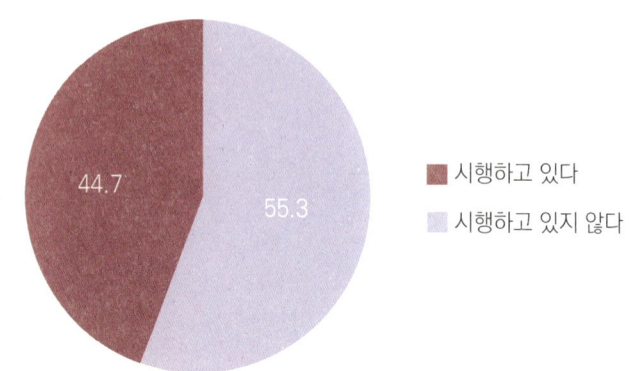

국내 기업의 하이브리드 워크 도입 현황(2024), 티맥스클라우드

(2) 왜 이제는 다른 방식으로 소통해야 할까?

대면과 비대면이 혼합된 하이브리드 환경에서는 기존의 '말하지 않아도 아는 독심술'이나 '눈빛만 봐도 아는 직감'의 커뮤니케이션 방식이 쉽게 통하지 않는다. 얼굴을 마주 보고 이야기할 때는 직관적으로 이해할 수 있던 것들이 온라인에서는 자칫 오해로 이어진다. 표정이나 제스처 같은 비언어적 단서가 줄어들면서 감정이 제대로 전달되지 않거나, 중요한 메시지가 텍스트 속에 묻혀버리는 일이 흔하다. 또한 하이브리드 환경에서는 정보의 비대칭성이 발생하기 쉽다. 사무실에서 근무하는 사람들은 자연스럽게 중요한 대화에 참여할 수 있지만, 원격 근무자들은 주요 정보를 놓치는 경우가 많다.

하이브리드 환경에서는 물리적 거리가 아닌, 정보의 명확성과 감정의 온도가 조직의 협업을 결정짓는 기준이 되었다. 말의 구조 안에 정확한 정보의 신호(인포시그널)를 담고, 표현 속에 따뜻한 감정의 신호(에모시그널)를 실어야 비로소 협업의 성과를 이뤄낼 수 있다.

이에 커뮤니케이션 강의는 그 신호를 읽고, 설계하고, 전달하는 방법에 대해 이야기 하는 방식으로 확장될 것이다. 일하는 방식과 공간이 달라진 지금, 조직을 움직이는 진짜 힘은 말과 마음이 함께 흐를 수 있는 커뮤니케이션이다. 이제는 그 흐름 속에서 조직이 진짜로 연결되는 방법을 고민할 때다.

1. 요즘 강의 트렌드 '하이브리드 커뮤니케이션: 인포시그널과 에모시그널'

1.1. 흐릿한 정보를 명확하게 하는 '인포시그널'

(1) 비대면 시대, 메시지는 왜 점점 흐릿해질까?

같은 팀원이라도 한 사람은 사무실에서, 또 다른 사람은 집에서 업무를 수행하는 시대다. 이처럼 다양한 환경에서 일하는 조직에서는 업무의 흐름을 원활하게 유지하기 위해 더욱 체계적이고 효과적인 커뮤니케이션이 필요하다. 직접 얼굴을 보고 대화할 때는 말투, 표정, 제스처 등 다양한 비언어적 요소를 통해 의도를 쉽게 파악할 수 있다. 하지만 비대면 소통에서는 이러한 단서가 부족하기 때문에 메시지가 모호해지고 오해가 생길 가능성이 높다. 상대방이 어떤 맥락에서 이야기하는지 알지 못한 채 짧은 메시지만으로 의도를 해석해야 하는 경우가 많다.

이혜진(2024)은 「하이브리드 근무환경에서의 전문비서 업무경험에 관한 글로벌기업 A사 사례연구」에서 하이브리드 근무 환경에서는 구성원들이 메신저, 이메일, 온라인 회의 등 비대면 커뮤니케이션에 익숙해지면서 보다 명확하고 구조화된 커뮤니케이션 역량의 중요성이 커지고 있다고 분석한다.

Deloitte(2023)의 'Connected Consumer Survey'에 따르면 하이브리드 근무자들은 유연한 근무 방식을 긍정적으로 평가하면서도, 동료와의 연결감 부족이나 협업의 비효율성에 대한 어려움을 지적하는 응답도 나타났다.

(2) 핵심을 짚는 신호, 인포시그널의 힘

이러한 시대에 필요한 것은 단순한 말하기 능력이 아니라 정보를 명확하게 전달하는 기술인 인포시그널(InfoSignal) 역량이다. 인포시그널은 information(정보)과 signal(신호)의 합성어로 정보를 정확하게, 오해 없이 전달해주는 신호를 의미한다. 메시지 속에서 '무엇이 중요한가?', '어떤 행동이 필요한가?', '왜 이 정보가 필요한가?'를 명확하게 짚어주는 신호다.

하이브리드 커뮤니케이션 시대에는 이 인포시그널을 의식적으로 설계하고 전달하는 능력이 업무 효율성과 직결된다. 말하는 사람이 의도를 분명히 하지 않으면 듣는 사람이 여러 번 질문해야 하거나, 잘못된 정보로 인해 업무가 지연될 수 있다. 특히 원격으로 일하는 경우, 즉각적인 피드백을 받기 어려워 한 번의 메시지로도 오해 없이 명확하게 전달하는 것이 더욱 중요해진다.

하이브리드 환경에서는 인포시그널이 신뢰를 형성하는 데에도 중요한 역할을 한다. 같은 공간에서 함께 일하면 눈빛이나 말투, 분위기를 통해 자연스럽게 소속감을 느끼게 된다. 그러나 원격 근무자는 물리적으로 떨어져 있기 때문에 자신이 조직의 흐름에서 벗어나 있는 듯한 소외감을 느낄 수 있다.

이럴 때 '지금 어떤 업무가 어디까지 진행됐는지', '각자의 역할은 무엇이고', '이 일이 왜 중요한지'를 명확하게 설명해 주는 인포시그널 중심의 커뮤니케이션은 큰 힘이 된다. 예를 들어, 팀장이 업무 공유 메시지를 보낼 때 단순히 "보고서 작성해주세요."라고 하기보다, "이 보고서는 다음 주 이사회에 제출될 중요한 자료이며, ○○님이 맡아주시는 부분은 전략의 핵심 내용입니다."라고 덧붙인다면 원격 근무자도 자신이 팀의 중요한 일원이라는 연결감을 느낄 수 있다.

하이브리드 환경에서의 명확한 메시지 전달은 업무의 효율성뿐만 아니라 팀워크를 강화하고, 조직의 신뢰도를 높이는 핵심 역량이다. '정확하고 체계적으로 전달하는 능력'이 경쟁력이 되는 시대가 도래했다. 변화하는 시대에 맞춰 인포시그널을 잘 활용하면 하이브리드 환경에서도 오해를 줄이고, 협업을 원활하게 만들며, 신뢰를 형성하는 소통 문화를 구축할 수 있을 것이다.

1.2. 정보와 함께 감정도 닿게 하는 '에모시그널'

(1) 정보만으론 부족하다: 감정이 빠진 디지털 대화의 한계

하이브리드 워크 시대의 가장 큰 과제 중 하나는 감정이 배제된 대화, 즉 감정 신호가 약해진 커뮤니케이션이다. 하이브리드 근무 환경이 일상이 되면서 같은 공간에 있지 않아도 업무는 가능해졌지만 사람 간의 감정적 연결은 점점 약해지고 있다. 대면 환경에서는 표정이나 음성, 톤으로 감정을 자연스럽게 전달할 수 있었지만 비대면 환경에서는 감정을 전달하는 것이 여러모로 제한된다. 그로 인해 새로운 차원의 커뮤니케이션 방식이 절실히 요구되고 있다.

권호중과 민대환(2021)은 「비대면 근무에 대한 인식 비교 후속 연구: 근로자와 관리자의 상호지향성」에서 비대면 소통 상황에서는 감정 전달의 오해로 인해 소통에 어려움을 느낄 수 있다고 설명했다.

원격 근무 환경에서는 이메일, 메신저, 화상회의 등 디지털 채널을 통해 소통하게 되는데, 이 과정에서 말투나 표정, 눈빛 같은 비언어적 신호가 제대로 전달되지 않는다. 같은 문장도 어떤 분위기에서, 어떤 감정으로 전달되느냐에 따라 완전히 다르게 해석될 수 있다. 예를 들어, "오늘 중으로 처리해주세요."라는 짧은 메시지 하나에도 그 안에 담긴 감정이 없다면 상대는 그것을 무심한 명령처럼 받아들일 수 있다. 업무는 이어지고 있지만 사람 사이의 '마음의 거리'는 점점 벌어지고 있는 것이다.

(2) 말에 온도를 더하는 힘, 에모시그널

이러한 감정적 커뮤니케이션 단절의 시대에 필요한 것은 감정의 신호, 즉 에모시그널*(EmoSignal)*이다. 에모시그널은 emotion^(감정)과 signal^(신호)의 합성어로 상대방에게 감정을 전달해주는 말투, 표현, 분위기, 비언어적 요소 등을 의미한다. 단어에 담긴 정서, 말투에 묻어나는 분위기, 이모지(감정, 사물, 상징 등을 나타내기 위하여 사용하는 그림 문자) 하나에 표현된 공감 등 감정을 전달하는 모든 신호들을 뜻한다.

하이브리드 환경에서 에모시그널이 사라지면 정보만 남기고 온기는 잃은 가짜 소통만이 남는다. 상대의 감정을 읽고, 그 신호에 반응하며, 관계를 회복하고 강화하는 능력이 바로 에모시그널의 핵심이다. 예를 들어 "얘기 좀 하시죠."라는 말보다는 "잠깐 시간 괜찮으실까요? 같이 이야기 나누면 훨씬 좋은 방향이 나올 것 같아서요!"처럼 에모시그널이 담긴 문장이 훨씬 따뜻하고 신뢰감을 준다.

이러한 감정 기반 소통은 조직 내 신뢰와 유대감을 회복하는 중요한 역할을 한다.

하이브리드 시대의 커뮤니케이션 강의는 정보 전달뿐 아니라 감정의 흐름까지 설계해야 한다. 에모시그널을 통해 말에 온도를 더하고, 공감을 키워야 진짜 연결이 가능하다. 디지털 기술이 아무리 발전해도 결국 일을 하는 건 사람이다. 그리고 사람은 정보보다 감정에 더 크게 반응한다. 그래서 감정을 이해하고, 감정을 표현하며, 감정을 연결하는 의식적인 에모시그널이 조직의 온도를 따뜻하게 유지하는 중요한 자원이 된다. 우리가 주고받는 말 너머에 어떤 마음이 담겨 있는지 함께 생각해볼 수 있는 그런 따뜻한 커뮤니케이

인포시그널과 에모시그널

구분	인포시그널(InfoSignal)	에모시그널(EmoSignal)
구성	information(정보) + signal(신호)	emotion(감정) + signal(신호)
정의	명확하고 구체적인 정보를 전달하는 커뮤니케이션 신호	감정, 태도, 공감, 분위기를 전달하는 정서적 커뮤니케이션 신호
주요 목적	업무의 정확한 이해와 실행 유도	신뢰와 소속감, 유대감 형성
중심 언어 특징	논리적, 구조적, 객관적 언어 사용	정서적, 따뜻한, 인정의 언어 사용
실패 시 결과	오해, 정보 누락, 업무 착오, 책임 불명확	감정 소외, 거리감, 갈등, 동기 저하
하이브리드 환경에서의 역할	정확한 정보 전달과 업무 명료화	정서적 단절을 방지하고, 화면 너머의 신뢰와 협력 분위기 조성

션 강의가 필요한 시점이다.

1.3. 하이브리드 커뮤니케이션, 정보와 감정의 균형으로 설계하다

(1) 균형 잡힌 말의 힘: 인포시그널과 에모시그널의 조화

인포시그널은 '무엇을, 언제까지, 어떻게 해야 하는지'를 한눈에 파악할 수 있도록 말의 구조를 명확히 정리하는 기술이다. 반면, 에모시그널은 말투와 표현을 통해 감정의 뉘앙스와 온도를 전해 주는 방식이다. 이 두 가지 신호는 디지털 소통에서 각각 중요한 역할을 하지만, 무엇보다 중요한 것은 이 둘이 하나의 메시지 안에서 균형 있게 설계되어야 한다는 점이다.

말에 정보만 있고 감정이 없으면 차갑고 딱딱한 지시처럼 느껴진다. 반대로 감정만 있고 정보가 부족하면 막연하고 비효율적인 소통이 된다. 하이브리드 환경에서는 상대가 바로 피드백을 줄 수 없기 때문에 정보는 정확하게, 감정은 부드럽게 전달되어야 한다. 그래야 읽는 사람도 정확히 이해하고, 편안하게 반응할 수 있다. 예를 들어, 협업을 요청하는 메시지를 보낼 때 다음 세 가지를 고려해야 한다.

· 무엇을 요청하는가? → 요청의 핵심 내용
· 언제까지 필요한가? → 명확한 기한 제시

· 어떻게 말하는가? → 말의 온도를 조절하는 표현

　이 세 가지가 조화를 이루어야 상대방은 메시지를 받았을 때, 무엇을 어떻게 하면 되는지 명확히 이해하면서도, 감정적으로 불편함 없이 수용할 수 있다. 즉, 정보 전달의 정확성과 감정 전달의 세심함을 함께 갖춰야 인포시그널과 에모시그널이 하나의 메시지 안에서 균형을 이루게 된다.

(2) 정보와 감정이 함께 흐르는 구조 만들기

　그렇다면 이러한 균형을 실제로 어떻게 메시지에 담아낼 수 있을까? 하이브리드 커뮤니케이션은 정보의 구조와 감정의 흐름을 의도적으로 설계하는 것이다. 이를 위해 메시지를 작성할 때 다음과 같은 구성 방식을 활용할 수 있다.

· **첫 문장**: 목적과 핵심 정보 전달(인포시그널) – '이 업무를 왜, 무엇 때문에 요청하는지'를 간결하게 제시한다.
　예) "다음 주 팀장 회의 자료 준비 건으로 연락드립니다."

· **중간 문장**: 배경 설명 및 맥락 설명(인포시그널) – 상대방이 이 메시지를 이해하고 행동하기 위해 필요한 추가 정보를 제공한다.
　예) "이번 회의에서 우리 팀의 진행 상황을 공유해야 하는데, 지난달 성과 정리와 다음 분기 계획안을 포함해주시면 좋겠습니다."

- **마무리 문장**: 공감과 배려가 담긴 마무리(에모시그널) – 공손한 말투, 배려 있는 표현, 여유를 주는 어휘 등을 활용해 메시지의 온도를 조율한다.
  예) "바쁘시겠지만 이번 주 금요일 오전까지 가능하실지요? 항상 꼼꼼하게 정리해주셔서 감사드립니다!"

이처럼 메시지를 구성할 때는 정보의 흐름과 감정의 결을 함께 고려하는 설계력이 중요하다. 특히 채널의 특성에 따라 메시지 전달 방식도 달라져야 한다. 예를 들어, 메신저에서는 정보는 짧고 명확하게, 감정은 간결하게 표현하는 것이 효과적이다. 이메일처럼 긴 호흡의 글에서는 정보는 항목별로 정리하고, 감정은 문장과 문장 사이에서 자연스럽게 묻어나야 한다. 화상회의에서는 말의 구조보다는 표정과 어조를 통해 에모시그널을 보완하고, 음성 메시지는 말의 높낮이와 속도를 통해 감정을 전달할 수 있다.

중요한 것은 어떤 채널이든, 어떤 상황이든 정보와 감성이 함께 움직여야 소통이 통한다는 점이다. 말이 잘 정리되어 있고 공손한 표현을 썼다고 해도, 그것만으로는 충분하지 않다. 상대는 그 메시지를 읽고 '무슨 일을 하면 되는지'를 정확히 이해할 수 있어야 하고, 읽는 동안 불편하거나 거슬리는 느낌 없이 편안하게 받아들일 수 있어야 한다.

실제로 실무에서 소통이 끊기거나 오해가 발생하는 이유는 중 하나가 이 균형이 깨졌기 때문이다. 말은 명확한데 기분이 상하고, 표현은 부드러운데 무슨 말인지 모르겠는 경우다.

이럴 때 필요한 것은 말의 완성도가 아니라 말의 설계력이다. 메시지를 받는 사람이 내용을 쉽게 이해하고, 기분 좋게 받아들일 수 있도록 돕는 것. 그것이 바로 인포시그널과 에모시그널이 조화를 이루는 진짜 소통이며, 업무의 효율성과 관계의 온도를 함께 높이는 커뮤니케이션의 핵심 역량이다.

1.4. 인포시그널과 에모시그널이 흐트러질 때, 소통은 멈춘다

정보만 있거나 감정만 있을 때, 소통은 왜 무너지는가?

하이브리드 환경에서의 소통은 정보와 감정이라는 두 가지 신호 _(인포시그널과 에모시그널)를 설계하고 조율하는 과정이다. 그러나 이 두 가지가 제대로 작동하지 않을 때, 소통은 눈에 보이지 않게 흔들린다. 말은 오고 갔지만, 의도는 엇나가고 관계는 멀어진다.

가장 흔한 문제는 정보는 있는데 감정이 없는 경우다. 예를 들어, "오늘까지 완료해주세요."라는 문장은 일의 기한을 명확히 전달하는 인포시그널은 갖췄지만, 상대의 상황이나 감정은 고려하지 않은 채 일방적 명령처럼 느껴질 수 있다. 특히 메신저처럼 짧은 문장 위주로 소통하는 채널에서는 이 차가운 톤이 더 날카롭게 다가온다. 정보는 정확하지만, 관계는 서서히 냉각된다.

반대로, 감정은 있는데 정보가 부족한 경우도 문제다. 공손하고 따뜻한 말투로 메시지를 보내도, 핵심 내용이 빠져 있으면 오히려 헷갈리고 피로감을 유발한다. 예를 들어 "그 일 부탁드려요. 늘 감

인포시그널과 에모시그널 활용법

상황	인포시그널 + 에모시그널 활용	인포시그널 or 에모시그널 미흡
원격 근무자에게 회의 자료 전달	회의 자료 전달드립니다. 의견 있으시면 OO일까지 알려주시면 감사하겠습니다:)	회의자료 확인 부탁드려요.
비대면 회의 후 마무리 인사	오늘 회의 참여해주셔서 감사합니다. 정리본은 곧 공유드릴게요. 모두 수고 많으셨습니다!	회의 끝났습니다.
메신저로 업무 요청	바쁘시겠지만 OO부분 검토 부탁드리겠습니다:) 금요일 오전까지 가능하실까요?	아까 말한 것 빨리 처리해 주세요.
정보 공유 시 일부 인원 누락	혹시 공유받지 못한 분이 계실까 염려되어 전체 내용을 다시 전달드립니다. 불편 없으시길 바라며, 추가로 필요한 내용이 있으시면 편하게 말씀 주세요:)	빼먹은 사람은 따로 확인하세요.
회의 중 발언이 적은 구성원 참여 유도	OO님, 앞서 논의한 A안과 B안 중 어떤 방향이 더 현실적일지 의견 있으실까요? 간단하게라도 말씀해주시면 감사하겠습니다:)	OO님, 얘기 좀 하시죠.
이메일로 협업 요청	이 안건 함께 검토해주시면 감사하겠습니다. 다음 회의 전까지 의견 부탁드려도 될까요?	의견 주세요:)

사드립니다!"라는 말은 에모시그널은 풍부하지만, 무엇을 언제까지 어떻게 해야 하는지 알 수 없다. 이런 메시지는 상대가 다시 확인해야 하고, 의사소통의 효율은 크게 떨어진다.

가장 큰 문제는 정보와 감정이 동시에 약한 메시지다. 목적도 흐릿하고 말투도 건조한 메시지는 업무 속도와 관계의 온도를 동시에 낮춘다. 특히 하이브리드 환경에서는 '그냥 전한 말'이 아닌 '잘 설계된 말'이 필요하다. 실시간 대화가 어려운 비대면 상황에서는 말 한 마디가 오랜 시간 영향을 미친다. 한번 삐끗한 메시지가 다음 회의의 분위기까지 바꿀 수 있다.

이런 문제는 말의 구조를 세우고, 말의 온도를 조절하는 훈련을 통해 충분히 개선할 수 있다. 진짜 소통은 정보와 감정이 함께 흐를 때 비로소 완성된다. 따라서 커뮤니케이션 강의는 신호를 설계하고 흐름을 조율하는 감각을 기르는 과정이 되어야 한다.

2. '하이브리드 커뮤니케이션' 강의 시 주의사항

하이브리드 커뮤니케이션은 조직 내 필수 역량으로 자리 잡으며 관련 강의에 대한 수요도 점점 더 증가할 것이다. 이에 디지털 시대의 소통 역량을 다층적으로 제안하는 방향으로 강의 내용과 방식의 섬세한 설계가 필요하다. 하이브리드 환경에서의 커뮤니케이션은 단순한 언어의 문제가 아니라 일하는 방식, 감정의 연결, 디지털 채널의 활용 등 여러 요소가 결합되어 있기 때문이다. 따라서 하이브리드 커뮤니케이션 강의는 다음과 같은 점들을 주의 깊게 고려해야 한다.

첫째, 디지털 채널의 전략적 활용과 문해력 격차를 함께 고려해야 한다.

하이브리드 환경에서는 메시지를 어떤 채널에서, 어떤 말투와 구조로 전달할 것인가에 따라 오해가 생기거나 협업의 몰입도가 달라진다. 메신저, 이메일, 화상회의 등 채널의 특성을 이해하고, 그에 맞는 말의 길이, 톤, 표현 방식, 반응 속도를 설계해야 한다.

또한 같은 조직 안에서도 디지털 채널 사용 능력과 문해력의 차이는 크다. 이를 인식하고, 실전 연습을 통해 구성원 간 표현 감각의 격차를 좁히는 것이 중요하다.

둘째, 시간 차가 있는 소통에서 '맥락의 끊김'을 다뤄야 한다.

하이브리드 커뮤니케이션은 서로 같은 시간에 대화하지 않는 '시간차 소통'이 기본이다. 메시지를 받을 타이밍은 예측힐 수 없기 때문에 언제 읽어도 의도와 흐름이 파악되는 '맥락형 메시지' 설계가 필요하다. '언제 보냈는가'보다 '언제 읽어도 이해되는가'가 더 중요하며, 이를 위한 문장 구조와 배경 설명의 전략이 강의에 포함되어야 한다.

셋째, 감정 기반 커뮤니케이션은 '강요'가 아니라 '제안' 의 방식으로 접근해야 한다.

디지털 소통에서는 감정이 빠지거나 왜곡되기 쉽기 때문에 말투나 표현을 통해 에모시그널*(감정의 신호)*을 의도적으로 설계해야 한다.

다만, 모든 구성원이 감정 표현에 익숙한 것은 아니다. 이들에게 감정을 "표현하라."라고 강요하기보다는, 감정 표현이 왜 소통을 원활하게 만드는지를 체감하도록 돕는 방식이 효과적이다. 에모시그널을 다루는 커뮤니케이션 강의는 '이렇게 표현하세요.'를 가르치는 것이 아니라, '이렇게 표현하면 왜 더 잘 통하는지를 함께 느껴보는 과정'이 되어야 한다. 감정 표현의 가치를 스스로 발견하고 적용해보도록 이끄는 것, 그것이 감정 기반 커뮤니케이션 강의가 지향해야 할 방향이다.

넷째, 정보 중심 커뮤니케이션에서는 '정답'이 아니라 '맥락'을 설계해야 한다.

메시지를 잘 쓰는 법을 공식처럼 외우기보다는, 상황과 수신자에 따라 말투와 구조를 조절하는 감각을 길러야 한다. 같은 내용을 누구에게, 언제, 어떤 채널로 전달하느냐에 따라 구조와 표현 방식은 달라져야 한다.

정보 중심 커뮤니케이션 강의는 상황과 사람, 흐름을 고려해 문장의 구조, 정보의 양, 말투, 표현 방식이 얼마나 다르게 설계되어야 하는지를 직접 느낄 수 인포시그널 설계 감각을 기르는 훈련이어야 한다.

다섯째, 개별 맞춤형 커뮤니케이션 피드백이 되어야 한다.
조직 내 세대, 부서, 업무 성향에 따라 선호하는 말투와 소통 방식은 다르다. 누구에게나 똑같은 방식이 통하지 않는다. 같은 조직 안에서도 '선호하는 말투, 정보의 깊이, 반응 속도'가 다르기 때문에 '각자에게 맞게' 피드백하고 제안하는 방식을 고려해야 한다. 개별 커뮤니케이션 성향을 진단하고, 인포시그널과 에모시그널 관점에서 강점과 보완점을 파악하는 맞춤형 피드백 방식으로 설계해야 한다.

즉, 소통도 개인 맞춤 시대가 온 것이다. 앞으로는 '어떤 말 습관을 가지고 있고, 어떤 신호가 부족한지'를 진단하고 그에 맞는 변화 방향을 제시하는 강의를 준비해야 한다.

3. 시사점

정보를 구조화하고, 감정을 섬세하게 조율할 줄 아는 감각이 필요한 시대
하이브리드워크 환경에서는 정보를 얼마나 명확하게 전달하느냐, 감정을 얼마나 자연스럽게 담아내느냐가 곧 업무 성과와 팀워크로 이어진다. 메신저 한 줄, 이메일 몇 문장에 담긴 말이 구성원의 몰입도와 신뢰, 업무 효율성에 직접적인 영향을 준다. 특히 하이브리드 환경에서는 '의도'와 '온기'가 사라지는 순간, 커뮤니케이션은 제 기능을 하지 못한다.

이때 인포시그널과 에모시그널은 서로를 보완하며 효과적인 커뮤니케이션을 돕는다. 명확한 말은 정보의 이해를 돕고, 정서적 연결은 행동을 유도할 수 있다. 따라서 하이브리드워크 환경에서 효과적인 커뮤니케이션을 위해 우리는 아래와 같은 요소들을 고민해봐야 한다.

"누구에게 어떤 말투가 적합한지, 어느 채널에 어떤 톤이 효과적인지, 정보의 흐름과 감정을 어떻게 효과적으로 표현하고 반응을 이끌어낼 것인지."

하이브리드워크 시대의 커뮤니케이션 역량은 말과 감정을 전략적으로 설계하고 훈련하는 데서 비롯된다. 말은 움직이는 힘이다. 그리고 그 힘은 '정확하게 설계하고 따뜻하게 연결할 줄 아는 사람'에게 있다. 앞으로는 말을 기획하고, 맥락을 설계하며, 감정을 연결할 줄 아는 커뮤니케이션 전략이 조직성과에 더욱 영향을 미치게 될 것이다.

4. 성찰 질문

1) 말의 구조 안에 핵심 정보를 명확히 담고 있는가?
2) 내 메시지는 상대에게 감정적으로 어떤 온도로 전달되고 있을까?
3) '말하지 않아도 통하는' 문화에 기대 소통을 생략하고 있지는 않은가?
4) 내 메시지는 업무 효율과 관계의 온도를 동시에 높이고 있는가?
5) 팀워크를 위해 말의 설계와 감정의 조율을 '내 업무의 일부'로 인식하고 실천하고 있는가?

■ 참고문헌

· 김난도, 전미영, 최지혜 외, 『트렌드 코리아 2024』, 미래의창, 2023.
· 김난도, 전미영, 최지혜 외, 『트렌드 코리아 2025』, 미래의창, 2024.
· 로히트 바르가바, 『뻔하지 않고 실용적인 원격근무 안내서』(함현주 옮김), 김영사, 2021.
· 윤영돈, 『채용트렌드 2024』, 비전코리아, 2023.
· 윤영돈, 조연심, 박정아 외, 『강의 트렌드 2025』, 한국강사신문, 2024.

- 이형종, 『그들은 어떻게 재택근무로 최고의 성과를 올렸나』, 레인북, 2021.
- 장재웅, 장효상, 『비즈니스 문해력을 키워드립니다』, 미래의창, 2022.
- 천성현, 『HR 메가트렌드: 하이브리드 워크플레이스』, 가디언, 2024.
- 한광일, 최재용, 유재천 외, 『강사 트렌드 코리아 2019』, 지식공감, 2018.
- 유재천, 김경록, 권서희 외, 『강사 트렌드 코리아 2020』, 지식공감, 2019.
- 권호중, 민대환. (2021). 「비대면 근무에 대한 인식 비교 후속 연구: 근로자와 관리자의 상호지향성」. 『한국IT서비스학회지』, 20(3), 27-40. https://doi.org/10.9716/KITS.2021.20.3.027
- 이혜진. (2024). 『하이브리드 근무환경에서의 전문비서(EA) 업무경험에 관한 글로벌기업 A사 사례연구』. 이화여자대학교 대학원 석사학위논문. https://dspace.ewha.ac.kr/handle/2015.oak/267359
- 티맥스클라우드. (2024). "2024년 하이브리드 워크 환경에 대한 직장인 설문조사 결과." 티맥스클라우드 공식 블로그. https://www.tmaxcloud.com/blog/?bmode=view&idx=28040948
- Deloitte. (2023). 2023 Connected Consumer Survey: How Hybrid Work is Redefining Connectivity. Deloitte Insights. https://www2.deloitte.com/us/en/insights/industry/telecommunications/connectivity-mobile-trends-survey/2023/hybrid-work-challenges-statistics.html

Memo

06

AI 영상 제작 혁명, 미래는 지금 시작됐다

"창조는 지식과 기술의 만남에서 나온다."

- 스티브 잡스 -

최재용
(디지털융합교육원 원장)

· 디지털융합교육원 원장
· 한국챗GPT교육협회 회장
· 과학기술정보통신부 사단법인 한국AI NFT협회 AI 교육사업단장
· 한성대학교 지식서비스&컨설팅대학원 겸임교수
· 저서 『이것이 챗GPT다』, 『생성형AI 활용 생산성 향상』, 『강의 트렌드 2025』 외 다수

해시태그

#AI영상제작 #생성형AI #콘텐츠혁명 #디지털미디어
#영상마케팅 #창의적혁신 #기업교육

핵심질문

1. 왜 AI 영상제작이 기업에게 중요해지고 있는가?
2. AI 영상제작 기술은 어떻게 콘텐츠 시장을 변화시키고 있는가?
3. 기업에서 AI 영상제작 강의는 왜 필요한가?
4. 기업교육에서 다뤄야 할 AI 영상제작의 주요 주제는?
5. AI 영상제작 강의는 앞으로 어떻게 변화할 것인가?

AI 영상 제작 혁명, 미래는 지금 시작됐다

AI 영상혁명, 아이디어가 현실이 되는 순간

불과 얼마 전만 해도 영상 콘텐츠 제작은 전문가만의 영역으로 여겨졌다. 복잡한 장비와 까다로운 기술, 많은 시간과 비용 때문에 접근이 어려웠던 것이 현실이다. 그러나 이제 그 모든 장벽이 무너지고 있다. 생성형 AI가 열어젖힌 새로운 가능성의 문 앞에서 우리는 서 있다.

이제 누구나 손쉽게 고품질의 영상을 만들고, 창의적 아이디어를 즉각적으로 구현할 수 있는 시대가 온 것이다. 특히 기업 현장에서 AI 영상제작 기술은 마케팅, 홍보, 교육, 커뮤니케이션 등 다양한 분야에 혁신적인 변화를 불러일으키고 있다.

AI 영상제작의 물결은 더 이상 미래의 이야기가 아니다. 이미 시작된 이 변화의 흐름 속에서 우리는 과연 어떤 준비와 전략을 세워야 할까? 이 강의는 AI가 바꾸고 있는 영상제작의 혁신과 트렌드를 명확히 제시하고, 기업과 개인이 빠르게 변화하는 시장에서 앞서 나가기 위한 구체적이고 실용적인 길잡이가 될 것이다. 지금, 혁신의 물결에 올라탈 준비가 되었는가? 미래는 바로 지금, 이 자리에서 시작된다.

1. 요즘 강의 트렌드 'AI 영상 제작'

인공지능 기술이 영상 제작 분야에 가져온 변화는 실로 혁명적이다. 이제 창작자들은 복잡한 장비나 전문적인 기술 없이도 고품질의 영상 콘텐츠를 만들어낼 수 있게 되었다. 특히 2024년 초 OpenAI가 공개한 Sora는 업계에 새로운 지평을 열었다. 단순한 텍스트 입력만으로도 60초 길이의 놀라운 품질의 영상을 생성할 수 있게 된 것이다.

Sora의 기술직 핵심은 고유한 시뮬레이션 기능에 있다. 이 기술은 3D 모델링을 통해 각 요소를 세밀하게 조각화하여 놀라울 정도로 현실감 있는 동영상을 만들어낸다. 전문가들은 이러한 기술이 영상 제작의 패러다임을 완전히 바꿀 것이라고 예측한다.

산업 내에서는 이미 여러 AI 영상 제작 플랫폼이 주요 플레이어로 자리매김하고 있다. 런웨이(Runway)는 실사 기반 영상의 세밀한 편집에 특화되어 있으며, '로코스코핑'이라는 기능을 통해 배경 제거 작업을 획기적으로 간소화했다. 전통적인 방식으로는 10시간이

걸리던 작업이 불과 10분 만에 완료되는 것이다.

피카(Pika)는 2D 이미지를 3D 애니메이션으로 변환하는 데 탁월한 성능을 보인다. 사용자가 제공한 캐릭터 이미지를 기반으로 다양한 스타일의 영상을 제작할 수 있어, 마케팅과 광고 분야에서 각광받고 있다. 특히 직관적인 인터페이스는 비전문가도 쉽게 접근할 수 있게 하여 영상 제작의 민주화에 기여하고 있다.

레이아픽스(LeiaPix)는 정적인 이미지에 생동감을 불어넣는 도구로, 사진 속 객체를 자동으로 인식하여 움직임을 부여한다. 소셜 미디어용 광고 소재를 만들 때 특히 유용하게 활용되고 있다.

최근에는 혁신적인 스타트업들도 AI 영상 제작 시장에 뛰어들고 있다. 카이버(Kaiber)는 주제와 스타일이라는 두 가지 간단한 명령어만으로 뮤직비디오를 제작할 수 있는 서비스를 제공한다. 비드(VEED)는 기존 영상의 효율적인 편집에 초점을 맞추어, 소셜 미디어 콘텐츠 제작자들 사이에서 인기를 끌고 있다.

시장 분석가들은 AI 기반 영상 제작 시장이 2028년까지 연평균 22.37%의 놀라운 성장률을 보일 것으로 예측한다. 이러한 성장 전망의 배경에는 AI 도구가 가져오는 막대한 비용 절감 효과가 있다. 일부 AI 도구는 기존 방식에 비해 제작 비용을 최대 80%까지 줄일 수 있다고 알려져 있다.

특히 주목할 만한 점은 AI 영상 제작 기술이 유튜브와 같은 플랫폼과 결합하면서 기업들에게 미치는 영향이다. 저렴한 비용으로 고품질 콘텐츠를 제작할 수 있게 되면서 기업에서의 AI영상제작 강의가 늘고 있는 추세이다.

AI 영상 제작 기술의 활용 범위는 매우 넓다. 마케팅 분야에서는 신제품 출시 시 AI 영상을 활용하여 소비자들의 관심을 효과적으로 끌어모으고 있다. Sora와 같은 도구는 광고주들이 짧은 시간 내에 완성도 높은 광고를 제작할 수 있게 해준다. 이는 전통적인 광고 제작 모델과는 확연히 다른 접근법이다.

강의 분야에서도 AI 영상 제작 기술은 혁신을 가져오고 있다. 강사들은 복잡한 촬영 장비 없이도 질 높은 강의 콘텐츠를 제작할 수 있게 되었다. AI가 자동으로 생성하는 시각 자료는 학습자들의 이해를 돕고, 더 효과적인 학습 경험을 제공한다.

한국강사에이전시에서 지난 4월 1일부터 10일 까지 114명의 강

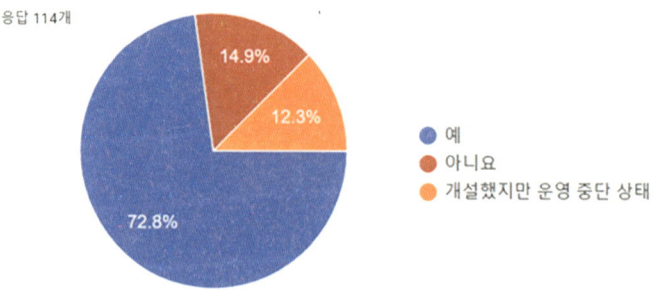

출처: 한국강사에이전시, 2025 '기업강사 대상' 설문조사

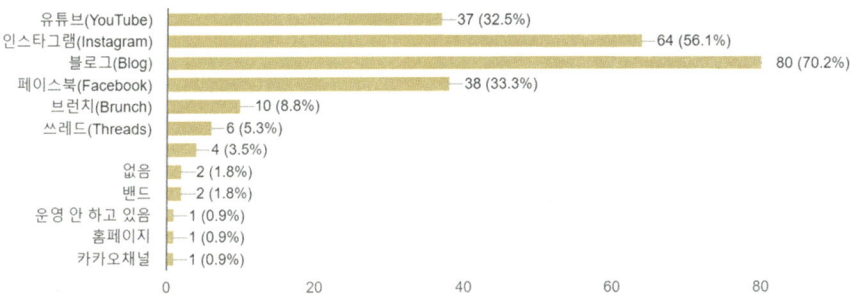

출처: 한국강사에이전시, 2025 '기업강사 대상' 설문조사

사를 대상으로 한 설문조사에 의하면 응답자 중 72.8% 가 자신의 콘텐츠 채널을 운영한다고 응답하였고 자신의 콘텐츠 채널을 운영하는 강사 중 32.5% 가 유튜브 채널을 운영한다고 하였다.

요즘 교육 담당자들은 강의 섭외시 유튜브 채널에서 강사를 검색하는 경우가 많으므로 강의섭외 받기를 원하는 강사들은 유튜브 채널을 운영하며 더 많은 영상을 올리는 게 좋을 것이다.

구글 Veo 3를 활용하여 AI 영상 제작하는 방법을 살펴보면 Veo 3는 구글 딥마인드(Google DeepMind)가 개발한 최첨단 AI 영상 생성 모델이다. 이 모델은 사용자가 입력하는 텍스트나 이미지를 바탕으로 고화질의 영상을 제작하며, 2024년 5월에 처음 공개된 초기 Veo 모델의 최신 버전으로 2025년 5월에 출시되었다.

Veo 3의 가장 중요한 혁신은 '네이티브 오디오 생성(native audio generation)' 기능에 있다. 기존의 AI 영상 생성 모델이 시각적 요소에만 집중했던 것과 달리, Veo 3는 영상에 완벽하게 동기화된 대사, 배경 음악, 환경 소리까지 자동으로 생성한다. 구글 딥마인드 CEO 데미스 하사비스는 Veo 3의 출시가 AI 영상 생성 분야에서 '무성 영화 시대'가 끝났음을 선언하는 순간이었다고 언급했다. 이러한 기능적 발전은 단순히 기술적인 추가를 넘어, 시각과 청각을 통합한 완전한 스토리텔링 경험을 가능하게 하는 패러다임 전환을 의미한다.

사용자는 이제 단순히 시각적 요소를 묘사하는 것에서 벗어나, 소리를 포함한 다중 모드(multimodal) 프롬프트 작성법을 익혀야만 AI가 가진 잠재력을 최대한 활용할 수 있다. Veo 3의 주요 기능은 다음과 같다.

- 현실적인 립싱크(lip sync): AI가 캐릭터의 말과 입술 움직임을 완벽하게 일치시켜 생생한 결과를 만들어낸다.
- 물리 기반 시뮬레이션(physics-based simulation): 영상 속 물체의 움직임과 상호작용이 현실 세계의 물리학 법칙을 반영하여 자연스럽고 사실적으로 표현된다.
- 멀티-인풋 프롬프트(multi-input prompts): 텍스트는 물론, 이미지까지 입력으로 사용하여 영상 생성을 시작할 수 있다.

가장 기본적인 Veo 3 접근 경로는 구글이 제공하는 유료 플랜을 이용하는 것이다. 구글 AI 프로(pro) 또는 울트라(ultra) 플랜 구독을 통

구글 창에서 Veo 3 검색 화면

해 Gemini에서 직접 Veo 3 모델을 사용할 수 있다.

- 가입 또는 로그인: Veo 3에 접근하기 위해 계정을 생성하거나 로그인해야 한다.
- 프롬프트 입력: 원하는 영상에 대한 텍스트 설명(프롬프트)을 입력하거나, 시작점으로 사용할 이미지를 업로드한다.
- 오디오 맞춤 설정: 영상의 효과를 높이기 위해 사운드 효과, 대사, 환경 소리 등에 대한 지시를 추가한다.
- 생성 및 확인: Veo 3가 영상을 생성하면, 미리보기로 결과를 확인한 후, 다운로드하거나 공유할 수 있다.

(1) 텍스트 프롬프트 기반 영상 생성

Veo 3는 자연어에 대한 높은 이해력을 바탕으로 간단한 문장만으로도 영상 생성이 가능하다. 사용자는 제품 데모, 영화적인 장면, 애니메이션 설명 영상 등 다양한 아이디어를 한두 문장으로 간단히 묘사하여 원하는 결과물을 얻을 수 있다. 예를 들어, "고양이가 오케스트라와 함께 오페라를 '노래'하는" 것과 같은 상상 속 장면을 현실적인 영상으로 구현할 수 있다.

(2) 이미지-투-비디오(Image-to-Video): 시각 자료 활용법

Veo 3는 텍스트 프롬프트 외에도 이미지를 시작 프레임으로 사용하는 방식을 지원한다. 이 기능은 원본 이미지의 고유한 시각적 스타일, 색감, 구도를 그대로 유지하면서 영상을 생성하는 데 탁월한 능력을 발휘한다.

사용자는 이미지 생성 AI(예: Imagen)로 먼저 원하는 미적 스타일의 이미지를 만든 후, 이 이미지를 Veo 3의 시작 프레임으로 활용하여 움직임을 추가하는 하이브리드 워크플로우를 구축할 수 있다. 이러한 하이브리드 워크플로우는 사용자에게 창의적 통제력을 극대화하는 중요한 이점을 제공한다. 특정 캐릭터의 외모나 복장을 여러 영상 클립에 걸쳐 일관되게 유지하거나, 원하는 미학적 스타일(예: 빈티지 필터, 특정 화풍)을 정확하게 반영하고자 할 때 매우 유용하다. 이는 "원하는 스타일은 이미지로, 원하는 액션은 텍스트로" 지정하는 정교한 연출 방식을 가능하게 하며, 텍스트만으로는 달성하기 어려운 수준의 정밀한 결과물을 얻을 수 있도록 돕는다.

효율적인 프롬프트는 무작정 길게 쓰는 것보다 명확하고 구조적으로 작성하는 것이 중요하다. 전문가들은 프롬프트가 다음의 8가지 핵심 구성 요소를 포함할 때 가장 좋은 결과물을 얻을 수 있다고 조언한다.

- 장면(scene): 영상의 전체적인 분위기와 행동을 설명하는 한두 문장.
- 주제(subject): 영상의 초점이 될 인물, 사물, 동물.
- 액션(action): 주제가 수행하는 구체적인 행동.
- 스타일(style): 영상의 시각적 미학(예: 시네마틱, 애니메이션, 다큐멘터리).
- 카메라 움직임(camera movement): 카메라의 동작(예: 정지, 팬, 트래킹).
- 오디오(audio): 배경음악, 환경 소리, 대사.
- 조명(lighting) 및 분위기(mood): 영상의 정서적 톤을 설정하는 조명 조건.
- 색상 팔레트(color palette): 영상의 전반적인 색채.

이러한 요소들은 전통적인 영화 제작에서 감독이 내리는 구체적인 지시와 같다. Veo 3는 텍스트의 양보다 논리적 구조를 더 잘 인식하므로, 사용자는 '무엇을 원하는지'뿐만 아니라 '어떻게 원하는지'를 명확하게 전달하는 연출가의 역할을 수행해야 한다.

Veo 3의 가장 주목할 만한 활용법 중 하나는 '얼굴 없는(faceless)' 소셜 미디어 및 유튜브 채널 운영이다. 텍스트 프롬프트만으로 영상과 오디오를 동시에 생성하여, 고가의 장비나 출연진, 성우 없이도 콘텐츠 제작이 가능하다. Veo 3는 복잡한 개념을 시각적으로 단순화하는 교육 콘텐츠 제작에도 유용하게 활용될 수 있다. 건조하고 어려운 텍스트 설명을 매혹적인 시각적 내러티브로 변환하여 학습자의 몰입을 유도하고, 학습 경험을 향상시킬 수 있다.

Veo 3는 전통적인 영상 제작 과정을 '대체'하는 것이 아니라, '자동화'함으로써 창의적 과정을 가속화하는 도구다. 창작자는 이제 반복적이고 지루한 작업에서 벗어나, 아이디어 구상 및 프롬프트 엔지니어링과 같은 상위 단계의 창의적 작업에 더 집중할 수 있다.

Veo 3는 네이티브 오디오 생성 기능을 통해 AI 영상 제작의 새로운 지평을 열었다. 이 모델은 물리 기반 시뮬레이션, 뛰어난 프롬프트 준수 능력, 그리고 이미지 기반 생성 워크플로우를 결합하여 사용자에게 전례 없는 수준의 창의적 통제력을 제공한다. 현재 8초 영상이라는 시간적 한계와 간헐적인 버그 같은 과제들이 존재하지만, Veo 3가 보여준 잠재력은 앞으로 AI 기반 교육영상제작이 어떻게 발전할지 명확하게 제시한다.

2. 'AI 영상 제작' 강의 향후 전망

미래 전망을 살펴보면, AI 영상 제작 기술은 콘텐츠 생성의 민주화를 더욱 가속화할 것으로 보인다. 과거에는 전문 인력과 고가의 장비가 필수적이었던 영역이 이제는 AI의 도움으로 일반인에게도 개방되고 있다. 이로 인해 개인이 창작할 수 있는 콘텐츠의 양과 질은 크게 향상될 것이다.

클라우드 기반의 AI 도구와 모바일 애플리케이션의 등장은 영상 제작을 더욱 접근하기 쉽게 만들고 있다. 앞으로는 다양한 기능을 통합한 플랫폼 형태로 발전하여, 사용자 경험을 한층 더 향상시킬 것으로 기대된다. 이러한 기술 발전은 콘텐츠 제작자에게 새로운 창작 기회를 제공함과 동시에, 소비자에게는 더욱 개인화된 콘텐츠 경험을 선사할 것이다.

하지만 AI 영상 제작 기술의 발전은 윤리적 과제도 함께 가져왔다. 가장 두드러진 문제는 저작권 침해 가능성이다. AI가 생성하는 콘텐츠가 기존 창작자들의 작품을 무단으로 차용하거나 모방할 우려가 있다. 또한 AI를 이용한 허위 정보 생성과 확산도 사회적 논란을 일으킬 수 있는 민감한 사안이다.

3. 'AI 영상 제작' 강의 실제 사례

- 현대자동차그룹 사내교육
  - 주제: "Generative AI를 활용한 콘텐츠 마케팅 자동화"

- 내용: Sora, Runway, Midjourney 등을 활용한 실전 콘텐츠 제작 실습
- 효과: 비디자이너 직원들도 1시간 만에 숏폼 영상 기획부터 제작까지 완료

• ZEISS Korea 테크 워크숍
- 대상: 마케팅 직원 11명
- 교육내용: Firefly, 감마, Nekin.ai를 활용한 기업 이미지/영상 제작
- 수강후기: "디자인팀 외 인력도 영업 PT에 쓸 시각자료를 직접 만들 수 있게 됐다."는 평가

• 서울산업진흥원(SBA) 창업자교육
- 대상: 초기창업자 30명
- 내용: AI 툴을 활용한 브랜드콘텐츠 영상기획 및 실행전략
- 결과: 참가자 대부분이 수업 중 제작한 영상을 실제 마케팅에 활용

• MBN "AI 영상시대의 뉴미디어 콘텐츠 제작법"
- 대상: MBN 보도 및 예능PD 25명
- 핵심커리큘럼: 프롬프트 설계에 따른 영상품질 차이 실습, 실

사영상 vs 생성형 AI 영상 비교 분석, 뉴스 자동 영상편집 사례 공유, 딥페이크 이슈와 AI 영상 윤리 토론
- 현장반응: "기자와 PD의 역할이 변하고 있음을 체감했다.", "현장용 속보 영상도 AI를 도입하면 실시간으로 대응하는 것이 가능하다"

4. 'AI 영상 제작' 강의 시 주의사항 5가지

첫째 저작권 이해와 준수가 필요하다.

AI 영상 제작 도구는 다양한 소스에서 학습된 데이터를 기반으로 작동한다. 수강생들에게 AI가 생성한 콘텐츠도 저작권 문제에서 자유롭지 않음을 강조해야 한다. 특히 상업적 사용 시 발생할 수 있는 법적 문제와 라이선스 조건을 명확히 설명하고, 적절한 크레딧 표기 방법을 교육해야 한다.

둘째 기술적 한계 인식이다.

AI 영상 제작 도구가 놀라운 결과물을 만들어내지만, 여전히 기술적 한계가 존재한다. 특정 스타일이나 요구사항에 대해 AI가 완벽하게 대응하지 못할 수 있으며, 미세한 조정이나 특정 상황에서는 전통적인 편집 방식이 더 효과적일 수 있음을 수강생들에게 알려야 한다. 현실적인 기대치를 설정하도록 도와주는 것이 중요하다.

셋째 프롬프트 엔지니어링 방법론이다.

AI 도구를 효과적으로 활용하기 위해서는 정확한 프롬프트(명령어) 작성 방법을 가르쳐야 한다. 애매하거나 불명확한 지시는 기대와 다른 결과물로 이어질 수 있다. 구체적인 언어 사용, 적절한 세부 사항 제공, 참조 이미지 활용 등 효과적인 프롬프트 작성 기법을 실습과 함께 교육해야 한다.

넷째 윤리적 사용의 강조가 중요하다.

AI 영상 제작 기술은 딥페이크와 같은 오용 가능성이 있다. 강의에서는 이러한 기술의 윤리적 사용 원칙을 분명히 전달해야 하며, 허위 정보 생산, 타인의 동의 없는 이미지 조작, 혐오 콘텐츠 제작 등을 경계해야 함을 강조해야 한다. 수강생들이 사회적 책임감을 가지고 기술을 활용할 수 있도록 지도하는 것이 중요하다.

다섯째 플랫폼별 특성과 워크플로우 이해가 필요하다.

런웨이, 피카, Sora 등 다양한 AI 영상 제작 플랫폼은 각기 다른 강점과 특성을 가지고 있다. 단일 도구만 교육하기보다 여러 플랫폼의 특징과 적합한 사용 사례를 비교하여 설명하고, 실제 프로젝트에서 이들을 효과적으로 조합하는 워크플로우를 가르치는 것이 중요하다. 또한 새로운 도구와 기능이 빠르게 등장하는 만큼, 지속적인 학습의 중요성을 강조해야 한다.

5. 시사점

AI 영상 제작 기술은 강의 시장에 혁신적인 변화를 가져오고 있다. 전통적인 영상 제작 과정에서 요구되었던 시간과 비용을 대폭 줄이면서, 강사들은 더 많은 콘텐츠를 신속하게 생성할 수 있다. 생성형 AI를 활용하면 강의에 필요한 자료를 쉽게 제작하고 편집할 수 있어, 학습자 맞춤형 교육이 가능해졌다.

AI 기술은 대량의 데이터를 분석하여 학습자의 선호와 학습 스타일에 맞춰 콘텐츠를 최적화하는 데에도 기여한다. 또한 다국어 자막 및 음성 합성 기능을 통해 글로벌 학생들에 대한 접근성을 높이고 있다. 이러한 변화는 학습의 보편화와 교육의 질 향상으로 이어져, 앞으로의 교육 모델이 더욱 유연하고 포괄적으로 발전할 것을 시사한다. 즉 AI 영상 제작 기술은 강의 시장의 효율성을 증대시키고, 교육의 경계를 허물며, 더욱 다양한 학습 경험을 선사할 것으로 기대된다.

■ 참고문헌

· 양지훈, 『동영상 제작 생성형 AI 서비스 「Sora」의 등장과 의미: 위기인가, 기회인가?』, 한국방송통신전파진흥원, 2024. https://www.kca.kr/

Media_Issue_Trend/vol62/KCA62_23_trend.html
- 장운초, 『생성형 AI를 활용한 영상 콘텐츠 제작 과정 연구』, 한국학술지 인용색인, 2024.
- 서울대학교, 『끝없이 영상 생성하는 AI 비디오 생성 기술 개발』, 서울대학교 연구성과 하이라이트, 2024.
- 김민수, 『AI 영상 제작기술의 이용의도에 영향을 미치는 요인 연구: 1인 미디어 생산자를 중심으로』, 한국방송학회, 2023.
- 정은진·김예빈, 『방송영상 분야에서의 생성형 AI 활용과 시사점』, 정보통신정책연구원, 2023.
- 김유리, 『AI 영상 생성 플랫폼 활용 및 마케팅 사례 연구』, 디지털콘텐츠학회지, 2024.
- 박성호, 『콘텐츠 산업의 AI 도입 현황과 전망』, 한국콘텐츠진흥원, 2024.
- Dudum.io, 『AI 영상 제작 사이트 Top 5: 핵심 기능부터 활용 사례까지』, Dudum 블로그, 2024. https://www.dudum.io/blog/ai-영상-제작-사이트-top-5-핵심-기능부터-활용-사례까지-5431
- Fortune Business Insights, 『글로벌 AI 비디오 생성기 시장 보고서 (2023-2032)』, 2024. https://www.fortunebusinessinsights.com/ko/ai-video-generator-market-110060
- Pengyuan Zhou 외, 『AI 기반 비디오 생성, 스트리밍 및 스트리밍을 위한 기술 및 전망』, arXiv, 2024. https://arxiv.org/abs/2401.10987

Memo

07

와인플로, 지식이 넘친 조직에 감정을 흐르게 하라

"말해주면 잊어버리고,
가르쳐주면 기억할지도 모르고,
참여시키면 배운다."

- 벤자민 프랭클린 -

최주리
(올댓매너연구소 대표)

- 올댓매너연구소 대표
- 국내 1호 와인비즈니컨설턴트/ 글로벌와인비즈니스협회 협회장
- 경희대학교 와인소믈리에 석사/ 경희대학교 와인·워터·티 마스터과정 수료
- (사)한국국제소믈리에협회 이사
- 공기업, 대기업, VIP 고객 등 기업교육 강사 15년차(와인, 테이블매너 외)
- 베를린와인트로피, 아시아와인트로피 심사위원
- 저서 『15분이면 뚝딱, 와인안주요리』 집필

해시태그

#감정기반학습 #체험중심교육 #와인플로 #와인교육 #기업와인강의 #초개인화 #조직문화 #몰입형교육 #감정리터러시 #세대소통

핵심질문

1. 지식은 넘쳤지만, 왜 조직은 여전히 변화되지 않는가?
2. 지금 기업교육에서 '감정'과 '경험'이 중요한 이유는 무엇인가?
3. 초개인화 시대, 왜 조직은 감정 기반 학습을 다시 고민해야 하는가?
4. 감정 회복과 관계 설계에 '와인'은 어떤 교육적 기능을 할 수 있는가?
5. 조직 교육에서 감정이 흐르도록 구성하기 위한 방식으로 '와인플로(Wine Flow)'는 어떤 가능성을 제시하는가?

와인플로,
지식이 넘친 조직에 감정을 흐르게 하라

지식이 넘친 조직에 감정을 흐르게 하라.

KTN코리아타운뉴스(2025.1.3.)는 '미래를 여는 교육, 2025년 주목해야 할 7가지 교육 키워드'에서 '인간 중심 기술(human-centric skills)'이 다시 교육 현장의 주요 키워드로 부각되고 있다고 밝혔다. 의사소통, 감성 지능, 팀워크, 리더십은 기계가 대체할 수 없는 고부가가치 영역이며, 향후 교육 과정에 더욱 중요해질 것으로 언급했다.

이러한 흐름은 『강의 트렌드 2025』에서도 제시된 바 있다. HRD 관점에서 교육은 Head(지적 능력), Heart(감성 역량), Hands(실천 역량)의 균형 있는 스킬셋을 갖추는 것이 중요하며, 그 중 Heart Skillset은 AI 시대에 더욱 주목받는 역량으로, 공감, 감성 지능, 심리적 안정감 조성 등 사람 사이의 정서적 연결을 중심에 둔 교육의 가치를 강조했다.

그렇다면 왜 지금 조직 안에서 감정 교육이 더욱 절실해졌을까?

한국IDC '국내 생성형 AI 업무 적용 사례 연구(2024)'에 따르면, 국내 기업 및 공공기관의 72%가 생성형 AI를 현재 활용 중이며, 78%는 생산성이 개선되었다고 응답했다. AI는 업무 효율과 지식 확산에는 분명한 강점을 가지고 있다. 정보 탐색과 전략 기획하는 데 유용한 도구이다. 하지만 데이터를 해석하고 최종 의사결정은 결국 사람의 몫이다. 이런 조율 과정에서 감정을 다루며 관계를 맺는 일은 여전히 많은 이들에게 힘겹다. AI가 대신할 수 없는 공감, 감정 조율, 신뢰 형성, 인간 고유의 세심한 영역이 지금 조직에 다시 중요해지고 있다.

그 변화는 이미 교육 현장에서 보이고 있다. 많은 기업은 정서적 안정과 감각적 몰입, 스트레스 완화를 위해 명상, 요가, 자연 체험, 컬러, 아로마 등 문화예술 기반의 감정 교육을 도입하고 있다. 이러한 흐름 위에 와인은 체험을 통해 감각을 느끼고 감정을 자연스럽게 꺼냄으로서 관계를 회복하는 감정 기반 교육 도구로 새롭게 주목받고 있다.

'와인플로(wine flow)'는 와인을 통해 감정을 교류한다. 즉 와인 잔을 들고 향과 맛을 나누는 경험은 대화를 수평적으로 만들고 감정을 언어화하는 흐름을 유도하며, 체험에 그치지 않고 공감-표현-공유-전이까지 이어진다.

와인플로(Wine Flow)의 감정 흐름 구조

- 공감 – 향과 맛, 분위기를 함께 느끼며 감정이 열리는 순간
- 표현 – 감정을 언어로 꺼내고 나를 드러내고
- 공유 – 서로의 경험과 감정을 주고받으며 연결
- 전이 – 감정 흐름이 관계, 몰입, 팀워크로 이어진다.

감정은 가르칠 수 없지만, 설계할 수 있다. 설계되어야 흐르고, 체험되어야 연결된다. 지금 조직은 물어야 한다. "이 구성원이 얼마나 아는가?"보다, "이 구성원이 감정을 어떻게 다루는가?"를. AI가 지식을 생성하고 자동화가 일상을 바꾸는 시대일수록, 교육은 다시 사람의 감정으로 돌아가야 한다. 지식은 넘쳤다. 이제는 감정이 조직을 움직일 차례다. 그 수단으로 와인이 어떻게 조식 내에서 정서적 연결이 이루어지는지 알아본다.

1. 요즘 강의 트렌드 '와인'

1.1. AI 시대의 교육: 초개인화 인재와 감정 역량의 불균형

지금의 인재들에게 부족한 것은 지식 보다 감정이다. 생성형 AI는 정보 접근 방식을 크게 바꿔놓았다. 대부분의 지식은 검색과 생성으로 해결된다. 사람은 질문을 만들고, AI는 그에 대한 응답을 한다. 학습의 구조 자체가 효율성과 속도 중심으로 바뀌고 있는 것이다. 그러나 감정은 다르다. 공감하는 법, 신뢰를 쌓는 대화, 함께 몰입하는 경험은 AI가 대신할 수 없는 인간 고유의 정서적 역량 (emotional literacy)이다.

초개인화 시대 인재들은 자기 주도 학습과 성과를 내는 데는 익숙하지만, 타인과 감정을 나누고 관계를 맺는 데는 익숙하지 않다. 독립성과 실행력은 높지만, 공감과 소통, 유대감을 쌓는 경험은 상대적으로 축적할 기회가 부족했다.

한국생산성본부(KPC)에서 발표한 『HRD 트렌드 2025』는 2024년 기업들이 교육 예산을 가장 많이 투입한 분야로 1위 '전문 직무스킬(43%)', 2위 '공통 직무스킬(32%)'이 나왔다. 기업들이 산업 환경에 빠르게 대응하기 위한 직무스킬 최신화와 기본역량 강화에 중점을 두고 있는 반면 '스트레스/멘탈관리' 교육은 6%에 불과해 감정 교육에 대한 필요성을 부각시킨다.

이성(reason) - 감정(emotion) 시소

위 그림은 AI 시대의 인재가 가지는 지식과 감정의 비대칭성을 시각적으로 보여준다. '지식'과 '이성'은 AI를 통해 빠르게 고도화되고 있지만, '감정'과 '공감'은 상대적으로 학습과 경험이 적어 시소의 한쪽이 내려가 있는 상태이다. 이처럼 균형을 잃은 상태에서는 조직 내 소통, 리더십, 협업, 팀워크 등 다양한 영역에서 정서적 거리감이나 관계 형성의 어려움으로 드러날 수 있다. 지식은 따라잡았지만, 감정은 놓치고 있는 지금, 교육은 무엇을 바꾸어야 할까?

1.2. 감정 기반 학습, 왜 지금 필요한가?

공감은 설명만으로 길러지지 않는다. 직접 느끼고 함께 경험할 때 생겨난다. 관계도 마찬가지로 자연스러운 참여와 소통 속에서 형성된다. 아무리 많은 내용을 배워도, 정서적 연결이 부족하면 행동으로 이어지기 어렵다. 마음에 남는 교육은 결국 사람 간의 감정과 관계 안에서 만들어진다.

최근의 인재들은 정보와 기술을 갖춘 상태로 조직에 들어오고 있다. 그러나 함께 일하는 감정의 언어, 관계의 문법을 배울 기회는 부족한 경우가 많다. 지금 필요한 것은 '무엇을 알려줄 것인가' 보다 '어떻게 느끼게 할 것인가'에 대한 설계이다.

KPC 『HRD 트렌드 2025』는 '조직문화 당면이슈' 조사 결과로 조직몰입 및 소속감 강화(53%), 팀워크 강화(48%), 세대차이 갈등해소(40%), 조직 내 심리적 안전감 구축(34%)이 나왔다. 이러한 항목들은 자신의 역할과 조직 목표에 몰입하고 소속감을 느끼는 것이 성과에 긍정적인 영향을 미치고, Z세대가 조직에 본격적으로 유입되면서 세대 간 이해와 소통을 촉진하는 것이 더욱 중요해지고 있다고 언급했다. 조직 구성원 간의 관계 형성, 심리적 안정감, 협업 환경 등 정서적 요인에 대한 조직의 관심이 높아지고 있으며, 조직문화 전반에 대한 높은 관심을 실감할 수 있다.

조직적 흐름과 함께 개인의 스트레스 수준도 중요한 신호로 나타난다. 통계청 「2024년 사회조사」에서 직장인 62.1%가 직무 스트레스를 경험하고 있으며, 가정생활이나 일상생활보다 높은 수치라고 언급했다. 직무 스트레스는 몰입, 이직, 팀워크 등 다양한 영역에 영향을 미친다. 삼일PwC 「2024 글로벌 직장인 설문조사」에서도 직장인의 62%가 지난 1년간 네 가지 이상의 조직 변화를 겪었고, 45%는 업무량 증가와 역할 변화로 정신적 피로감을 호소했다. 빠른 변화에 대한 적응은 직원의 회복 탄력성을 높이는 방향으로 조직이 지원하고 설계가 필요한 영역으로 부상하고 있다.

많은 기업은 이를 반영해 직원의 회복 탄력성을 돕는 다양한 감정 기반 프로그램을 운영하고 있다. 정서적 안정과 감각적 몰입을 유도하며, 구성원의 감정 회복과 팀워크 회복을 지원하는 방식으로 설계된다. 와인 역시 감정 기반 접근을 하는 매개체로 신체적 긴장을 완화하고 정서적 교류를 촉진하는 도구로 주목받고 있다.

미국 『Women's Health』 매거진은 와인을 스트레스 해소에 도움이 되는 음식 7가지 중 하나로 소개한 바 있으며, 적정량의 와인은 혈압을 낮추고 긴장을 완화하는 데 긍정적 영향을 줄 수 있다는 연구들도 보고되고 있다. 와인이 감각과 감정, 관계와 회복을 연결하는 콘텐츠로 재해석할 수 있음을 시사한다.

감정 기반 학습은 초개인화 시대 인재를 움직이는 방식으로 자리 잡고 있다. 공감은 감정을 나누고 관계를 체험하는 과정에서 자연스럽게 생겨나는 것이다.

1.3. 국·내외 와인 교육 사례

와인은 주류로서 많은 인기를 얻고 있지만 다른 관점으로 보면, 이를 통해 감정 교류를 하기 위한 우수한 매개체이다. 지금 전 세계 교육 현장에서 와인은 정서적 몰입과 관계 회복을 설계하는 체험 기반 콘텐츠로 진화하고 있다.

(1) 해외 사례: 와인을 활용한 몰입형 팀 교육

마이크로소프트(Microsoft)는 팬데믹 기간 중 이탈리아 와이너리와 협업해 글로벌 직원들이 동시에 와인을 시음하는 '디지털 와인 테이스팅'을 진행했다. 물리적 거리와 위계를 허물고, 공감 기반 네트워킹이 이뤄지는 과정을 통해 구성원 간 심리적 연결을 회복하는 데 실질적인 성과를 보였다.

영국의 Local Wine School은 다양한 기업 고객을 대상으로 맞춤형 와인 교육 및 팀빌딩 이벤트를 제공하고 있다. 직원 간 소통과 협업 능력, 고객 응대 시의 정서적 표현력, 조직 내 긍정적인 분위기와 네트워킹 효과를 함께 강화하는 교육으로 활용하고 있다.

미국 체험형 와인 교육 프로그램

교육 기관	프로그램 주요 특징
Team Bonding	참가자들이 가상 와이너리를 운영하며 와인 브랜드, 팀명, 마케팅 캠페인(광고), 실제 와인 블렌딩 또는 샹그리아 만들기 등 다양한 미션을 수행. 협업, 창의적 문제 해결, 커뮤니케이션을 유도하고 자연스럽게 정서적 연결을 촉진한다.
Warehouse Winery	와인 테이스팅과 팀빌딩 목적 맞춤형 워크숍이 주력으로 몰입 환경에서 자연스러운 소통과 네트워킹을 유도한다.
Brooklyn Winery	와인 블렌딩, 퀴즈, 라벨 제작 등 인터랙티브 팀빌딩 활동으로 팀워크와 창의력, 협상력, 문제해결력 향상을 함께 강화한다.
Unboxed Experiences	가상 와인 테이스팅 기반 팀빌딩. 블라인드 테이스팅, 퀴즈, 페어링 챌린지를 통해 원격 팀 간 유대감 형성과 소통, 감정 몰입 효과를 목적으로 한다.

미국에서는 다음과 같은 체험형 와인 교육 프로그램들이 운영 중이다. 글로벌 기업과 해외 기업들은 와인을 감정 기반 학습 도구이자, 조직 내 관계 회복과 몰입을 유도하는 전략 콘텐츠로 다양하게 활용하고 있다.

(2) 국내 사례: 현장 중심 정서 설계 콘텐츠

국내에서도 와인 콘텐츠는 신입사원 리텐션, 사내 문화센터, 승진자 교육, 임직원 워크숍 등 다양한 교육으로 도입되고 있으며, 소속감 회복, 감정 공유, 조직 내 정서적 연결감 향상이라는 실질적인 효과로 이어지고 있다.

와인 콘텐츠는 수년 전부터 감정 회복과 힐링을 위한 실습형 콘텐츠인 '나만의 시그니처 샹그리아 만들기' 프로그램 등을 운영하고 있다. 최근에는 체험에서 출발해 직무 몰입, 감정 커뮤니케이션, 팀워크 강화 등 실질적 교육 목표에 맞춰 범위를 체험형 → 실천형 → 전략형 콘텐츠로 확장하고 있다.

한전KDN과 함께한 '행복공작소' 샹그리아 클래스(2025년 4월)는 부사장과 직원이 함께 실습에 참여하며 위계 없는 대화의 장을 만들었다. "함께 만들어보니 어렵게 느껴지던 분들이 가깝게 느껴졌다"는 피드백은 정서적 거리 해소와 수평적 연결이라는 교육 효과를 상징한다. 또한 B사는 1~7년차 주니어 직원 대상 리프레시 과정에 '공감-감사-연대'를 주제로 와인 기반 교육을 기획했다. 샹그

한전KDN과 함께하는 '행복공작소' 소통클래스 with 샹그리아
(출처=한전KDN 유튜브)

리아 실습과 함께 진행된 감정 설계형 수업에 대해 구성원들은 "회사 인생 중 가장 행복한 하루", "계속해서 이런 프로그램 있으면 리텐션에 너무 도움 될 것 같아요.", "스트레스 해소도 할 수 있어 좋았습니다."라는 응답을 남겼다.

(3) 와인을 통해 감정이 움직이는 구조

우리가 알던 기호 식품 와인은 앞으로 사람 사이의 감정을 열고 관계를 자연스럽게 이어주는 매개체로 작동할 수 있다. 향과 맛을 공유하는 과정은 구성원 간 긴장을 완화하고, 대화를 유도하며, 수평적이고 심리적으로 안정된 분위기를 만들어낸다.

이런 감각 기반 체험은 교육 현장에서도 유의미하게 작용한다. 특히 레드 와인에 포함된 폴리페놀 성분은 긴장 완화와 혈압 안정에 긍정적인 영향을 줄 수 있으며, 신체적 이완은 정서적 몰입과 감정을 조율 할 수 있는 환경을 형성하는데 보완적인 요소가 될 수 있다.

물론, 와인 교육이 모든 조직에서 똑같은 방식으로 효과를 내는 것은 아니다. 구성원의 성향, 조직문화, 알코올에 대한 민감도 등을 고려해야 하며, 목적과 대상에 따라 설계 방식과 전달 구조를 유연하게 조정할 필요가 있다. 따라서 와인을 활용한 감정 기반 교육은 강력한 몰입 도구가 될 수 있지만, 사전 진단과 맞춤형 기획이 함께 병행되어야 효과를 극대화할 수 있다.

와인은 왜 교육이 되는가? 어떤 속성이 감정과 몰입을 유도하는가? 다음 장에서 이 질문에 답하기 위해 '와인플로(wine flow)'라는 새로운 감정 중심 교육 구조를 살펴본다.

2. 와인플로, 감정을 흐르게 하는 교육의 흐름

2.1. 와인의 감각성: 정서 자극, 공감 유도, 대화 촉진

와인은 오감을 자극하고, 감정을 흔들고, 관계를 연결하는 정서 기반의 감각 콘텐츠다. '와인플로(wine flow)'의 시작은 감각이다. 감정은 설명으로 전달되지 않는다. 감각을 열고, 감정을 깨우고, 공감으로 연결될 때 교육은 비로소 몰입을 일으킨다.

(1) 감각을 여는 순간, 감정이 흐르기 시작한다.

와인은 학습 도구 중 드물게 시각, 후각, 미각, 촉각을 동시에 자극하는 몰입의 매개체이다.

- (눈) 잔에 비친 색은 시각을 자극하고
- (코) 잔을 돌릴 때 피어오르는 향은 후각을 깨우며
- (입) 첫 모금의 질감과 온도는 미각과 촉각을 일깨운다.

그 순간 참여자는 "지금 무엇을 느끼는가?"에 집중하게 된다. 감각에 몰입하는 상태에서만 감정은 흐를 수 있고, 그 몰입이 곧 감정 기반 학습의 출발점이 된다.

(2) 감정은 슬라이드에 머물지 않고, 감각을 통해 흐른다.

감정은 슬라이드로 설명되지 않는다. 기억도, 공감도, 모두 체험에서 시작된다. 와인을 마시며 나누는 대화 속에서 감정은 자연스럽게 언어화된다. "이 와인은 따뜻한 느낌이에요.", "이 향이 어릴 적 기억을 떠올리게 하네요."

참여자들은 와인을 설명하면서 자신도 모르게 감정을 표현하고, 서로의 감각에 귀 기울이며 공감을 시작한다. 이 흐름은 감정 기반 커뮤니케이션의 구조인 「감정 인식 → 표현 → 공유 → 공감」으로 이어지고, 그 자체로 팀워크와 몰입을 만드는 정서적 장치가 된다.

(3) 위계 없이 대화가 흐르는 테이블

기업교육 현장은 종종 '역할'과 '직급'이 선명한 공간이다. 반면, 와인을 중심으로 한 테이블에서는 자연스럽게 공감과 대화가 흘러나온다. 잔을 채우고 향을 나누는 순간, 말보다 감각이 먼저 관계를 열어준다. 특히 세대 차이, 직급 차이가 클수록 비언어적 감각의 공유는 긴장을 완화하고 심리적 거리감을 줄이는 가장 효과적인 수단이 된다. 와인 테이블은 수평적 대화와 관계 회복이 일어나는 가장 감각적인 조직 공간이 된다.

지금의 조직에 필요한 것은 더 많은 정보 보다 감정을 꺼내고 관계를 회복하는 경험이다. 와인은 그 시작점이 된다. 사람은 와인을 통해 자기 감정에 귀 기울이고 타인의 감정을 공감 가능한 언어로 받아들이기 시작한다. 그 순간, 교육은 관계 안에서 비로소 작동한다.

2.2. 와인 콘텐츠는 어떻게 교육이 되는가

와인이 교육으로 되려면 체험과 감정 흐름까지 실계되어야 한다. "좋았다.", "기억에 남는다."에서 멈추는 순간, 와인은 이벤트로 끝나버린다. 감정을 꺼냈다면, 그 감정이 연결되고 전이되도록 구조화 되어야 한다.

와인이 교육이 되는 흐름: ACT 구조

ACT는 '행동'을 뜻하는 단어이다. 감정이 머무르지 않고, 연결되고, 실제 행동으로 이어지도록 하는 세 단계의 흐름을 담고 있다.

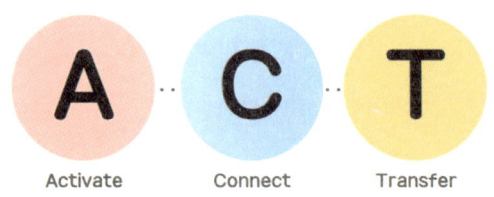

와인플로 ACT: Activate - Connect - Transfer

(1) Activate - 감각 자극과 감정 몰입

모든 것은 한 잔의 와인에서 시작된다. 색을 보고, 향을 맡고, 맛을 느끼는 감각의 흐름 속에서 참여자는 감각을 자각하게 되고, 감정의 언어를 꺼내기 시작한다.

"처음엔 낯설었는데, 자꾸 끌리는 향이에요.", "잔향이 오래 남네요. 기분이 잔잔해져요.", "첫 맛은 쿨한데, 끝에 약간 서운한 느낌이 있어요."

감정의 언어가 흘러나오는 순간, 학습은 시작된다.

(2) Connect - 감정 공유와 관계 확장

감정이 언어화되면, 다음은 사람과 사람의 연결이다. 정답이 없는 테이스팅은 직급과 역할을 내려놓고 대화할 수 있는 심리적으로 안전한 공간을 만들어준다.

"나도 그렇게 느꼈어요.", "저는 다르게 느꼈는데, 두 느낌 다 흥미롭네요.", "그렇게 표현할 수 있구나, 멋지네요."

공감은 지시로 생기지 않는다. 경험으로 만들어지는 것이다. 와인은 사람을 바꾸지 않지만, 사람 사이의 공기를 바꾼다.

(3) Transfer - 의미 연결과 행동 전이

가장 중요한 단계는 마지막이다. 이 감정의 경험이 나의 일과 팀의 방식에 어떤 의미를 남기는가.

"우리 팀 안에서도 이렇게 부드럽고 솔직한 대화를 만들 수 있을까?", "정기 워크숍에서 이런 방식의 대화 한번 시도해보면 어떨까요?"

이 질문이 나온 순간, 경험은 교육으로 확장된다. 대화에서 행동으로 전환, 관계의 재설계, 문화의 변화로 이어지는 정서적 트리거가 되는 것. 그것이 Transfer의 핵심이다.

Insight Point

- 정답이 없기에, 와인은 감정을 안전하게 꺼낼 수 있는 매개체다.
- 느낌으로 남기에, 와인의 기억은 오랫동안 지속된다.
- 감정을 설계할 수 있기에, 와인은 관계를 바꾸는 흐름이 된다.

■ 조직 교육 현장에서 와인 콘텐츠는 이렇게 활용되기도 한다
- 신입사원 리텐션 프로그램에서 감정 공유를 유도하는 도구로
- 중간 관리자 리더십 훈련에 '경청-공감-표현' 역량 강화 활동으로
- 사내 커뮤니케이션 교육에서 관계 회복과 팀 몰입을 이끄는 프로그램으로

2.3. 세대/직급 맞춤 설계: MZ부터 리더까지 몰입 방식은 다르다

와인 콘텐츠처럼 정답이 없고 감정이 흐르는 교육일수록 대상에 맞는 설계가 이루어질 때 효과를 발휘할 수 있다. 다음은 세 가지 대표 그룹에 맞춘 설계 방향이다.

(1) MZ세대: 표현의 자유, 비교 없는 구조

MZ세대는 감정 표현에 능숙하다. '지금 내 기분은 이렇다', '나는 이런 분위기를 선호한다'라는 자신의 취향이나 감정을 표현하는 루틴이 자연스럽다. 그러나 조직 내 공식적인 자리에서는 "이걸 말해도 괜찮을까?"라는 조심스러운 거리감이 여전히 존재한다. 이들을 위한 프로그램은 비교당하지 않고 자유롭게 표현할 수 있도록 구성해야 한다. 예를 들어, '오늘 내 기분에 어울리는 와인'을 고르

거나, 와인 라벨을 보고 자신의 감정과 연결해보는 활동은 자연스럽고 부담 없는 접근이 될 수 있다.

(2) 실무 관리자: 맥락 있는 질문, 실용적 접근

중간 관리자급 구성원은 감정을 억누르기보다는 기능 중심 커뮤니케이션에 익숙한 편이다. 감정 기반 활동에 거리를 두는 이유는 "이게 무슨 도움이 되지?"라는 실용성에 대한 의문 때문이다. 이들을 대상으로는 직접 감정을 표현하게 하기보다, 간접적인 질문과 실무 맥락과 연결된 접근이 효과적이다. 예를 들어, "이 와인을 한 단어로 표현한다면?", "우리 팀의 분위기와 닮은 와인은 무엇인가요?"와 같은 질문은 감정 인식의 시작점이 될 수 있다. 또한 소그룹 중심으로 진행하고, 자신의 감정을 정리할 수 있는 여유 시간을 제공하는 것도 중요하다.

(3) 리더층: 메시지 중심, 경청과 의미 정리

리더들은 감정을 직접 드러내기보다, 어떤 메시지를 전달할지에 더 집중하는 경향이 있다. 이들에게는 몰입보다 '의미를 정리해주는 역할'이 자연스럽다. 예를 들어, 팀원들이 와인을 고르고 감정을 나눈 뒤, 리더가 "오늘 이 경험을 통해 우리 팀이 어떤 대화를 시작할 수 있을지 생각해보게 되었습니다."라고 정리하는 것만으로도 강한 메시지가 된다. 리더는 감정 흐름에 함께 참여하는 구성원이

자, 그 의미를 조직의 언어로 연결해주는 존재가 될 수 있다.

사람마다 감정이 흐르는 방식은 다르다. 세대에 따라 감정을 꺼내는 속도가 다르고, 조직 내 위치에 따라 그 감정을 해석하는 언어도 달라진다. 와인 콘텐츠가 교육으로 작동하기 위해서는 이러한 차이를 전제하고, 각 대상이 편안하게 몰입할 수 있는 구조를 설계해야 한다.

3. 감정이 중요한 조직, 콘텐츠가 바꾸고 있다

AI는 이미 교육 현장의 속도를 바꿔 놓았다. 데이터 기반 진단, 자동 피드백, 맞춤형 콘텐츠 설계가 일상이 된 지금, 교육 담당자는 기획자 역할로 변화하고 있다. 기술이 고도화될수록 더 본질적인 질문이 남는다.

- 이 흐름 속에서 사람만이 할 수 있는 역할은 무엇인가?
- 감정, 공감, 관계는 어떻게 설계되어야 하는가?

(1) AI는 지식을 다루고, 감정은 사람의 몫이다.

AI는 정보를 요약하고, 학습 경로를 최적화할 수 있지만, 인간의 감정·공감·관계 설계는 대체할 수 없다. 팀워크, 몰입, 심리적 안정감 같은 키워드는 직접적인 경험을 통해서만 제대로 학습될 수 있다. 즉, AI는 학습의 속도를 책임지지만, 교육의 의미와 여운은 결국 사람이 설계하는 몫이다.

(2) 감정 기반 콘텐츠는 AI 시대의 '역방향 전략'이다

와인 테이스팅처럼 감각, 감정, 관계를 중심으로 하는 콘텐츠는 자동화가 불가능한 교육 방식이다. 향과 맛, 눈빛과 말투, 대화를 통한 분위기 형성은 기계가 다룰 수 없는 인간 고유의 감각 설계이자 감정 기술이다. AI가 교과를 관리한다면, 사람은 교감의 구조를 설계해야 한다. 감정 기반 콘텐츠는 디지털 전환기에서 더욱 사람다운 교육을 가능하게 하는 전략이 된다.

(3) 사례로 알아보는 기술과 감정의 결합 'AI로 만드는 와인 BGM'

'AI로 만드는 와인 BGM'은 와인 테이스팅과 감정 표현, 생성형 AI가 결합된 실험적 콘텐츠다. 참여자들은 와인을 시음하고 감정 키워드를 뽑아 AI 작곡 툴로 팀 고유의 음악을 완성했다. 후기에는 다음과 같은 반응이 남았다.

- "와인을 마시며 팀원들과 작업 하면서 자연스럽게 친밀감이 생겼다."
- "AI가 만든 노래 퀄리티에 놀랐고, 와인을 마시며 노래를 만들어가는 과정이 기어에 남는다."

'AI로 만드는 와인 BGM' 강의

● "가벼운 회식 및 커뮤니케이션 자리에도 추천하고 싶다."

참여자들은 기술을 활용한 결과물은 물론, 그 결과물이 만들어지는 과정에서의 감정 교류와 팀 연결감에 주목했다. 생성형 AI는 교육 콘텐츠를 더 빠르게 만들 수 있지만, 그 경험이 오래 기억되고, 의미로 남는지는 결국 사람의 몫이다. 감정을 흐르게 하고, 대화를 열고, 관계를 회복시키는 설계 그건 여전히 사람이 해야 할 교육의 중심이다.

■ 트렌드 포인트
● 감정은 자동화할 수 없다.
● AI는 지식 효율을 높이지만, 감정과 관계는 여전히 사람의 설계 영역이다.

4. '와인' 강의 설계 시 주의사항 5가지

와인 콘텐츠는 감정 기반 학습 도구로서 높은 몰입과 관계 회복 효과를 기대하지만, 그만큼 기대와 오해가 공존하는 콘텐츠이기도 하다. 따라서 설계 단계부터 명확한 목적성과 세심한 구조 설계가 필요하다.

첫째, '교육'임을 분명히 해야 한다.

가장 흔한 오해는 "와인 교육 = 술 마시는 자리"라는 인식이다. 비알코올 대체 제공, 테이스팅 최소화, 프로그램 목적 사전 안내 등을 통해 경험 중심 교육임을 강조해야 한다. 특히 HR 부서나 리더층은 "이 활동이 왜 필요한가?"라는 질문에 명확하게 답할 수 있어야 한다.

둘째, 조직 목표 및 직무와 연계되어야 한다.

체험 중심 콘텐츠는 "좋았지만 남는 게 없다"라는 피드백으로 이어지기 쉽다. 힐링, 소통, 몰입이라는 감정 경험이 실제 업무나 조직문화와 어떻게 연결되는지 설명할 수 있어야 한다.

예를 들면, 회복 탄력성 강화, 세대 갈등 완화, 심리적 안전감 확보 등 직무·팀워크·성과와의 연계 포인트를 사전에 설계해야 한다.

셋째, 세대와 직급 성향에 따라 유연성하게 구성해야 한다.

와인은 감각적이고 취향이 분명한 콘텐츠다. MZ세대는 적극적일 수 있지만, 시니어 구성원이나 일부 관리자층은 "이건 낯설다.",

"부담스럽다."라는 반응을 보일 수 있다. 따라서 반드시 자율 참여 기반으로 구성하고, 카드, 대화, 토론 등 복수의 참여 채널을 병행해 전 세대가 편안하게 몰입할 수 있도록 설계해야 한다.

넷째, 강사의 '전문성'보다 '전달력'이 더 중요하다.

와인 자격증이 있다고 해서 강의가 잘 되는 것은 아니다. 기업교육에서 중요한 것은 와인에 대한 지식보다, 그것을 어떻게 전달하고 몰입을 이끌어내느냐에 달려 있다. 강사는 콘텐츠보다 사람을 읽을 수 있어야 하고, 몰입 구조, 심리적 거리, 세대별 반응에 대한 감각을 갖춰야 한다.

다섯째, 강의 이후, '실천'으로 이어질 수 있는 설계가 필요하다.

좋은 강의는 "여기서 끝"이 아니다. 팀 단위 미션, 리더 피드백, 감정 공유 카드, 사후 리플렉션 등 강의 이후 대화와 행동이 이어질 수 있도록 설계해야 한다. 그래야 조직 안에 남는 문화로 확장될 수 있다.

5. 향후 전망 및 시사점

지금 조직 교육은 지식을 전달하는 것에 그치지 않고 구성원 간 관계를 회복하고 감정을 설계하는 방향으로 변화하고 있다. 이를 위해 많은 조직들이 정서 기반 콘텐츠를 도입하고 있고, 그 중 와인은 간단한 테이스팅이라는 경험으로 구성원 간 대화를 열고 긴장을 완화할 수 있는 도구로 주목받고 있다.

특히 전문 지식 없이도 누구나 참여할 수 있고 계층이나 세대 차이를 부드럽게 녹이는 분위기를 만들어낼 수 있다는 점에서 커뮤니케이션, 팀워크, 조직활성화 강의 등 다양한 분야에 적용 가능하다. 모든 조직이 똑같은 방식으로 활용할 수는 없지만, 감정을 나누는 대화가 필요한 곳이라면 한 번쯤 시도해볼 만한 매력적인 콘텐츠이다.

형식적인 말보다 자연스러운 연결이 중요한 조직, 몰입이 잘 일어나지 않는 교육 상황이라면 더욱 그렇다. 그 시작점에 '와인플로 *(Wine Flow)*'가 있다. 감각을 열고, 정서를 공유하며, 사람을 연결하는 이 경험은 지금까지와는 다른 방식으로 분위기를 전환하고, 조직 안에 심리적 거리감을 줄여줄 수 있는 변화의 계기가 될 것이다.

■ 참고문헌

· 윤영돈 외, 「강의 트랜드 2025」 한국강사신문, 2024
· 「HRD 트렌드 2025 리포트」 한국생산성본부, 2024
· 한성호 기자, 「국내 기업·기관 72% "현재 생성형 AI 사용 중"」 IT DAILY, 2024.10.02

- 「강의 트렌드 2026 집필 설문조사 결과」, 한국강사에이전시. 2025
- 「미래를 여는 교육, 2025년 주목해야 할 7가지 키워드」, KTN코리아타운뉴스, 2025.01.03
- 「2024년 사회조사 결과」, 통계청, 2024.11.12
- 양유진 기자, 「직장인 스트레스 증가, 다인 EAP 서비스 이용 문의 56% 상승」, 테크월드뉴스, 2024.12.19
- 「2024년 글로벌 직장인 설문조사」, 삼일PWC, 2024.08
- 「스트레스 해소 음식 7가지…"맛·스트레스·다이어트 '이것'으로 한번에 해결"」, 아시아경제, 2024.07.12
- 「한전KDN '행복공작소' 샹그리아 소통 클래스」 한전KDN 유튜브, 2025
- 「Brunello's Ciacci Piccolomini meets Microsoft, and wine tasting becomes digital」 Wine News, 2020
- Jimena Cristo Bujanda, 「3 Wonderful Team Building wine related ideas to bring your team together」, colorfulwines, 2025
- https://www.localwineschool.com
- https://thewinevoyage.net
- https://www.teambonding.com
- https://warehousewinery.com
- https://www.bkwinery.com
- https://unboxedexperiences.com

Part 3
강사 트렌드

01

전문가 경제 시대의 강사 브랜딩 전망

"측정할 수 없는 것은 관리할 수 없다"

- 피터 드러커(경영학의 아버지) -

조연심
(AI 퍼스널 브랜딩 전문가)

· 퍼스널 브랜딩 그룹 엠유 대표
· 한국퍼스널브랜딩신문 발행인 & 편집인
· 명지대 교육대학원 교육학과 독서코칭교육전공 객원교수
· 캐롤라인대학교 AI 융합비즈니스학과 박사 진행 중
· STN 조연심의 브랜드 인사이드 진행자
· 저서 『감으로 하는 브랜딩은 끝났다』, 『AI기반 브랜드 평판 관리(공저)』, 『강의 트렌드 2025』, 『하루 하나 브랜딩』, 『퍼스널 브랜딩에도 공식이 있다』 외 다수

해시태그

#전문가경제 #퍼스널브랜딩2.0 #디지털평판관리
#디지털카리스마 #AI퍼스널브랜딩2.0

핵심질문

1. 전문가 경제(Expert Economy) 시대에 강사는 무엇을 해야 하는가?
2. 퍼스널 브랜딩 2.0이란 무엇이며, 기존 브랜딩과 어떻게 다른가?
3. 디지털평판 브랜딩은 강사들에게 어떤 기회를 제공하는가?
4. 디지털카리스마를 위해 강사들은 어떻게 브랜드를 강화할 수 있는가?
5. AI 퍼스널 브랜딩이 강의 환경에서 필요한 이유는 무엇인가?

전문가 경제 시대의 강사 브랜딩 전망

당신의 이름을 검색하면 무엇이 나올까?

이 질문은 더 이상 호기심이 아니라 생존의 문제가 되었다. 지식은 넘쳐나고, 콘텐츠는 범람한다. 이제 '누가 말하는가'가 '무엇을 말하는가'보다 중요해진 시대다.

우리는 지금 교육 역사상 가장 급진적인 변화의 한복판에 서 있다. 불과 몇 년 전까지만 해도 강사의 가치는 그가 보유한 지식의 양과 전달 능력에 의해 결정되었다. 하지만 ChatGPT가 등장한 2022년 11월 이후, 이 모든 것이 뒤바뀌었다.

사실상 누구든 몇 초 만에 전문가 수준의 정보를 얻을 수 있다. 복잡한 개념을 명료하게 설명하고, 체계적으로 정리하며, 심지어 개인화된 학습 경험까지 제공할 수 있는 AI가 손안에 들어왔다. 이러한 현실 앞에서 많은 강사들이 묻는다. 그렇다면 우리의 존재 이유는 무엇인가?

(1) 정보의 민주화, 신뢰의 희소화

정보가 민주화될수록, 역설적으로 신뢰는 더욱 희소한 자원이 되었다. 같은 주제에 대해 수백 개의 유튜브 영상, 수천 개의 블로그 포스트, 수만 개의 온라인 강의가 존재하는 시대다. 학습자들은 정보 부족보다는 선택의 과부하로 고통 받고 있다.

이런 환경에서 학습자들이 진정으로 찾는 것은 무엇인가? 바로 신뢰할 수 있는 큐레이터, 의미 있는 연결감을 제공하는 가이드, 그리고 진정성 있는 인간적 터치다. 아무리 정교한 AI라도 개인적 경험에서 우러나는 통찰, 실패를 통해 얻은 지혜, 그리고 인간 대 인간의 따뜻한 공감은 만들어낼 수 없다.

(2) 브랜드가 된 개인, 시스템이 된 전문성

AI는 정보를 요약하고, 전달하고, 생성할 수 있지만 신뢰와 연결, 브랜드는 인간만이 만들 수 있다. 하지만 여기서 중요한 것은 '인간이기 때문'에 가치가 있다는 안일한 생각에 그치지 않는다. 진정한 가치는 인간만이 할 수 있는 것을 전략적으로 설계하고 시스템화하는 능력에서 나온다.

성공적인 강사들은 이미 이 변화를 감지하고 행동하고 있다. 그들은 자신을 지식 전달자에서 한 걸음 나아가 하나의 '브랜드'로, 더 나아가 지속가능한 '시스템'으로 발전시키고 있다. 그들의 이름을 검색하면 일관된 메시지, 명확한 전문성, 그리고 신뢰할 수 있는 평판이 나타난다.

(3) 전문가 경제의 새로운 게임 룰

전문가 경제(expert economy) 시대의 게임 룰은 명확하다.

첫째, 이제는 '무엇을 아느냐?'보다는 '어떻게 전달하고 연결하느냐?'가 중요하다. 둘째, 개인의 역량도 중요하지만, 그 역량을 증명하고 전파하는 디지털 시스템이 더욱 중요하다. 셋째, AI와 경쟁하려 하지 말고, AI와 함께 춤추는 법을 배워야 한다.

이 새로운 게임에서 승리하는 강사들은 몇 가지 공통점을 보이고 있다. 그들은 자신만의 고유한 관점을 체계화하고, 이를 일관되게 전달하는 브랜드 시스템을 구축했다. 그들은 AI를 두려워하거나 외면하지 않고, 오히려 자신의 브랜드를 확장하고 강화하는 도구로 활용하고 있다.

(4) 지금이 바로 그 순간

전문가 경제(expert economy) 시대에 강사로 살아남기 위해 어떻게 브랜드화된 전문가로 진화할 것인가에 대한 고민이 필요한 때다. 이는 마케팅 기법이나 개인 PR의 차원을 뛰어넘는다. 디지털 시대에 교육자로서 자신의 존재 의미를 재정의하고, 지속가능한 영향력을 구축하는 전략적 생존법이다.

지금 이 순간, 당신의 선택이 5년 후, 10년 후의 강사로서의 운명을 결정할 것이다. 변화의 물결에 휩쓸려 사라질 것인가, 아니면 그 물결을 타고 새로운 차원으로 도약할 것인가? 답은 당신의 이름을 검색했을 때 무엇이 나오는지에서 시작된다.

1. 요즘 강의 트렌드 '퍼스널 브랜딩'

1.1. 전문가 경제(expert economy) 시대에 강사는 무엇을 해야 하는가?

(1) 글로벌 전문가 경제의 부상

2025년 현재, 세계는 지식 경제(knowledge economy)를 넘어 '전문가 경제(expert economy)'로 급속히 이동하고 있다. 전문가 경제란 지식과 정보 자체보다 그것을 맥락화하고 의미화 할 수 있는 전문가의 가치가 높아지는 경제 패러다임을 의미한다. 이러한 변화는 전 세계적으로 다양한 형태로 나타나고 있다.

미국에서는 '코치 비즈니스 붐'이 일어나고 있다. Kajabi, Thinkific 등의 지식 커머스 플랫폼에서 2023년부터 2025년까지 코칭 비즈니스 분야의 매출이 연평균 40% 성장했으며, 개인 전문가들이 Substack,

Patreon 등을 통해 구독 기반 지식 비즈니스를 구축하는 사례가 급증했다. 특히 주목할 점은 전통적인 학위나 경력보다 개인의 독특한 관점과 체계화된 방법론을 브랜드화한 전문가들의 성공이다.

일본의 경우, '1인 지식재산 플랫폼화' 현상이 두드러진다. Note, STORES 등의 플랫폼에서 지식 노트, 온라인 강의를 판매하는 개인 전문가들이 새로운 지식 경제의 주역으로 부상했다. 특히 니치(틈새) 분야에서 깊이 있는 콘텐츠를 제공하는 전문가들의 '작지만 충성도 높은 팬덤'이 안정적인 수익 기반이 되고 있다.

인도에서는 '에듀테크 강사 파워 인플루언서' 현상이 폭발적으로 성장하고 있다. BYJU's, Unacademy 같은 에듀테크 플랫폼에서 활동하는 인기 강사들은 수백만 명의 팔로워를 보유한 인플루언서로 성장했으며, 이들의 개인 브랜드 가치는 플랫폼 자체의 성장에도 핵심 요소가 되었다.

한국에서도 '지식 크리에이터'라는 새로운 직업군이 등장했으며, 클래스101, 탈잉, 오마이스쿨 등의 플랫폼에서 개인 전문가의 브랜드 파워에 기반한 콘텐츠 소비가 증가하고 있다. 물론 김미경 유튜브 대학(MKYU)이나 브랜디움(BRANDIUM)처럼 자체 깅의 플랫폼을 만들어 지식을 서비스하는 것도 눈에 띄는 변화다.

(2) 지식 전달자에서 전문가 브랜드로의 진화

전문가 경제 시대에 강사는 체계화된 지식 IP를 가진 전문가 브랜드로 거듭나야 한다. 글로벌 트렌드가 보여주듯, 중요한 것은 '무엇을 아느냐'가 아니라 '어떻게 기억되느냐'다.

AI가 정보 접근성의 장벽을 완전히 허물어버린 시대에, 강사의 가치는 정보 자체가 아닌 정보를 둘러싼 맥락, 관점, 체계, 커뮤니티에서 찾아야 한다. 정보 전달자라는 정체성으로는 더 이상 경쟁력을 유지할 수 없다.

전 세계적으로 성공하는 강사들은 이미 자신을 하나의 지식 브랜드로 포지셔닝하고, 고유한 지식 IP를 중심으로 충성도 높은 커뮤니티를 구축하고 있다. 이제 한국의 강사들도 글로벌 전문가 경제의 흐름에 동참하여, 자신만의 브랜드화된 지식 생태계를 구축해 나가야 할 때다.

전문가 경제는 선택이 아닌 필수다. 이 변화에 적응하지 못하는 강사들은 점차 시장에서 설 자리를 잃게 될 것이다. 반면, 이러한 변화를 기회로 삼아 자신을 재발명하는 강사들은 그 어느 때보다 큰 영향력과 보상을 얻게 될 것이다.

1.2. 퍼스널 브랜딩 2.0이란 무엇이며, 기존 브랜딩과 어떻게 다른가?

(1) 퍼스널 브랜딩의 진화: 1.0에서 2.0으로

디지털 시대가 성숙기에 접어들면서, 퍼스널 브랜딩의 개념 역시 근본적인 변화를 겪고 있다. 기존의 퍼스널 브랜딩 1.0이 보여지는 이미지에 집중했다면, 퍼스널 브랜딩 2.0은 데이터 기반의 지속가능한 브랜드 생태계 구축에 초점을 맞춘다. 이러한 변화는 AI 기술의 발전, 디지털 플랫폼의 진화, 그리고 소비자 행동 패턴의 변화에 직접적인 영향을 받았다.

(2) 퍼스널 브랜딩 1.0 vs. 퍼스널 브랜딩 2.0

퍼스널 브랜딩 1.0은 한 마디로 이미지 중심의 정적인 브랜딩으로 다음과 같은 특징을 가지고 있다.

- 이미지 관리에 집중: 프로필 사진, 이력서, 포트폴리오 등 '보여지는' 요소 중심
- 플랫폼 의존적: LinkedIn, Instagram 등 특정 플랫폼 내에서의 존재감 구축
- 일방향 소통: 콘텐츠를 '발신'하는 데 중점을 둔 커뮤니케이션 방식
- 정적 브랜드 요소: 로고, 색상, 폰트 등 변하지 않는 브랜드 자산 구축
- 직관과 경험에 기반: 데이터보다 개인적 감각과 경험에 의존한 브랜드 의사결정

이러한 접근법은 초기 소셜 미디어 시대에 적합했으나, 데이터와

퍼스널 브랜딩 1.0 vs 2.0 비교표

항목	퍼스널 브랜딩 1.0	퍼스널 브랜딩 2.0
브랜딩 핵심	이미지 중심의 정적 브랜딩	시스템화된 브랜드 생태계
의사결정 방식	직관과 경험에 기반	데이터 기반 전략 수립
브랜드 구성 방식	고정된 요소(로고, 색상 등)	상호 연결된 브랜드 자산 생태계
콘텐츠 생산	수작업 중심, 감에 의존	AI 자동화 툴 활용한 콘텐츠 확산
플랫폼 활용	특정 플랫폼 의존(예: LinkedIn, Instagram)	멀티 플랫폼 기반 자산 포트폴리오 구축
소통방식	일방향적 발신 중심	피드백 기반, 맞춤형 커뮤니케이션
확장성	제한적(노력 대비 효율 낮음)	자동화 시스템 통한 고확장성
수익 연결	브랜딩과 수익 분리	브랜드 구축과 수익 모델의 통합
브랜드 자산 관리	정적인 관리	전략적 디지털 자산 관리 및 최적화

알고리즘이 지배하는 현재의 디지털 환경에서는 더 이상 충분하지 않게 되었다. 반면 퍼스널 브랜딩 2.0은 시스템화된 브랜드 생태계로 다음과 같은 혁신적 특징을 갖고 있다.

- 데이터 기반 의사결정: 감각이 아닌 측정 가능한 데이터에 기반한 브랜드 전략 수립
- 브랜드 시스템 구축: 단편적 요소가 아닌 상호 연결된 브랜드 자산의 생태계 설계
- 자동화된 브랜드 확산: AI와 자동화 도구를 활용한 일관된 브랜드 메시지의 확산
- 디지털 자산 포트폴리오: 다양한 형태와 플랫폼에 분산된 브

랜드 자산의 전략적 관리
- 수익 모델과의 통합: 브랜드 구축과 수익 창출 모델의 유기적 연결

(3) 브랜드에서 시스템으로

퍼스널 브랜딩 2.0은 이미지 관리 차원을 뛰어넘어 복잡하고 적응력 있는 브랜드 시스템을 구축하는 방향으로의 근본적인 패러다임 시프트를 의미한다. 이는 AI 시대에 강사와 전문가들이 지속적인 영향력과 수익을 창출하기 위한 필수적인 접근법이다.

전통적인 퍼스널 브랜딩이 '누가 당신인가?'에 집중했다면, 퍼스널 브랜딩 2.0은 '당신의 브랜드가 어떻게 작동하는가?'에 초점을 맞춘다. 스타일의 변화에 그치지 않고, 전략적 사고방식의 근본적인 혁신을 요구한다.

AI와 자동화가 많은 직업을 대체하는 시대에, 개인 전문가의 가치는 그들이 구축한 지식 생태계의 독창성, 일관성, 그리고 확장성에 의해 결정될 것이다. 퍼스널 브랜딩 2.0은 이러한 새로운 현실에 적응하고 번영하기 위한 체계적인 접근법을 제공한다.

전문가 경제 시대에 성공하는 강사와 전문가들은 이제 '인플루언서'에서 한 걸음 나아가 '시스템 설계자'가 되어야 한다. 이들은 자신의 지식과 영향력을 체계화하고, 자동화하고, 확장할 수 있는 브랜드 시스템을 구축함으로써, 변화하는 디지털 경제에서 지속적인 가

치를 창출할 수 있을 것이다.

1.3. 디지털평판 브랜딩은 강사에게 어떤 기회를 제공하는가?

(1) 디지털 평판: 보이지 않는 면접관

오늘날 강사의 경쟁력은 교수 능력을 넘어 디지털 세계에서의 평판에 크게 좌우된다. 첫 대면 이전에 이미 학습자들은 검색, 소셜 미디어, 리뷰, 추천을 통해 강사에 대한 인상을 형성한다. 이 디지털 첫인상은 종종 돌이킬 수 없는 판단의 기준이 되어, 향후 강의 기회와 수입에 직접적인 영향을 미친다.

최근 연구에 따르면, 예비 학습자의 83%가 강의 등록 전 강사의 온라인 정보를 검색하며, 78%는 디지털 평판이 강사 선택의 결정적 요소라고 응답했다. 특히 Edelman Trust Barometer(에델만 신뢰 지표)에 의하면 디지털 평판과 연결된 신뢰는 사회와 조직, 개인의 지속가능성을 좌우하는 핵심 자산이다.

이러한 현실은 디지털 평판 브랜딩이 선택이 아닌 필수 생존 전략이 되었음을 의미한다. 남이 만든 이미지가 곧 내 경력이 될 수 있는 시대에, 디지털 평판 브랜딩은 강사들에게 어떤 전략적 기회를 제공할까?

(2) 디지털 평판 브랜딩이 제공하는 5가지 핵심 기회

첫째, 첫 만남 이전의 영향력으로 신뢰의 선구축이 가능해진다. 디지털 평판 브랜딩의 가장 큰 기회는 물리적 만남 이전에 신뢰 관계를 구축할 수 있다는 점이다.

- 디지털 사전 자격 검증: 학습자가 강의실에 들어서기 전에 강사의 전문성, 교수법, 가치관을 평가할 수 있는 디지털 증거 제공
- 심리적 거리 단축: 콘텐츠를 통해 학습자가 강사의 사고방식, 커뮤니케이션 스타일에 미리 친숙해지도록 함
- 신뢰 가속화: 대면 교육 시작 시점에 이미 상당한 신뢰 관계가 형성되어 있어 학습 효과 증폭

마케팅 전문가 세스 고딘은 "디지털 평판은 당신이 없는 곳에서 당신에 대해 이야기되는 내용"이라고 정의했다. 강사는 이 정의를 더욱 적극적으로 재해석하여 "내가 없는 곳에서 내가 의도한 방식으로 이야기되도록 설계하는 것"으로 접근해야 한다.

둘째, 지리적 제약을 초월해 글로벌 강의 시장 접근이 가능해진다. 디지털 평판은 강사의 물리적 활동 반경을 넘어 영향력을 확장할 수 있는 기회를 제공한다.

- 국경 없는 전문성: 지역 기반 강사에서 글로벌 지식 제공자로의 변환 가능
- 틈새 시장 확보: 지역적으로는 수요가 제한적이지만 글로벌로

확장 시 충분한 규모를 갖는 전문 분야 개발
- 원격 강의 기회 창출: 강력한 디지털 평판을 바탕으로 물리적 이동 없이 전 세계 기관과 협업

예를 들어, 한국의 한 프로그래밍 강사는 깃허브와 기술 블로그를 통한 디지털 평판 구축에 집중한 결과, 실리콘밸리 스타트업의 원격 교육 컨설턴트로 초빙되는 성과를 얻었다.

셋째, 지식 자산의 화폐화로 수동적 수입(passive income) **창출이 가능해진다.** 전략적으로 구축된 디지털 평판은 강사에게 새로운 수익 모델을 제공한다.

- 콘텐츠 화폐화: 블로그, 유튜브, 팟캐스트 등을 통한 광고, 제휴 마케팅 수익
- 디지털 상품: 온라인 강의, e-book, 멤버십 등 확장 가능한 지식 상품 개발
- 프리미엄 가격 책정: 강력한 디지털 평판을 바탕으로 한 프리미엄 가격 전략 구사

디지털 평판을 활용한 수익 모델은 '시간 대 수입'의 전통적 관계에서 벗어나, 한 번 구축한 평판이 지속적인 수익으로 연결되는 레버리지 효과를 창출한다.

넷째, 선택권의 역전을 가져와 강사가 학습자를 선택하는

패러다임을 만들 수 있다. 강력한 디지털 평판은 강사와 학습자 관계의 역학을 근본적으로 변화시킨다.

- 공급과 수요 관계의 전환: '강의를 구하는 강사'에서 '강사를 기다리는 학습자' 구도로 전환
- 최적 학습자 선별: 강사의 교육 철학과 방법론에 가장 적합한 학습자를 선택할 수 있는 자유
- 의미 있는 프로젝트 우선권: 다수의 기회 중 가장 영향력 있고 보람 있는 교육 기회 선택

영국의 교육학자 딜런 윌리엄은 "강력한 디지털 평판을 가진 교육자는 더 이상 직업을 찾지 않는다. 대신 자신의 가치를 극대화할 수 있는 기회를 선택한다"라고 말했다.

다섯째, 기관 의존성을 탈피하며 권위의 자기 생성이 가능해진다. 전통적으로 강사의 권위는 소속 기관의 명성에 크게 의존했으나, 디지털 평판은 이 관계를 재정의한다.

- 독립적 권위 구축: 기관이 아닌 개인의 전문성과 평판에 기반한 권위 확립
- 개인 IP 개발: 자신만의 고유한 프레임워크, 방법론, 용어를 개발하고 소유
- 직접적 영향력: 중개자 없이 학습자와 직접 소통하고 영향을 미치는 채널 확보

디지털 시대의 가장 영향력 있는 교육자들은 제도권 내부가 아닌 경계에서 활동하며, 자신만의 교육 플랫폼을 구축해야 한다.

디지털 평판 브랜딩 전략: 기회를 현실로

디지털 평판 브랜딩은 강사에게 마케팅 도구가 아닌, 전문가로서의 생존과 번영을 위한 필수적인 전략이다. 디지털 시대에 자신의 온라인 평판을 적극적으로 관리하고, 긍정적이고 전문적인 이미지를 구축하는 강사만이 학생, 학부모, 동료, 사회로부터 진정한 신뢰를 얻고 교육적 영향력을 극대화할 수 있다. 디지털 평판 관리에 소극적이면, 남이 만든 이미지가 곧 내 경력이 될 수 있다.

전문가 경제 시대에 강사는 자신의 지식과 교수 능력뿐만 아니라, 그 가치를 증명하고 전달하는 디지털 평판 브랜딩에도 동등한 노력과 투자를 기울여야 한다. 이는 변화하는 교육 시장에서 자신의 자리를 확보하기 위한 필수적인 적응 전략이다.

향후 이러한 추세는 더욱 강화될 전망이다. 디지털 공간에서의 존재감과 평판이 물리적 역량보다 중요해지는 환경에서, 강사는 "내가 실제로 누구인가?"와 "내가 디지털 세계에서 어떻게 인식되는가?" 사이의 간극을 좁히는 데 집중해야 한다. 이것이 바로 디지털 평판 브랜딩의 본질이자, 그것이 제공하는 가장 큰 기회다.

1.4. 디지털카리스마를 위해 강사들은 어떻게 브랜드를 강화할 수 있는가?

(1) 디지털카리스마: 스크린 너머의 존재감

전통적인 카리스마가 물리적 공간에서의 에너지와 존재감에 의존했다면, 디지털카리스마는 화면을 통해 전달되는 매력과 영향력의 새로운 형태다. 디지털 환경에서 강사의 메시지가 경쟁적 정보의 홍수 속에서 돋보이고, 깊은 정서적 연결을 형성하며, 지속적인 영향력을 행사할 수 있는 능력은 이제 전략적 자산이 되었다.

디지털 상의 강사가 초집중을 불러일으키는
디지털 카리스마의 사례

(2) 디지털카리스마의 5가지 구성 요소

디지털카리스마는 다음 다섯 가지 핵심 요소의 전략적 조합으로 구성된다.

첫째. 진정성 아키텍처(authenticity architecture)**다.** 디지털 환경에서의 진정성은 자연스러움을 넘어 전략적으로 설계된 요소다. 디지털 환경에서 인지되는 진정성은 완전한 투명성이 아닌, "전략적으로 큐레이션된 자아 표현"에 더 가깝다. 디지털카리스마를 갖춘 강사는 이러한 진정성의 역설을 이해하고, 자신의 실제 정체성에 기반하면서도 전략적으로 설계된 디지털 페르소나를 구축한다.

예를 들면 유명 온라인 강사 A는 항상 "실패에서 배우는 성장"이라는 메시지를 일관되게 전달하며, 모든 영상에서 동일한 색상(네이비+오렌지)과 깔끔한 배경을 사용한다.

둘째, 인지적 권위(cognitive authority)**다.** 디지털 환경에서의 권위는 자격이나 경험을 넘어 구축된다. 디지털 시대의 가장 강력한 설득 요소는 정보 자체보다 그 정보를 해석하는 프레임워크다. 디지털카리스마가 있는 강사는 지식을 이해하고 적용하는 독창적인 렌즈를 제공한다. 일례로 마케팅 전문가 B는 "3C 고객여정 모델"이라는 자신만의 프레임워크를 개발하고, 항상 화이트보드와 마커를 활용한 손글씨 설명으로 차별화를 꾀한다.

셋째, 감정적 존재감(emotional presence)**이다.** 물리적 공간에서의 에너지와 달리, 디지털 환경에서의 감정적 존재감은 감정적 음조 설계, 미시적 표현의 활용, 상호감정 인식 능력과 같은 요소로 구축된다. 디지털 환경에서 감정 전달의 성공은 "표현의 크기가 아닌 미세한 신호의 정밀한 설계"에 달려 있다. 디지털카리스마가 있는 강사는 카메라, 마이크, 화면이라는 매개체를 통해서도 깊은 감정적 연결을 만들어내는 기술을 개발한다. 언어 강사 C는 학습자의 발음 실수를 다룰 때 "괜찮아요, 저도 처음엔 그랬어요."라며 따뜻한 미소와 함께 격려의 제스처를 사용한다.

넷째, 디지털 공간 장악력(digital space command)**이다.** 디지털 환경은 물리적 공간과 다른 규칙에 따라 작동하며, 이 공간을 장악하는 능력이 필요하다. 디지털 공간에서의 존재감은 물리적 공간과 마찬가지로 설계될 수 있지만, 그 규칙은 근본적으로 다르다. 디지털카리스마가 있는 강사는 이러한 새로운 환경의 문법을 마스터하고, 이를 자신의 브랜드 표현에 통합한다. 이를테면 IT 강사 D는 복잡한 코딩 개념을 설명할 때 화면을 3분할(얼굴, 코드, 결과)하고, 중요한 부분에 형광펜 효과와 확대 기능을 적극 활용한다.

다섯째, 전달적 명료함(communicative clarity)**이다.** 정보 과잉 시대에, 명료한 전달력은 그 자체로 강력한 카리스마 요소가 된다. 디지털 환경에서 주의 집중은 가장 희소한 자원이며, 이를 확보하는 능력이 현대적 카리스마의 핵심이다. 디지털카리스마가 있는 강사는 학습자의 주의력 경제에서 효과적으로 경쟁하는 전달 구조를 개발한다. 재정 상담사 E는 복잡한 투자 개념을 설명할 때 "3-2-1 투자 법칙"처럼 숫자로 구조화하고, 핵심 내용을 노란색 박스로 강조 표시하는 식으로 명료하게 전달한다.

전문가 경제(expert economy) 시대에 강사의 지식 자체는 AI와 무한한 정보 접근성으로 인해 차별화 요소로서의 가치가 감소하고 있다. 하지만 디지털카리스마는 강사와 학습자 사이의 감정적, 인지적 연결을 형성하는 대체 불가능한 자산이다.

위 5가지 요소를 체계적으로 개발하고 일관되게 적용하는 강사만이 화면 너머에서도 진정한 영향력을 발휘할 수 있다. 이는 타고난 재능이 아닌, 학습하고 훈련할 수 있는 전략적 기술이다.

(3) 디지털카리스마 – 설계 가능한 전략적 자산

디지털카리스마는 타고난 재능이나 운에 의존하지 않는다. 전문가 경제 시대에 강사의 생존과 번영을 좌우하는 이 핵심 자산은 체계적인 분석, 전략적 설계, 지속적인 최적화를 통해 구축될 수 있다.

디지털 환경에서의 진정한 영향력은 정보 전달 그 이상이다. 화면을 통해서도 감지되는 강력한 존재감과 연결감에서 비롯된다. 디지털카리스마를 통해 강사는 소음과 같은 무한한 정보의 바다에서 목소리를 높이고, 지속적인 관심과 신뢰를 구축할 수 있다.

디지털카리스마는 퍼스널 브랜딩 2.0과 디지털 평판 관리의 자연스러운 진화이자 완성이다. 지식 전달자가 영감을 주는 디지털 존재로 성장하는 과정은 AI와 자동화가 지식 전달의 많은 부분을 대체하는 시대에, 인간 강사만이 제공할 수 있는 고유한 가치의 핵심이다.

전문가 경제 시대의 승자는 많이 아는 사람보다는, 자신의 지식과 통찰을 디지털 환경에서도 강력한 감정적, 인지적 연결로 만들어낼 수 있는 사람이 될 것이다. 디지털카리스마는 이러한 연결의 설계도이자, 현대 강사의 필수적인 브랜드 자산이다.

1.5. AI 퍼스널 브랜딩이 강의 환경에서 필요한 이유는 무엇인가?

(1) AI 격변의 시대: 강의 환경의 근본적 변화

2025년 현재, 강의 환경은 인공지능의 급속한 발전으로 인해 역사적인 패러다임 전환을 경험하고 있다. ChatGPT, Claude, Gemini와 같은 대형 언어 모델(LLM)이 지식 전달의 본질적 측면을 대체하기 시작하면서, 강사의 전통적 역할은 근본적인 도전에 직면했다. 이러한 AI 격변의 시대에 AI 퍼스널 브랜딩은 마케팅 전략뿐만 아니라 강사의 생존과 번영을 위한 필수적인 프레임워크로 부상하고 있다.

(2) AI 퍼스널 브랜딩이 강의 환경에서 필요한 5가지 이유

첫째, 지식 상품화의 종말과 경험 경제로의 전환 때문이다. AI가 정보 접근의 징벽을 완전히 허물면서, 지식 전달은 더 이상

가치 있는 상품이 될 수 없게 되었다. 하버드 비즈니스 스쿨의 조셉 파인과 제임스 길모어가 '경험 경제(experience economy)'에서 예측했듯이, 오늘날 학습자들은 정보 그 자체보다 기억에 남는 학습 경험에 프리미엄을 지불할 의향이 있다고 한다. AI 퍼스널 브랜딩은 이러한 경험을 설계하고 강사의 고유한 접근법을 브랜드화하는 체계적인 방법론을 제공한다.

둘째, 진정성과 인간적 연결 가치가 희소화되었기 때문이다. AI가 정보 전달을 대체하면서, 인간 강사만이 제공할 수 있는 진정한 감정적 연결과 진정성은 새로운 희소 자원이 되었다. 옥스퍼드 대학의 연구에 따르면, AI와의 상호작용이 증가할수록 사람들은 역설적으로 진정한 인간적 연결에 더 높은 가치를 부여하게 된다. AI 퍼스널 브랜딩은 강사의 진정성과 인간적 특성을 전략적으로 증폭하고 일관되게 전달하는 시스템을 구축한다.

셋째, 지식 큐레이션과 맥락화의 중요성이 증대되었다. 정보 과잉 시대에, 관련 정보를 선별하고 맥락화하는 능력은 더욱 가치 있게 되었다. MIT 미디어랩의 연구자 니콜라스 네그로폰테는 "정보 풍요의 시대에는 주의력이 가장 희소한 자원이 된다."고 지적했다. AI 퍼스널 브랜딩은 강사가 이 희소한 주의력을 획득하고 유지하기 위한 전략적 프레임워크를 제공한다.

넷째, 학습자 여정의 통합적 설계가 필요해졌다. 디지털 시대의 학습 경험은 단일 강의나 코스를 넘어, 다양한 접점과 플랫폼에

걸친 통합된 여정이 되었다. 스탠포드 대학의 학습 과학자 테레시타 페레즈는 "효과적인 학습 경험은 고립된 순간들이 아닌, 유기적으로 연결된 여정으로 설계되어야 한다."고 강조한다. AI 퍼스널 브랜딩은 이러한 통합적 학습 여정을 설계하고 관리하는 프레임워크를 제공한다.

다섯째, AI 협업 능력으로 경쟁 우위화가 가능해졌다. AI를 경쟁자로 보는 대신, 이를 전략적 파트너로 활용하는 능력이 새로운 경쟁 우위가 되었다. 알토 대학의 AI 교육 연구에 따르면, "AI와 효과적으로 협업하는 교육자는 그렇지 않은 교육자보다 평균 4배 더 높은 학습 효과를 달성한다."라고 한다. AI 퍼스널 브랜딩은 이러한 AI 협업 능력을 강사의 고유한 브랜드 자산으로 개발하고 커뮤니케이션하는 방법론을 제공한다.

(3) AI 퍼스널 브랜딩 – 생존을 넘어 번영을 위한 필수 전략

AI가 지식 전달의 기본적 측면을 대체하는 시대에, 강사가 성장하고 번영하기 위해서는 AI 퍼스널 브랜딩이 필수다. 이는 디지털 시대의 교육자로서 자신의 고유한 가치를 재정의하고, 확장하고, 화폐화하는 총체적인 시스템이다.

앞으로 AI 기술이 더욱 발전하면서, 강사와 AI의 경계는 계속해서 재정의될 것이다. 이러한 환경에서 지속적으로 가치를 창출하고 영향력을 행사하기 위해서는, 강사 자신과 AI 사이의 관계를 적극적으로 설계하고 브랜드화하는 능력이 핵심 경쟁력이 될 것이다.

AI 시대의 성공적인 강사는 AI에 대항하는 사람이 아니라, AI와 함께 춤을 추는 법을 마스터한 사람이 될 것이다.

2. 'AI 퍼스널 브랜딩' 강의 시 주의사항 5가지

AI 퍼스널 브랜딩은 강사에게 강력한 기회를 제공하지만, 이를 가르치고 실행하는 과정에는 세심한 주의가 필요하다. 강사로서 AI 퍼스널 브랜딩을 가르칠 때, 기술적 접근이나 피상적인 마케팅 전략뿐만 아니라 학습자들에게 지속가능하고 윤리적인 브랜드 구축의 기반을 제공해야 한다. 다음은 AI 퍼스널 브랜딩 강의 시 반드시 고려해야 할 5가지 핵심 주의사항이다.

첫째, AI 도구는 수단이지 목적이 아님을 인지해야 한다.

AI 퍼스널 브랜딩을 가르칠 때 가장 흔한 함정은 AI 기술 자체에 지나치게 집중하여 브랜딩의 근본 목적을 간과하는 것이다. 최신 AI 도구의 기능과 사용법에만 집중하거나 브랜드 정체성과 핵심 가치에 대한 성찰 없이 AI 콘텐츠 생성에만 치중하거나 "AI가 모든 것을 해결해 줄 것"이라는 기술 만능주의적 메시지 전달은 피해야 한다.

둘째, 브랜드 메시지의 일관성을 유지해야 한다.

모든 콘텐츠는 동일한 정체성을 가져야 한다. AI 도구를 사용하면 다양한 스타일과 톤의 콘텐츠를 쉽게 생성할 수 있지만, 이로 인해 브랜드 메시지의 일관성이 훼손될 위험이 있다. 예를 들면 각기 다른 AI 모델이나 프롬프트로 생성된 콘텐츠 간의 스타일과 톤 불일치, 인간이 작성한 콘텐츠와 AI 생성 콘텐츠 사이의 뚜렷한 괴리, 플랫폼별로 완전히 다른 브랜드 페르소나 표현 등과 같다.

셋째, 지나친 기술 의존을 조심해야 한다.

AI는 효율성과 규모를 제공하지만, 인간적 통찰과 감정적 깊이가 없는 콘텐츠는 결국 청중과의 진정한 연결에 실패한다. 모든 콘텐츠 생성을 AI에 의존하는 습관 형성, 개인 경험, 감정, 사례가 결여된 기술적으로 완벽하지만 영혼 없는 콘텐츠, 인간 창작자의 검토와 편집 과정 생략을 주의해야 한다.

넷째, 프롬프트 사용법을 교육처럼 다뤄야 한다.

프롬프트 엔지니어링은 기술적 스킬이 아닌, 학습자의 전체 교육 경험을 향상시킬 수 있는 메타스킬로 접근해야 한다. 프롬프트를 AI에게 지시하는 기술적 도구로만 국한하여 가르치는 경우, 학습자가 프롬프트 작성 능력을 다른 영역에 전이하지 못하는 경우, 강사가 미리 만든 프롬프트만 제공하고 학습자가 직접 개빌하는 과정을 가르치지 않는 경우를 주의해야 한다.

다섯 째, AI와 '공존'하는 태도를 강조해야 한다.

AI를 위협이나 대체 도구로 프레임하는 대신, 인간 강사와 AI의 상호보완석 협업 관계를 강조해야 한다. AI를 "인간 노동을 대체하는" 도구로 묘사하거나 AI와 인간을 제로섬 경쟁 관계로 설정하거나 기술에 대한 지나친 두려움이나 반대로 맹목적 낙관론을 전파하지 않도록 주의한다.

균형 잡힌 AI 퍼스널 브랜딩 교육의 중요성

AI 퍼스널 브랜딩을 가르치는 강사로서, 우리의 책임은 기술적 도구의 사용법을 전달하는 것 이상이다. 학습자들이 AI의 힘을 활용하면서도 그들만의 진정성, 인간적 연결, 그리고 지속가능한 브랜드 가치를 구축할 수 있도록 안내해야 한다.

위 다섯 가지 주의사항을 염두에 두면서 AI 퍼스널 브랜딩을 가르칠 때, 우리는 학습자들에게 기술적 숙련도는 물론이고 진정한 디지털 시대의 지혜를 전달할 수 있을 것이다. 이는 AI와 인간 창의성의 경계가 계속해서 재정의되는 미래에 학습자들이 지속적으로 적응하고 번영할 수 있는 기반을 마련해 줄 것이다.

무엇보다, AI 퍼스널 브랜딩 강의는 기술과 인간성, 효율성과 진정성, 혁신과 지속가능성 사이의 균형을 찾는 여정이어야 한다. 이러한 균형 잡힌 접근법이야말로 AI 시대에 진정으로 차별화된 개인 브랜드를 구축하는 열쇠가 될 것이다.

3. 시사점

(1) 패러다임의 전환: 지식 전달자에서 브랜드 설계자로

　전문가 경제(expert economy) 시대가 본격화되면서 강사의 역할과 가치 창출 방식에 근본적인 변화가 일어나고 있다. 이는 트렌드라기보다는 교육 시장의 구조적 재편을 의미하며, 다음과 같은 핵심 시사점을 제시한다.

첫째, 강사는 곧 브랜드이며, 브랜드는 시스템으로 남는다.

　강사의 가치는 더 이상 개인의 지식이나 강의 능력에만 국한되지 않는다. 전문가 경제 시대에 진정한 가치는 개인의 전문성과 통찰을 체계화하고 확장 가능한 브랜드 시스템으로 발전시키는 능력에 있다. 앞으로 교육 시장에서의 성공은 개인의 카리스마나 강의 스킬보다는 얼마나 견고하고 확장 가능한 브랜드 시스템을 구축했는지에 달려 있을 것이다. 강사 개인은 은퇴하거나 다른 분야로 이동할 수 있지만, 잘 설계된 브랜드 시스템은 계속해서 가치를 창출할 것이다.

둘째, AI는 강사의 경쟁자가 아니라 브랜드 운영 파트너다.

　AI는 지식 전달이나 콘텐츠 생성 영역에서 인간 강사를 대체할 수 있지만, 이는 위협이 아닌 강사 브랜드의 확장과 진화를 위한 전략적 기회다. AI 기술이 더욱 발전함에 따라, 강사와 AI의 경계는 계속해서 재정의될 것이다. 성공적인 강사 브랜드는 AI의 효율성과 확장성을 활용하면서도, 인간 강사만의 고유한 가치(관점, 통찰, 공감, 영감)를 명확히 하는 하이브리드 모델을 발전시킬 것이다.

셋째, 지식 시장에서 살아남는 강사는 지식을 어떻게 전달하느냐보다, 어떻게 '설계'하느냐에 달려 있다.

정보 접근성이 보편화된 시대에, 일방적인 지식 전달은 더 이상 차별화 요소가 될 수 없다. 진정한 가치는 지식을 어떻게 구조화하고, 맥락화하고, 학습자의 상황에 맞게 설계하는가에 있다. 미래의 교육 시장에서는 강의 스킬이나 전문 지식보다 '메타 교육 설계 능력'이 가장 중요한 경쟁력이 될 것이다. 성공적인 강사는 자신의 전문 분야 지식뿐만 아니라, 학습 과학, 경험 설계, 데이터 분석 등 다양한 분야의 역량을 통합적으로 발휘할 수 있어야 한다.

넷째, 퍼스널 브랜딩 2.0은 선택이 아니라 생존 전략이다.

데이터 기반, 시스템화된 브랜드 구축에 초점을 맞춘 퍼스널 브랜딩 2.0은 더 이상 경쟁 우위를 위한 선택적 전략이 아닌, 전문가 경제 시대에 살아남기 위한 필수적인 생존 전략이다. 향후 교육 시장의 양극화가 심화될 것이다. 퍼스널 브랜딩 2.0을 효과적으로 구현한 소수의 강사들이 시장의 대부분을 차지하는 '슈퍼스타 경제(superstar economy)' 현상이 더욱 뚜렷해질 것이다. 반면, 전통적인 브랜딩에 의존하는 강사들은 점차 시장에서 도태될 위험이 있다.

다섯째, 브랜드 자산의 민주화와 새로운 가치 창출 기회는 동전의 양면화 양상을 보인다.

AI와 디지털 도구의 발전은 기존에 대형 기관이나 유명 강사만 가능했던 고품질 브랜드 자산 구축을 모든 강사에게 가능하게 만들었다. 이는 위협이자 기회다. 진입 장벽이 낮아지면서 교육 시장은 더욱 파편화되고 전문화될 것이다. 성공적인 강사는 '많은 사람에게 조금씩' 가치를 제공하는 대신, '적은 수의 충성도 높은 학습자에게 깊은 가치'를 제공하는 모델로 전환할 것이다.

(2) 교육자에서 지식 기업가로의 진화

전문가 경제 시대의 가장 큰 시사점은 강사의 정체성과 비즈니스 모델의 근본적인 재정의 필요성이다. 이제 강사는 교육자가 아니라 '지식 기업가(knowledge entrepreneur)'로 진화해야 한다. 전문가 경제 시대는 교육 시장의 근본적인 변화를 가져오고 있다. 이러한 변화는 기존 강사들에게는 도전일 수 있지만, 동시에 이전에는 불가능했던 가치 창출과 영향력 확장의 기회를 제공한다.

성공적인 강사는 이러한 변화를 두려워하거나 거부하기보다, 변화의 중심에 주도적으로 서서 새로운 패러다임에 맞는 브랜드와 비즈니스 모델을 구축해야 한다. AI와 디지털 기술은 위협이 아닌 강력한 도구이며, 이를 효과적으로 활용하는 상사민이 전문가 경제 시대의 승자가 될 것이다.

무엇보다, 강사는 자신의 역할을 학습자의 삶에 의미 있는 변화를 가져오는 변혁적 영향력을 지닌 '지식 기업가'로 재정의해야 한다. 이것이 전문가 경제 시대가 모든 강사에게 제시하는 가장 중요한 시사점이다.

4. 성찰 질문

1) 나는 지금 '전달자'인가, '설계자'인가?

2) 내 이름을 검색했을 때, 브랜드로서의 흔적이 남아 있는가?

3) 내 강의 콘텐츠는 AI로 대체될 수 있는가?

4) 나는 AI와 공존할 준비가 되어 있는가?

5) 나의 브랜드는 내가 없어도 살아남을 수 있는가?

▣ 참고문헌

· 안현숙, 박희경, 김형섭, 정은혜. 『1인 지식창업이 답이다!』 한국지식문화원, 2022.

· 조연심. 『AI 퍼스널브랜딩2.0 혁명: 감으로 하는 브랜딩은 끝났다』 힘찬북스, 2025.

· Agrawal, A. How to Find Success in the Knowledge Economy. Influencive. (2023).

- Doe, J. Creating Consistency and Authenticity in Your Online Reputation. OSF Preprints. (2024).
- Fitria, T. N. Lecturer's personal branding in the digital era: Building good reputation and positive image through social media. (2023).
- Jane Doe. The Digital Charisma Code: Mastering Virtual Influence. Inspirepreneur Magazine. (2024).
- Nieken, P. Charisma in the Gig Economy: The Impact of Digital Leadership and Communication Channels on Performance. The Leadership Quarterly. (2023).
- Peters, T. The Brand Called You. Fast Company. (1997).
- Reed, B., & Atwell, M. The Expert Economy. Civic Enterprises. (2018).
- Schawbel, D. Me 2.0: Build a Powerful Brand to Achieve Career Success. Kaplan Publishing. (2009).

02

AI와 디지털 대전환 시대, 강사가 준비해야 할 SNS 전략

들은 것은 잊어버리고, 본 것은 기억하고, 직접 해본 것은 이해한다.

- 공자 -

정진수
(감성컴퍼니 대표)

- 감성컴퍼니 대표
- 뉴질랜드교육진흥청 자문위원
- 전) 한국관광공사 자문위원
- 전) 창원문성대 겸임교수
- 기업교육 강사 12년차
- 저서 『1등은 당신처럼 SNS하지 않는다』, 『인스타그램 마케팅 잘하는 사람은 이렇게 합니다』 등 13권 집필(2016년 대한민국 최초로 인스타그램 마케팅 도서 집필)

해시태그

#강사브랜딩 #SNS플랫폼전략 #SNS강의트렌드
#SNS시장변화 #강사섭외트렌드

핵심질문

1. SNS 강의 시장은 어떻게 진화해왔으며, 지금의 변화는 무엇을 의미하는가?
2. 2026년, 생성형 AI와 디지털 환경의 전환 속에서 SNS 강의 시장은 어떤 방향으로 재편되는가?
3. 강사는 어떻게 디지털 트렌드를 강의 기회로 연결할 수 있을까?
4. 강사 브랜딩과 콘텐츠 전략에 있어 각 SNS 플랫폼은 어떤 기준으로 선택하고 활용해야 하는가?
5. 앞으로 강사가 경쟁력을 유지하기 위해 반드시 갖춰야 할 역량은 무엇인가?

AI와 디지털 대전환 시대, 강사가 준비해야 할 SNS 전략

선택받는 강사의 조건, 무엇이 달라졌는가?

변화의 속도가 점점 빨라지는 시대, 강의 시장도 예외는 아니다. 전통적인 오프라인 교육시장과 코로나를 겪으면서 온라인 교육*(이러닝)* 시장이 크게 증가했다. 과거 강사 섭외는 인맥과 추천 중심의 방식이 주를 이뤘지만, 디지털 환경의 확산과 함께 이 방식은 빠르게 변화했다. 2009년 스마트폰의 보급은 인터넷 사용 방식을 데스크톱 중심에서 모바일 중심으로 전환시켰고, 이 변화는 강사 시장에도 큰 전환점을 가져왔다.

   SNS와 디지털 기술의 발전은 강사의 경쟁력을 '강의 실력'에만 국한되지 않는다. 이제는 얼마나 효과적으로 자신을 알리고 브랜드를 구축하느냐가 선택의 핵심 요소가 되었다. 기업과 기관은 더 이상 강사를 소개서나 이력서만으로 평가하지 않으며, 온라인에서의 활동과 콘텐츠가 중요한 판단 기준으로 작용한다.

　강사는 이제 강의 포트폴리오를 체계적으로 관리하고 브랜드를 강화하기 위한 마케팅 전략으로 활용해야 한다. 강의를 널리 알리기 위한 마케팅 기법 역시 필수다. 콘텐츠 마케팅, 퍼스널 브랜딩, SEO(검색엔진 최적화), SNS 광고, 커뮤니티 네트워크 활용 등 다양한 전략을 통해 자신을 효과적으로 알리고, 선택을 받을 수 있도록 경쟁력을 갖춰야 한다. 강의 역량뿐 아니라, 이를 어떻게 보여주고 차별화할 수 있는지가 경쟁력의 핵심이 되었으며, 기업과 기관이 선택하거나 요구하는 기준 역시 계속 높아지고 있다.

　어떤 기준으로 강사를 선택하는지, 신뢰받는 강사가 되기 위해 어떤 노력이 필요한지를 명확히 이해한다면 더 많은 섭외 기회를 얻는 것은 물론, 강의료 협상에서도 유리한 위치를 점할 수 있다. 특히 강사가 제공하는 콘텐츠의 신뢰도와 실제 강의에서 전달하는 가치가 사전에 충분히 확인된다면, 이는 기업과 기관의 강사 섭외에 대한 의사 결정에 결정적인 영향을 미칠 수밖에 없다. 이제 강사라는 직업은 개인 브랜드를 구축하고 시장에서 '선택 받는 존재'가 되어야 한다.

　이 책을 통해 강사들이 강의 시장에서 경쟁력을 갖추고, 자신만의 브랜드를 구축하며, 꾸준히 섭외 받을 수 있는 전략을 마련하는 데 도움이 되기를 바란다.

1. 디지털 대전환시대, SNS 강의 시장의 지형이 달라진다

1.1. SNS 강의 시장의 진화: 어디서 시작되어 어디로 가는가?

SNS 강의 시장은 지난 15년간 디지털 환경과 콘텐츠 소비 방식의 변화에 따라 꾸준히 진화해왔다. SNS 강의 시장의 시작은 2010년대 초반, 스마트폰의 대중화와 함께 본격적으로 열리기 시작했다. 2009년 아이폰 3GS가 국내에 출시되면서 모바일 인터넷 환경이 급속히 확산되었고, 사람들은 언제 어디서나 콘텐츠를 소비하고 제작할 수 있는 시대를 맞았다.

2010년대 초반, 네이버 블로그를 중심으로 한 1세대 SNS 강의가 등장했다. 한국인터넷진흥원(KISA)에 따르면 2010년 기준 블로그 이용률은 전체 인터넷 이용자의 약 40%에 달했다. 이 시기 강의는 '블로그 최적화', '블로그 상위노출', '방문자 수 늘리기', '검색 노출 전략'을 중심으로 이루어졌으며, 글을 통해 검색 엔진 상위에 노출되어 방문자를 확보하고, 이를 통해 브랜드 홍보 및 제품 판매로 연결하는 방법이 핵심 주제였다. 블로그 운영에 필요한 콘텐츠 작성, 키워드 설계, 방문자 분석은 포스팅 작성을 넘어, 방문자를 늘리고 홍보 효과를 극대화하며 수익으로 연결하기 위한 필수 전략이 되었다.

2012년을 기점으로 인스타그램과 페이스북이 본격적으로 확산되면서, SNS 강의 시장은 새로운 분기점을 맞이했다. 메타코리아 자료에 따르면 2014년 국내 인스타그램 사용자 수는 400만 명을 돌파했다. 이에 따라 강의 주제도 자연스럽게 '인스타그램 브랜딩', '페이스북 페이지 운영'으로 확대되었고, 해시태그 최적화, 팔로워 증가 전략, 콘텐츠 확산을 통한 유입 트래픽 증대 방법이 주요 흐름을 이루었다.

이 시기를 전후로 대한민국 전체는 SNS를 중심으로 한 뉴미디어 환경으로 빠르게 이동하기 시작했다. 과거 신문, 방송 등 전통 미디어에 의존하던 소비자들의 정보 습득 경로가 점차 디지털 플랫폼으로 옮겨갔고, 기업과 개인 모두 SNS를 핵심 채널로 삼아 마케팅을 전개하는 흐름이 본격화되었다. SNS는 소통을 넘어, 브랜드 인지도 향상과 소비자 행동을 이끌어내는 강력한 마케팅 플랫폼으로 자리 잡게 되었다.

특히 이 변화는 민간 기업뿐 아니라 공기업, 지자체, 정부 기관 등 공공 부문에도 빠르게 확산되었다. 기존에는 일방향적 보도자료나 광고를 통한 홍보가 주를 이뤘지만, SNS의 확산과 함께 공공 기관들도 국민과 직접 소통하고 참여를 유도하는 쌍방향 커뮤니케이션 전략을 적극적으로 도입하기 시작했다. 사기업은 SNS를 활용한 브랜드 스토리텔링과 고객 경험 개선에 집중했으며, 지자체는 지역 축제, 정책 홍보, 민원 소통 등을 SNS 채널을 통해 적극적으로 진행하며 기존 홍보 방식을 디지털 중심으로 전환해 나갔다.

이러한 전반적인 변화 흐름 속에서 SNS에 대한 사회적 관심과 수요가 급격히 증가했고, 이에 따라 SNS 활용법을 체계적으로 배우려는 개인과 기업이 늘어나면서 SNS 강의 시장 역시 함께 빠르게 성장하기 시작했다.

2015년부터 SNS 마케팅의 지속적인 성장과 더불어, 강의 시장에서도 콘텐츠 중심의 흐름이 본격화되기 시작했다. 기존에는 SNS 채널 운영에 초점을 맞췄던 강의들이 점차 콘텐츠 제작 중심으로 재편되면서, 강의 주제와 방향성에도 새로운 변화의 바람이 불었다.

이러한 흐름 속에서 짧고 명확한 메시지를 이미지로 구성해 스토리텔링하는 카드뉴스는 모바일 환경에 최적화된 콘텐츠 형식으로 각광받았고, '카드뉴스 제작법', '스토리텔링 콘텐츠 기획' 등을 주제로 한 강의도 활발히 개설되었다.

강사들은 카드뉴스를 비롯한 콘텐츠 제작 기법을 중심으로, SNS 알고리즘에 최적화된 노출 전략과 콘텐츠 공유를 통한 자연스러운 바이럴 유입 방법 등을 실전적으로 교육했다. 팔로워 확보, 광고 운영, 이미지 보정, 콘텐츠 편집, 카드뉴스 제작, 수익화 전략 등 다양한 주제를 아우르며 강의의 범위는 점차 확대되고 실용성도 강화되었다.

2017년 이후, 유튜브가 강력한 플랫폼으로 자리 잡으며 SNS 강의 시장은 다시 한 번 대변화를 맞는다. 구글 트렌드에 따르면 2017

년을 전후로 '유튜브 마케팅' 키워드 검색량이 급증했고, 한국콘텐츠진흥원(2018) 보고서에서도 유튜브가 '가장 영향력 있는 콘텐츠 플랫폼'으로 선정되었다. 이에 따라 강의는 '유튜브 채널 운영법', '1인 크리에이터 전략', '영상 기획과 편집 실습' 등으로 전문화되었다. 유튜브 알고리즘을 분석해 추천 노출을 늘리고, 구독자 확보 전략과 영상 기반 수익화(광고, 협찬, 유료 콘텐츠 제작) 방법이 주요 강의 주제로 자리 잡았다.

 2020년을 전후해 TikTok을 중심으로 숏폼 콘텐츠가 급부상하며, 강의 시장은 또 한 번 큰 변화를 맞이했다. 이후 2021년도부터 본격적으로 인스타그램 릴스와 유튜브 쇼츠 등 주요 플랫폼에서도 숏폼 기능이 본격적으로 도입되면서, 콘텐츠 제작 교육 역시 '15초 안에 매력을 끌어내는 법', '숏폼 영상 기획 및 촬영, 편집', '짧은 영상으로 팔로워 늘리기', '숏폼을 통한 브랜드 확장과 수익화 전략' 등으로 빠르게 변화해갔다.

 2023년 이후, 생성형 AI 기술의 확산은 SNS 강의 시장에 또 다른 변곡점을 가져왔다. 한국정보화진흥원(NIA)에 따르면 2023년 기준 국내 생성형 AI 서비스 이용 경험률은 35%를 넘어섰다. AI를 활용해 콘텐츠 아이디어를 확장하고, 강의 자료와 콘텐츠를 빠르게 제작하며, 다양한 채널에 맞춘 맞춤형 콘텐츠를 생산하는 전략이 주목받기 시작했다.

 'AI 기반 콘텐츠 기획', 'AI 활용법', 'AI 도구를 통한 브랜딩 확장',

'AI 저작권', 'AI 활용 콘텐츠 자동화', 'AI 이미지·영상 편집 도구 활용' 등 다양한 주제가 실무 중심으로 강의 현장에서 활발히 요청되고 있으며, 이는 상위 노출이나 방문자 확보를 넘어, 콘텐츠의 정교함과 시장 대응 속도를 강화하는 방향으로 변화하고 있음을 보여 준다.

SNS 강의 시장은 기술 진보와 콘텐츠 소비 방식의 변화에 따라 끊임없이 재편되고 있다. 과거에는 운영법 중심의 교육이 주를 이뤘지만, 이제는 상위 노출 전략, 방문자 확보, 수익화 모델, 저작권 및 활용까지 아우르는 통합적 역량이 요구된다. 특히 생성형 AI의 등장은 콘텐츠 기획과 제작 방식을 근본적으로 변화시켰으며, AI는 앞으로 반드시 활용해야 할 필수 도구가 되고 있다. 이 흐름은 멈추

구분	시장 규모 특징	강의 주제 흐름	주요 플랫폼
2010~2012	초창기 (소규모)	블로그 최적화, 방문자 수 늘리기	블로그
2013~2015	성장기 (SNS 대중화)	이미지 기반 SNS 운영, 팔로워 늘리기, 광고 전략	인스타그램, 페이스북
2016~2017	본격 확장기	카드뉴스 제작, 이미지 보정, 스토리텔링	인스타그램, 페이스북
2018~2019	영상 강의 대세화	유튜브 채널 운영, 영상 기획 및 제작	유튜브(롱폼)
2020~2022	숏폼 시장 급성장	숏폼 조회수 늘리기, 숏폼 기획 및 제작	틱톡, 릴스, 숏츠
2023~현재	생성형 AI 기반 강의 등장	AI 활용 콘텐츠 기획 및 운영방법	생성형 AI (ChatGPT 등)

지 않고 더욱 가속화될 것이며, SNS 강의 시장은 지속적으로 진화해나갈 것이다.

1.2. 2026년, 새로운 교육 수요를 이끄는 SNS 강의의 전환점

2026년을 앞두고 SNS 강의 시장은 생성형 AI와의 융합을 통해 새로운 변화를 맞이하고 있다. 과거에는 사진과 영상을 '어떻게 올릴 것인가'를 중심으로 한 콘텐츠 제작법이 강의의 주류를 이뤘다면, 이제는 AI를 활용한 콘텐츠 기획, 자동 생성, 트렌드 대응, 성과 분석까지 포괄하는 통합 전략 중심의 강의가 새로운 흐름으로 자리 잡고 있다.

생성형 AI는 콘텐츠 아이디어 발굴, 이미지·영상 자동 생성, 개인 맞춤형 메시지 설계 등 다양한 영역에서 활용 범위를 넓히고 있다. 이에 따라 SNS 강의 역시 사용법 전달을 넘어, "어떻게 빠르고 효율적으로 콘텐츠를 생산하고 운영할 것인가"를 핵심 주제로 삼고 있다. 실시간 데이터 분석, 시장 트렌드 예측, 캠페인 최적화 등의 기술이 포함된 고급 강의 수요가 빠르게 증가하고 있으며, SNS 채널 운영을 넘어 AI와 데이터를 기반으로 한 시장 대응 능력이 중요한 교육 주제로 부상하고 있다.

(1) 2026년도 SNS 플랫폼별 강의 수요는?

유튜브 강의는 여전히 강력한 수요를 유지하겠지만, 기존의 롱폼 영상 제작법 전달에서 벗어나 숏폼 콘텐츠인 쇼츠 중심의 제작 전략과, AI로 생성된 스크립트·자막·썸네일을 실시간으로 활용하는 방법 등에 대한 실전 교육이 주류가 될 것이다. 영상 편집 도구보다는 콘텐츠 구조 설계와 알고리즘 대응 전략이 핵심 역량으로 떠오르고 있다.

인스타그램 관련 강의는 과거의 릴스 제작법이나 계정 브랜딩 중심에서, AI 이미지 생성 도구 및 릴스 자동화 툴을 활용한 콘텐츠 제작 교육으로 빠르게 전환되고 있다. 특히 챗봇이나 AI 음성 기술을 활용한 릴스 콘텐츠의 기획·제작·배포 전략이 주요 교육 주제로 부상하고 있으며, 이를 통한 콘텐츠에 노출과 브랜딩 등 실무 중심의 구성으로 강의가 진화하고 있다.

틱톡은 MZ세대 기반의 숏폼 콘텐츠 제작 교육에서는 여전히 활용되지만, SNS 강의 시장 전체로 볼 때에는 활용성이 특정 업종에 국한된다는 한계가 있다. 패션, 뷰티, 이커머스 등 일부 산업 분야에서는 효과적일 수 있으나, 공공기관이나 일반 기업 대상 강의에서는 범용성과 실용성 측면에서 상대적으로 매력도가 떨어질 수 있다. 이에 따라 틱톡 강의는 특정 업종 타깃형 강의콘텐츠로 자리잡을 가능성이 높다.

쓰레드(Threads)는 텍스트 기반 커뮤니케이션이라는 특성을 살려,

소상공인 대상의 캐주얼한 SNS 운영 교육에서는 일정한 수요가 발생할 수 있지만, 현재로서는 대기업이나 공공기관 대상의 교육에서는 활용 폭이 제한적일 수 있다. 다만, 브랜드와의 긴밀한 소통, 실시간 피드백 등 관계 구축 전략을 다루는 보조 강의용 콘텐츠로 활용될 여지는 존재한다.

오랜 시간 강의 시장에서 활용되어 온 네이버 블로그는 2026년에도 여전히 안정적인 수요를 이어갈 전망이다. 검색 기반 SNS로서 특히 공공기관이나 기업 대상 강의에서 입지를 유지할 것으로 보이며, AI 툴을 활용한 SEO 최적화 글 작성법, 이미지 자동 생성, 콘텐츠 구조화 전략 등과 결합된 실무 중심 강의가 지속적으로 확

플랫폼	2026년 강의 수요 전망	강의 핵심 주제
유튜브	숏폼 콘텐츠(쇼츠) 및 AI 기반 콘텐츠 제작 및 전략 중심	쇼츠 중심 콘텐츠 구조 설계, AI활용 콘텐츠 기획 및 제작, 유튜브 알고리즘 대응 전략
인스타그램	AI 이미지 생성 및 릴스 콘텐츠 기획 및 제작 교육 중심	챗봇·AI 콘텐츠 기획 및 제작, 릴스를 통한 콘텐츠 확산
틱톡	특정 업종(패션, 뷰티, 이커머스)에서 활용, 범용성은 낮음	숏폼 콘텐츠 제작법, 업종 특화 콘텐츠 구성
쓰레드	소상공인을 대상으로 한 SNS 운영 교육에는 가능성 있음	텍스트 기반 커뮤니케이션, 관계 구축 전략
블로그	공공기관/지자체 대상 검색 기반 강의, AI 기반 SEO 콘텐츠 강의	AI 활용 SEO 최적화 글쓰기, 이미지 자동 생성, 콘텐츠 구조화

대될 것이다.

(2) 기업 및 기관에서 활용하는 AI와 SNS는?

SNS 강의를 수강하거나 기획하는 주요 수요층인 공공기관, 기업, 개인 창작자들 역시 AI와 SNS를 활용한 방식의 고도화를 적극 추진하고 있다.

공공기관은 주요 정책 키워드를 중심으로 AI가 콘텐츠를 자동 생성하고 시민 반응을 분석해 맞춤형 전략을 수립하는 흐름을 본격화하고 있다. 위기 대응 커뮤니케이션, 지역 홍보 등에서도 AI 기반 전략의 도입이 본격적으로 확대되고 있다.

기업은 초개인화 마케팅 전략을 기반으로, 고객 데이터를 분석해 맞춤형 콘텐츠를 제공하고, AI가 추천하는 최적의 타이밍에 콘텐츠를 노출하는 구조를 갖춰가고 있다. 이에 따라 SNS 담당자 재교육이나 AI 콘텐츠 전문가 채용이 늘고 있으며, 조직 내부에서 SNS, 콘텐츠, 데이터 분석을 통합 관리하려는 흐름이 강해지고 있다.

개인 창작자나 프리랜서들은 AI를 활용해 콘텐츠 기획과 제작 속도를 높이고 있으며, 멀티채널 운영에 최적화된 콘텐츠를 생성하고 배포하는 전략을 구사함으로써 생존력과 확장성을 함께 추구하고 있다.

또한 AI 생성 콘텐츠가 증가함에 따라, 저작권과 관련된 문제도 중요한 이슈로 대두되고 있다. 생성형 AI가 만들어낸 텍스트, 이미지, 영상의 저작권 귀속 여부에 대한 논의가 활발히 진행되고 있으며, 이러한 흐름은 강의 주제에도 영향을 미치고 있다. 'AI 콘텐츠 저작권 관리법', 'AI 창작물의 라이선싱 전략' 같은 실무 강의 주제들이 점차 포함되며, 공공기관 및 기업의 리스크 대응 전략, 개인 창작자의 콘텐츠 활용 기준 마련 등에 실질적인 도움을 줄 수 있는 교육이 강화될 것으로 예상된다.

2026년의 SNS 강의 분야는 큰 흐름으로 AI 기술 기반 콘텐츠 제작, 전략과 실행-성과-측정 전 과정을 포괄하는 통합 강의 구조로 재편될 것이다. 플랫폼별 특성과 기술 흐름에 민감하게 반응하고, 자신의 커리큘럼을 지속적으로 진화시킬 수 있는 강사의 전문성과 적응력이 앞으로의 SNS 강의 분야에서 가장 중요한 경쟁력이 될 것이다.

1.3. 글로벌 트렌드 읽기: 미국, 유럽, 아시아 주요 SNS 시장의 변화

팬데믹 이후 전 세계는 디지털 커뮤니케이션의 구조적 전환을 경험했다. 그 중심에는 소셜미디어의 급격한 확산과 일상화가 있었고, 2025년을 전후로 SNS 사용 방식과 콘텐츠 소비 패턴에도 뚜렷한 변화가 나타나고 있다. 이제 SNS는 개인의 정보 탐색, 정체성 표현, 브랜드 접촉, 사회적 행동까지 포괄하는 '일상 인프라'로 자리 잡았다.

특히 글로벌 SNS 이용 행태는 지역에 따라 서로 다른 특성과 방향성을 드러내고 있으며, 이는 향후 콘텐츠 전략 및 플랫폼 진화에도 결정적인 영향을 미칠 것으로 보인다.

(1) 북미: '콘텐츠 생산 주체'로서의 이용자 확대

Hootsuite의 2025년 Social Trends Report에 따르면, 북미 사용자 중 63%가 브랜드를 처음 접하는 경로로 SNS를 꼽았으며, SNS가 검색보다 빠르게 주요 정보 탐색 도구로 자리 잡고 있는 것으로 나타났다. 이처럼 북미 지역은 SNS 플랫폼의 기능 변화와 창작 환경에서 가장 빠르게 반응하고 있는 시장 중 하나다. 미국과 캐나다를 포함한 북미는 Meta, TikTok, YouTube Shorts, X(구 트위터) 등 주요 플랫폼의 핵심 실험 무대이며, Z세대와 밀레니얼 세대를 중심으로 AI 기반 숏폼 콘텐츠 창작이 활발하게 이뤄지고 있다. 특히 이들은 브랜드나 일상 경험을 능동적으로 콘텐츠화하고 확산시키며, 소비자가 아닌 '콘텐츠 생산 주체'로 자리매김하고 있다.

(2) 유럽: 신뢰 기반 콘텐츠와 사회적 책임 의식 강화

Deloitte의 Digital Media Trends Survey에 따르면, 유럽 사용자들은 콘텐츠 신뢰도와 사회적 책임을 SNS 사용의 주요 가치로 인식하고 있으며, 이는 특히 인플루언서 마케팅의 방향성과 플랫폼 내 알고리즘 정책에 큰 영향을 미치고 있다. 독일, 프랑스, 스웨덴

등을 중심으로 유럽 SNS 이용자들은 정치·환경·인권 등의 공공적 가치를 중시하는 경향이 두드러지며, 사용자 제작 콘텐츠(UGC)에 대한 신뢰도가 매우 높다. 2025년 유럽 사용자 조사에 따르면, 광고형 콘텐츠보다 실사용자 기반의 경험 공유 콘텐츠에 더 신뢰를 보내는 비율이 72%에 달한다.

또한 EU의 디지털서비스법(DSA) 시행 이후, 플랫폼 운영자들은 알고리즘의 투명성 확보와 사용자 보호 장치 마련을 법적으로 요구받고 있으며, 이에 따라 콘텐츠 전략도 자극보다는 투명성과 진정성을 기반으로 설계되는 방향으로 재편되고 있다.

(3) 동남아: 모바일 중심·숏폼 기반의 고속 성장

We Are Social과 Meltwater(2024)의 글로벌 디지털 리포트에 따르면, 동남아시아는 전 세계에서 가장 높은 SNS 활동성을 보이는 지역 중 하나이다. 예컨대 필리핀은 하루 평균 3시간 33분, 인도네시아는 3시간 8분, 말레이시아는 2시간 47분, 태국은 2시간 29분 등으로 북미 평균보다 약 1.3배 긴 SNS 사용 시간을 기록하고 있다. 이 지역은 모바일 중심의 이용 환경과 젊은 사용자층을 바탕으로, 틱톡과 릴스 같은 숏폼 영상 플랫폼이 10~30대 사이에서 강력한 입지를 구축하고 있다. 특히 소셜 커머스가 일상화되어, 쇼핑·추천·리뷰·라이브 판매 기능이 SNS 내에서 통합적으로 이루어지는 콘텐츠 구조가 빠르게 확산되고 있다.

(4) 일본·중국: 폐쇄형 네트워크와 커뮤니티 기반 SNS 선호

We Are Social과 Meltwater의 2024 Global Digital Report에 따르면, 일본은 여전히 X(구 트위터)가 가장 높은 점유율을 보이는 대표적인 국가 중 하나다. 일본 내 X 사용자 수는 약 7,340만 명으로, 전체 인구 대비 66.1%, 인터넷 사용자 기준으로는 70.3%에 달하며, 이는 일본 특유의 익명성과 폐쇄적 커뮤니케이션을 중시하는 디지털 문화가 반영된 결과라 볼 수 있다.

반면, Z세대를 중심으로는 시각 중심의 콘텐츠 플랫폼으로 이동하는 흐름도 빠르게 나타나고 있다. 같은 보고서에 따르면, 인스타그램은 2025년 기준 13세 이상 인구의 45.1%, 전체 인터넷 사용자 기준 49.9%가 사용하는 등 틱톡과 함께 사용 비율이 가파르게 증가하고 있다. 특히 몰입감 높은 숏폼 콘텐츠와 셀프 브랜딩 요소가 결합되며, 젊은 세대일수록 폐쇄적 SNS에서 개방적 콘텐츠 기반 플랫폼으로의 이동이 더욱 뚜렷해지고 있다.

중국은 WeChat, Xiaohongshu(小红书), Bilibili 등 자국 플랫폼 생태계를 중심으로, 글로벌 SNS 플랫폼과는 전혀 다른 독자적인 흐름 속에서 SNS 시장을 성장시키고 있다. 특히 Xiaohongshu는 후기 기반의 신뢰 콘텐츠로 20~30대 여성 사용자층에게 폭넓은 지지를 받고 있으며, 상품 후기, 여행 기록, 일상 공유가 결합된 콘텐츠 구조를 통해 트렌드를 주도하고 있다. MarketingToChina(2024)에 따르면, Xiaohongshu의 월간 활성 이용자 수(MAU)는 약 3억 명에 달하며, 전체 사용자 중 18~34세 비율이 80% 이상, 여성 사용자 비중은 무려 90%에 이른다. 이는 후기 중심의 큐레이션 콘텐츠와 높은 몰입도를 가진 플랫폼 구조가 특정 타깃층과 강하게 결합되었음을 보여주는 대표적인 사례이다. 중국의 SNS 플랫폼은 정부 규제와 자체 알고리즘 큐레이션이 결합되며, 글로벌 SNS와는 달리 폐쇄적이면서도 고도화된 콘텐츠 소비 환경을 구축하고 있다.

　이러한 상황들을 고려했을 때, 국내에서 글로벌 SNS강의 및 콘텐츠 전략 수립에 있어서는 '범용성'보다 지역 맞춤형 접근법과 문화적 이해가 핵심 변수가 되어야 함을 시사한다. 또한 SNS는 이제 기술이 아니라, 사회와 문화를 읽는 창구로서의 가치를 지닌다는 것을 의미한다.

2. 새로운 시대, 강사의 전략은 어떻게 달라져야 하는가

2.1. 강사 섭외의 공식이 바뀐다: 패러다임의 변화

　디지털 시대가 본격화되면서, SNS는 강사가 자신의 전문성과 강의 스타일을 효과적으로 알릴 수 있는 가장 중요한 도구로 자리 잡았다. 과거에는 강사로서의 역량이 입소문이나 기존 인맥 네트워크를 통해 검증되었다. 하지만 이제는 온라인에서 어떤 콘텐츠를 제공하고, 얼마나 많은 사람들과 신뢰를 구축하고 있는지가 강사의 평가 기준이 되고 있다.

기업과 기관의 교육 담당자들은 강사 섭외 과정에서 가장 먼저 인터넷 검색을 활용한다. 강사의 이름을 검색해 관련 자료를 확인하는 것은 이제 기본 절차가 되었다. 특히 강사가 운영하는 블로그, 유튜브 채널, 인스타그램 등 SNS 플랫폼을 꼼꼼히 살펴보며, 강의 스타일, 전문성, 커리큘럼의 방향성까지 사전 검토하는 과정이 당연한 흐름이 되었다.

특히 SNS 활동은 강사가 하나의 브랜드로 성장할 수 있도록 돕는다. 강의 콘텐츠, 현장 분위기, 개인 브랜딩 요소가 모두 유기적으로 결합되어 '보여지는 신뢰'를 만들어내는 것이다. 강사는 오프라인에서의 강의뿐만 아니라 온라인 공간에서 자신의 전문성과 차별성을 적극적으로 보여주는 브랜딩 전략을 구축해야 한다.

SNS를 통해 강사의 강의 스타일과 콘텐츠가 지속적으로 공개되면, 강사 섭외 시장도 자연스럽게 폐쇄적 네트워크 중심에서 벗어나게 된다. 기존처럼 소수 인맥에 의해 강사가 선택되는 구조가 아니라, 보다 개방적이고 투명한 시장에서 실질적 역량을 가진 강사가 주목받는 구조로 변화하고 있다.

이제 강사는 기업의 선택을 기다리는 것이 아니라, 스스로 선택 받을 수 있는 환경을 만들어야 하는 시대에 서 있다. 강사는 SNS를 통해 자신의 강점과 강의 가치를 명확하게 드러내야 하며, 수많은 강사들 사이에서 차별화된 인지도를 확보해야 한다. 그 과정에서 SNS는 강사의 가장 강력한 무기가 될 것이다.

2.2 나를 알리는 방식의 변화: 디지털 퍼스널 브랜딩

과거에는 강의 실력이나 경력, 그리고 네트워크를 통한 입소문이 주요 경쟁력이었다. 그러나 디지털 환경이 확장되면서, 강사의 전문성은 이제 온라인에서 어떻게 '보이는가'와 '얼마나 신뢰를 얻고 있는가'에 의해 평가받는 시대가 되었다.

이제는 실력이 뛰어난 것만으로는 충분하지 않다. 강사 본인을 어떻게 포지셔닝하고, 강사로서의 철학과 메시지를 일관성 있게 전달하느냐가 선택의 기준이 되고 있다. 강의를 잘하는 것에 머무르는 것이 아니라, 나를 선택해야 하는 이유를 명확히 보여줄 수 있어야 한다.

유튜브, 블로그, 인스타그램 등 다양한 SNS 플랫폼은 이러한 퍼스널 브랜딩을 현실화하는 중요한 수단이다. 현장감 있는 강의 영상을 공유하고, 전문적인 주제에 대한 깊이 있는 글을 게시하며, 짧은 콘텐츠로 전문성과 소통 능력을 보여주는 활동은 모두 신뢰 구축의 과정이다. 중요한 것은 일회성 노출이 아니라, 꾸준한 콘텐츠 생산과 일관된 메시지를 통해 장기적으로 신뢰를 쌓아가는 것이다.

특히 수많은 강사와 콘텐츠가 넘쳐나는 시장에서는 '누가 더 전문적인가' 이상의 질문이 중요해진다. 수강생과 기관 교육 담당자들은 '이 강사는 믿을 수 있는가', '원하는 결과를 얻어낼수 있는가'를 기준으로 선택을 고민한다. 퍼스널 브랜딩은 바로 이 질문에 대한 답을 만들어낸다.

강사가 선택받는 기준은 실력 검증을 넘어, 신뢰, 일관성, 그리고 차별화된 스토리를 얼마나 효과적으로 전달할 수 있느냐에 달려 있다. 퍼스널 브랜딩은 강사가 스스로 기회를 창출하고, 시장 안에서 지속적으로 선택받기 위한 필수 전략이 된 것이다.

2.3. 디지털 시대, 강사의 SNS 활용 수칙 6가지

SNS는 강사의 전문성을 보여주는 강력한 도구이자, 강의 기회를 스스로 만들어낼 수 있는 플랫폼이다. 하지만 SNS를 잘 활용하는 것만큼, 잘못 활용하지 않는 것도 중요하다. SNS 채널을 운영하는 방식에 따라 강사로서의 이미지, 신뢰도, 기회가 달라질 수 있기 때문이다.

첫째, SNS 채널의 정체성과 콘텐츠 방향성은 일관되어야 한다. 유튜브, 인스타그램, 블로그 등 다양한 채널을 운영할 때는 각 플랫폼의 특성에 맞는 콘텐츠를 올리는 것도 중요하지만, 전체적으로 강사의 전문 분야와 일치하는 메시지를 전달하는 것이 우선이다. 강의 주제와 관련 없는 콘텐츠가 반복적으로 올라오면 브랜드 정체성이 흔들리고, 팔로워는 혼란을 느낀다. '이 사람이 무엇을 전문으로 하는 강사인지'를 단번에 인지할 수 있도록 콘텐츠의 톤과 방향성을 설정하고 유지하는 것이 필수다.

둘째, 비즈니스 채널로서의 최소한의 품격과 신뢰를 유지해야 한다. 지나치게 개인적인 사생활 노출, 정치, 종교적 의견, 자극적인 표현은 강사 브랜드에 오히려 독이 될 수 있다. SNS는 사적인 공간이자 공적인 무대다. 특히 기관이나 기업 담당자들은 강사의 SNS를 섭외 전에 반드시 검토하며, 이때 콘텐츠의 신뢰도와 균형 감각을 중요하게 본다. 강사는 자신의 콘텐츠가 언제, 누구에게 노출될 수 있다는 전제하에 공적 커뮤니케이션의 기준을 지켜야 한다.

셋째, '팔로워 수'에 집착하지 말고, '콘텐츠의 질'과 '신뢰 형성'에 집중해야 한다. 일시적인 이슈몰이나 자극적인 콘텐츠로 조회수를 올리는 전략은 단기적으로 주목받을 수는 있어도, 장기적으로 신뢰 기반의 강의 섭외로 이어지기 어렵다. 기관 담당자들이 원하는 강사는 팔로워 숫자가 많은 사람이 아니라, 전문성과 안정감을 꾸준히 보여줄 수 있는 사람이다. '꾸준함', '정확성', '가치 있는 정보'가 담긴 콘텐츠야말로 강사의 신뢰도를 높이는 핵심 요소다.

넷째, 상호 소통의 자세가 중요하다. SNS는 일방적인 홍보 도구가 아니라 소통의 채널이다. 질문 댓글에 대한 답변, 메시지 대응, 피드백 수용 등은 강사의 인격적 신뢰와 연결되며, 이는 기업 및 기관의 섭외 판단에도 영향을 미친다. 불필요한 논쟁이나 민감한 주제에 대해 과도한 개인 의견을 드러내는 것은 피하고, 언제나 전문성과 공공성을 고려한 커뮤니케이션이 중요하다. 특히 교육 분야에서 강사의 소통력은 강의 역량만큼 중요한 평가 기준이 되며, 온라인에서의 소통 태도 역시 오프라인 강의에 대한 신뢰로 이어진다.

다섯째, SNS 운영도 '강의의 일부'라는 인식이 필요하다. 강사의 SNS는 곧 강의실 외부에 펼쳐진 무대다. SNS에서 보여주는 전문성, 소통력, 콘텐츠 구성력은 잠재적인 수강생과 기관이 강사의 역량을 판단하는 기준이 된다. 따라서 SNS 운영 역시 강의 기획처럼 전략적으로 접근해야 하며, 주기적인 점검과 리브랜딩을 통해 최신 흐름에 맞춰 가꾸어 나가야 한다.

마지막으로, 운영의 지속성과 관리가 핵심이다. 단기간에 반짝 활동하는 것보다, 일정한 간격으로 꾸준히 콘텐츠를 발행하고 업데이트하는 것이 훨씬 중요하다. 콘텐츠가 일정 기간 이상 멈춰 있으면 "최근 활동 없음"이라는 인상을 줄 수 있고, 이는 강사에 대한 신뢰도에 직결된다. SNS도 하나의 포트폴리오이자 실적 창구이므로, 운영 일정과 콘텐츠 주제를 미리 계획하는 루틴이 필요하다.

이처럼 SNS는 강사에게 선택받을 수 있는 가능성을 넓히는 수단인 동시에, 잘못 사용하면 오히려 신뢰를 잃는 리스크 요인이 될 수 있다. 습관적인 콘텐츠 업로드를 넘어, 전략적이고 일관된 운영, 그리고 전문성을 중심으로 한 지속적인 브랜딩이 지금 시대 강사에게 요구되는 SNS 활용 방식이다.

2.4. 2026년, 시대가 요구하는 SNS 플랫폼별 실전 전략

이제 강사에게 요구되는 역량은 강의 후에 강의처에 대한 이력 정리와 사진, 후기 등을 활용한 포스팅 등 강의 이후의 마케팅 활동을 포함한다.

2026년도에 SNS 채널 운영은 몰입도를 높이는 영상 콘텐츠의 유튜브, 시각적 노출을 기반으로 한 인스타그램, 전문성 중심의 검색 유입이 가능한 네이버 블로그를 중심으로 이뤄질 것으로 보인다. 이 세 채널은 각각 콘텐츠 노출, 시각적 몰입, 퍼스널 브랜딩, 검색 기반 유입이라는 차별화된 강점을 가지고 있으며, 강사의 브랜딩과 마케팅에 있어 핵심적인 역할을 하게 될 것이다. 여기에 쓰레드, 페이스북 등 보조 채널을 유연하게 결합해 실시간 소통과 커뮤니티 기반 교류에 활용하는 전략이 함께 병행될 것으로 예상된다.

이는 단일 채널 중심의 운영 방식에서 벗어나 핵심 플랫폼과 보조 채널을 연계한 전략적 다채널 운영으로의 전환을 의미한다.

유튜브는 다양한 시청자 기반을 바탕으로 강사의 강의 장면과 교육 현장의 리얼리티를 직접 보여줄 수 있는 안정적인 플랫폼으로서, 앞으로도 강사의 인지도와 인기 확보에 효과적인 채널로 2026년에도 자리매김할 것이다.

인스타그램은 짧고 임팩트 있는 릴스를 중심으로 강사의 지식 콘텐츠를 빠르게 노출시키며, 팬덤 형성과 브랜딩에 적합한 채널로서 기능할 것이다. 또한 교육 담당자 및 기관 관계자들과의 네트워킹 수단으로도 여전히 활발히 활용될 전망이다.

네이버 블로그는 검색 기반의 신뢰 유입이 가능한 플랫폼으로, 특히 공공기관이나 기업 대상 강의 시장에서 높은 신뢰도를 기반으로 한 목적 중심 채널로서 굳건히 유지될 것이다.

물론 이러한 중심 채널 외에도 변화의 여지는 존재한다. AI 기술과 접목된 신규 콘텐츠 플랫폼의 등장은 앞으로 더욱 가속화될 것이며, 한 번 등장한 플랫폼이 시장에 미치는 파장과 확산 속도는 과거보다 훨씬 빠르게 전개될 가능성이 높다. 특히 MZ세대를 중심으로 한 교육 방식과 콘텐츠 소비 패턴의 변화는 기존 채널 구조에도 영향을 줄 수 있으며, 앞으로의 시장 판도에 중대한 변수로 작용할 수 있다. 따라서 핵심 플랫폼을 중심으로 다양한 채널을 유기적으로 결합하고, 기술과 사용자 흐름 변화에 기민하게 대응할 수 있는 운영 전략이 점점 더 중요해지고 있다.

여기에 AI를 활용한 강의안 개발, 자료 수집, 이미지 제작 등 콘텐츠 기획부터 실행, 최적화까지 전 과정에 AI 기술이 깊이 관여하는 흐름이 더해지면서, 강사들은 2026년 이후 더욱 정교하고 전략적인 방식으로 SNS 채널을 운영해 나가야 할 것이다.

3. 시사점

2026년을 앞둔 지금, SNS 강의 시장은 겉으로는 기술의 변화처럼 보이지만, 실상은 '강사의 역할' 자체가 구조적으로 전환되는 시기에 들어서고 있다. SNS의 사용법을 알려주는 강의는 더 이상 경쟁력이 되지 않는다.

AI 자동화, 숏폼 기반의 영상 콘텐츠, 콘텐츠 분석과 제작 툴의 보편화로 인해 이제는 누구나 콘텐츠를 만들고 배포할 수 있는 환경이 갖춰졌기 때문이다.

이러한 변화 속에서 강사는 더 이상 지식의 전달자에 머물 수 없다. 따라서 강사는 시대적 트렌드를 빠르게 읽고, 복잡한 여러 요소들을 전략적으로 연결하며, 실질적인 실무 방향까지 제시할 수 있어야 한다. 강사가 '무엇을 아는가' 보다 '어떻게 풀어내고 어디로 이끌 수 있는가'가 강사선택에 있어서 중요한 기준이 될 것이다.

2026년을 준비하는 SNS 강사는 다음 네 가지 역량 축을 중심으로 시장에 대응해야 한다.

첫째, 기술 자체보다 '활용 시나리오' 제시다. AI 도구와 자동화 솔루션은 이미 광범위하게 소개되고 있으며, 그 기능은 검색만으로도 손쉽게 접근할 수 있다. 강사의 경쟁력은 도구 자체가 아니라, 그 도구를 '언제, 왜, 어떻게' 써야 하는지를 설계할 수 있어야 하며, 플랫폼별 특성을 연결하는 흐름, 단계별 실습 및 구체적인 강의 설계 제시 능력이 곧 강사의 전문성을 평가받는 핵심 요소가 된다.

둘째, 콘텐츠 단편보다 '플랫폼을 연결하는 설계력'이다. 여러 플랫폼을 개별적으로 가르치는 시대는 끝났다. 플랫폼 간 흐름을 연결하고, 단계별 실습 구조를 설계하며, 실무에 적용 가능한 커리큘럼으로 완성도 있게 구성할 수 있어야 진정한 교육으로 인정받는다. 콘텐츠는 조각이 아닌 '체계화된 구조'로 제시되어야 한다.

셋째, 감성 브랜딩보다 '전문성의 구조화'다. AI 시대의 브랜딩은 더 이상 이미지나 노출 중심의 감성 마케팅만으로는 부족하다. 강의 콘텐츠의 핵심 주제, 전달 철학, 수강생 피드백, 지속적인 업데이트 흐름이 일관되게 구조화되어 있어야 한다. 이것이 곧 강사의 브랜딩이며, 시장이 인식하는 신뢰 기반이다.

넷째, 실행 기반의 사례 설계 능력이다. SNS 강의는 직접 경험하고 성과를 낸 사례를 토대로 설계된 강의가 중심이 된다. 수강생은 이제 이론보다 실제 실행 사례를 통해 배우기를 원하며, 강사는 자신이 직접 해본 결과와 실패 경험, 인사이트를 교육 콘텐츠로 전환할 수 있는 능력을 갖춰야 한다. 특히 AI 도구, 콘텐츠 자동화, 멀티채널 운영 등 실전성이 강한 분야에서는 사례 중심 교육 콘텐츠가 곧 강사의 경쟁력이 된다.

SNS는 이제 하나의 기술이 아니라, 시대를 읽는 언어이고 흐름이다. 강사는 그 흐름을 해석하고, 적용 가능한 전략으로 바꾸어 제시하는 사람이어야 한다. 이것이 2026년, 강사가 준비해야 할 본질적인 변화이며, 앞으로 SNS 강의 시장에서 살아남는 기준이 될 것이다.

◼ 참고문헌

- Hootsuite, Social Media Trends 2025
- Sprout Social Index 2025
- We Are Social, "Digital 2025"
- Deloitte, Digital Media Trends Survey 2025
- 2024년 인터넷 이용실태조사(과학기술정보통신부)
- 2024년 인터넷이용실태조사 요약보고서[한국인터넷진흥원(KISA)]
- 정진수, 『인스타그램 마케팅 잘하는 사람은 이렇게 합니다』, 나비의활주로, 2020.

Memo

03

'경험의 르네상스', AI 시대 중장년 강사가 선택받는 이유

"당신이 세상에 줄 수 있는 최고의 선물은 당신의 이야기다."

- 오프라 윈프리 -

김순복
(한국강사교육진흥원 원장)

· 상담학박사 / 한국강사교육진흥원 원장
· 가천대 명강사 최고위과정 책임교수
· 한국청소년지도학회 감사/서울 센터장
· 에듀업원격평생교육원 '경영정보시스템' 운영 교수
· 전) 삼성전자 사부 행정, 경기도교육청 교육행정 공무원
· 저서 『집중력 혁명』, 『100억짜리 강의력』, 『벼랑 끝 활주로』 외 20여 권

해시태그

#경험의르네상스 #중장년강사 #경험기반콘텐츠 #세대융합 #디지털리터러시 #AI협업 #하이브리드러닝 #로컬크리에이터 #신뢰브랜딩 #리버스멘토링 #AI활용교육

핵심질문

1. AI가 많은 것을 대체하는 시대, 중장년 강사의 경험만큼은 왜 절대 흉내 낼 수 없는가?
2. MZ세대 학습자에게 중장년 강사의 경험을 어떻게 팔아야 하나?
3. 기술에 약한 중장년 강사가 AI 도구를 활용해 경쟁력을 높이는 구체적인 방법은?
4. 세대 간 갈등이 심한 조직에서 중장년 강사는 어떻게 '번역자' 역할을 할 수 있는가?
5. 은퇴 후 제2의 커리어로 강사가 되려면, 어떤 경험부터 콘텐츠화해야 할까?

'경험의 르네상스', AI 시대 중장년 강사가 선택받는 이유

2026년, 당신의 경험은 새로운 교육 시장의 핵심 자산이다.

울산의 이복자 강사*(66세)*는 20여 년간 운영하던 음악학원이 코로나19로 문을 닫자, 우연히 떠오른 아이디어로 '숟가락 난타'를 시작하며 인생의 새로운 전환점을 맞았다. 2026년 현재, 그녀는 전국적으로 숟가락 난타를 보급하며 한국예술문화 명인으로 인정받고 있으며, 신라대학교 교과목 지도와 다양한 방송 출연, 공연으로 활발히 활동하고 있다. 이 강사의 사례는 중장년층이 풍부한 '경험'을 바탕으로 2026년 교육 시장의 핵심 주체로 떠오르고 있음을 보여주는 좋은 예다. 이들의 경험은 현대 교육 시장에서 매우 높은 가치를 인정받고 있다.

기술의 발전 속에서도 사람들은 여전히 '진짜 경험'을 갈구한다. "강사님, 실제로 그 상황을 겪으셨을 때 어떻게 대처하셨나요?" 수강생들의 눈빛이 뜨겁다. 이 질문에 답할 수 있는 것은 오직 당신뿐이다.

(1) 역설의 시대: AI가 만든 인간 경험의 가치

역설적이게도, AI 기술이 급속도로 발전하면서 인간의 경험은 더욱 소중해졌다. ChatGPT가 논문을 쓰고, 미드저니가 예술 작품을 창조하며, 각종 AI 도구들이 업무를 자동화하는 시대다. 하지만 정작 사람들이 가장 갈구하는 것은 '진짜 경험'에서 나오는 이야기와 통찰이다.

30대 초반 장승주 강사는 최근 수강한 중장년 강사의 강의에 대해 이렇게 말했다. "ChatGPT는 완벽한 답을 주지만, 강사님은 경험에서 우러나온 강의로 진짜 해답을 주셨어요. 그 차이가 정말 컸습니다." 이것이 바로 2026년 교육 시장의 핵심 트렌드다. 정보는 넘쳐나지만, 그 정보를 실제 삶의 맥락에서 어떻게 활용해야 하는지에 대한 '살아있는 지혜'는 여전히 부족하다.

서울시 50플러스재단, 기업 연계 일자리 채용 특성 분석 연구보고서에 의하면, 중장년을 채용한 기업들은 중장년의 경험과 경력이 직무적응도와 융통성, 임기응변, 문제해결력 등이 높다는 점을 중장년 채용의 첫 번째 장점으로 꼽았다. 둘째는 책임감과 성실성을 바탕으로 돌발행동이 적고, 근속연수가 길어 채용비용 절감 및 조직의 안정성에 기여한다는 점이었으며, 셋째는 젊은 세대에 비해 비즈니스 매너, 고객 응대, 원활한 의사소통 등 사람을 대하는 기술도 뛰어나다는 점으로 조사되었다. 이렇듯 인간 경험의 가치를 인정받는 시대가 되었다.

(2) 변화하는 학습자의 니즈와 중장년 강사의 기회

2026년 학습자들의 니즈는 과거와 확연히 다르다. '맥락과 의미', '실전 경험', '인생 통찰'을 원한다. 이는 중장년 강사들에게 절대적으로 유리한 조건이다. 특히 주목할 점은 '창의적 전환'의 사례들이다. 앞서 소개한 이복자 강사의 경우, 전통적인 음악 교육에서 숟가락 난타라는 독창적 영역으로 전환하면서 오히려 더 큰 성공을 거두었다. 그녀의 강의는 음악 교육을 넘어 '스트레스 해소', '치매 예방', '세대 소통'이라는 다면적 가치를 제공한다. 노인복지관에서는 건강 프로그램으로, 기업에서는 팀빌딩 프로그램으로, 학교에서는 창의 교육으로 활용되면서 교육의 경계를 허물고 있다.

(3) 당신의 경험이 누군가의 미래가 된다

이 책을 집어 든 당신은 아마 중장년의 나이에 접어들면서 "내가 가진 것이 과연 누군가에게 도움이 될까?"라는 의문을 가지고 있을 것이다. 하지만 2026년 현재, 그 답은 명확하다. 당신의 경험은 과거가 아니라, 미래를 만들어 가는 소중한 자산이다.

30년간 영업 현장에서 쌓은 고객 관리 노하우, 아이를 키우며 터득한 소통의 기술, 위기를 극복하며 얻은 리더십의 지혜, 실패를 통해 배운 인생의 통찰 등 이런 것들이 2026년 교육 시장에서는 귀중한 콘텐츠가 된다. 중요한 것은 이러한 경험을 현대적 언어로 재해석하고, 적절한 도구를 활용해 효과적으로 전달하는 것이다. 이 책은 바로 그 방법을 제시한다. 당신의 경험을 가치 있는 콘텐츠로 전환하고, 새로운 교육 시장에서 성공할 수 있는 구체적이고 실용적인 전략을 담고 있다.

2026년은 중장년 강사들에게 '기회의 해'다. 기술의 발전과 사회적 변화가 만들어 낸 새로운 교육 생태계에서, 당신의 경험과 지혜는 그 어느 때보다 빛을 발할 것이다. 당신의 경험이 누군가의 인생을 바꾸고, 새로운 시대를 함께 만들어 가는 소중한 밑거름이 될 것이다.

1. 요즘 중장년 강사 강의 트렌드

1.1. 중장년 강사의 재발견: 경험이 곧 콘텐츠다

2026년 교육 시장은 기술과 인간 경험의 융합이 핵심이다. 중장년 강사들은 인공지능*(AI)*이 대체할 수 없는 경험기반 콘텐츠를 제공하며, 새로운 교육 패러다임의 중심에 서고 있다.

OECD의 'Education 2030' 프로젝트에서 제시한 미래 교육의 핵심 개념인 '변혁적 역량*(transformative competencies)*'은 바로 이러한 맥락에서 이해할 수 있다. 이 프로젝트는 2030년 사회가 요구하는 핵심 역량으로 '새로운 가치 창조', '긴장과 딜레마 해결', '책임감 있는 행동'을 제시했는데, 이 모든 역량은 삶의 경험을 통해서만 전수될 수 있는 것들이다.

홀론 IQ*(Holon IQ)*의 2025년 글로벌 에듀테크 시장 분석에 따르면, 세계 교육 기술 시장 규모는 2025년 3,420억 달러*(약 398조 원)*에 달할 것으로 예측된다. 하지만 역설적으로 이러한 기술 중심 교육 시장의 성장과 함께 '인간적 터치'가 가능한 강사들에 대한 수요도 급증하고 있다.

중장년 강사들의 가장 큰 무기는 '스토리'다. 이들은 수십 년의 경험을 통해 축적된 다양한 에피소드를 가지고 있으며, 이를 효과적으로 활용하여 학습자들의 기억에 오래 남는 콘텐츠를 만들어낸다. 중장년 강사들의 또 다른 강점은 세대 간 소통의 다리 역할을 할 수 있다는 점이다. 이들은 아날로그와 디지털을 모두 경험한 세대로서, 기성세대와 젊은 세대 모두와 소통할 수 있는 독특한 위치에 있다.

1.2. AI와 협업하는 중장년 강사: "기술을 도구로 활용하라"

2026년 중장년 강사들의 가장 큰 변화 중 하나는 AI 기술을 적극 활용하기 시작했다는 점이다. 이들은 AI를 경쟁자가 아닌 협력자로 인식하며, 본인의 경험을 더 효과적으로 전달하는 도구로 활용하고 있다.

하이브리드 학습 환경에서의 역할

코로나19 이후 확산된 하이브리드 학습 환경에서 중장년 강사들은 독특한 강점을 보여주고 있다. 이들은 온라인의 편리함과 오프라인의 인간적 터치를 적절히 조합하여 새로운 형태의 교육 경험을 제공한다.

Business Research Insights의 2024년 보고서에 따르면, 온라인 교육 시장은 2032년까지 연평균 8.2% 성장하여 3,370억 달러 규모에 달할 것으로 예측된다. 이러한 시장 성장 속에서 중장년 강사들은 '따뜻한 기술 활용'이라는 차별화된 영역을 개척하고 있다.

Research Nester의 2025년 교육 기술 시장 분석에 따르면, 전 세계 교육 기술 시장은 2024년 1,646억 달러에서 2037년 8,249억 달러로 연평균 13.2% 성장할 것으로 예상했다. 하지만 기술 시장이 성장할수록 '인간다운 교육'에 대한 니즈도 함께 증가하고 있으며, 이는 중장년 강사들에게 새로운 기회를 제공하고 있다.

실제로 국내 주요 온라인 교육 플랫폼들의 데이터를 보면, 중장년 강사의 강의 재수강률이 평균 23% 높고, 완주율도 16% 높은 것으로 나타났다. 이는 이들이 제공하는 '경험 기반 콘텐츠'가 학습자들에게 더 깊은 만족감을 준다는 것을 의미한다. 2026년 현재, 중장년 강사들은 '경험 많은 선배' 차원을 넘어 '미래 교육의 핵심 파트너'로 자리매김하고 있다. 이들의 경험은 더 이상 과거의 유물이 아니라, 불확실한 미래를 헤쳐 나갈 지혜의 원천으로 인식되고 있다.

OECD Education 2030 프로젝트에서 강조하는 '학습자 주도성 (student agency)'과 '공동 창조(co-creation)'의 개념도 중장년 강사들의 역할 확대와 맞닿아 있다. 이들은 학습자와 함께 새로운 통찰을 만들어 가는 '공동 창조자'의 역할을 수행하고 있다.

'우리의 경험은 과거가 아니라 미래를 여는 열쇠'인 시대가 바로 2026년이다. 이제 중장년 강사들이 본인의 경험을 어떻게 현대적 가치로 재해석하고, 새로운 세대와 어떻게 소통할 것인지가 교육 시장의 새로운 패러다임을 결정할 것이다.

1.3. 2026년 주목해야 할 5대 교육 트렌드

2026년 교육 시장은 중장년 강사들에게 전례 없는 기회의 문을 열어주고 있다. 사회 변화와 기술 발전이 만들어 낸 새로운 교육 니즈는 중장년 강사들의 경험과 전문성이 가장 빛을 발할 수 있는 영역들이다. 다음 5가지 트렌드는 중장년 강사들이 반드시 주목해야 할 새로운 시장 기회들이다.

첫째, 디지털 리터러시 교육으로 교육 격차 해소의 새로운 기회다.

한국정보화진흥원의 2025년 디지털 격차 실태조사에 따르면, 50대 이상 중장년층의 디지털 활용 수준은 전체 평균의 73% 수준에 머물고 있다. 하지만 역설적으로 이러한 격차가 중장년 강사들에게는 새로운 기회가 되고 있다. 같은 세대의 눈높이에서 디지털 기술을 설명할 수 있는 중장년 강사들의 수요가 급증하고 있기 때문이다.

66세 교육공무원 출신 '브레인앤마인드센터' 대표 박정희 강사는 '뇌 과학 기반 교육' 등을 진행하며 '뉴로카운슬링 연수 및 자격과정 운영' 등으로 많은 수입을 올리고 있다. 교육학 박사에 뇌 교육학 박사를 수료하고 '뇌 교육 전문가'로 활동하며, 수많은 '뇌 교육사'를 배출하고 있다. "젊은 강사들은 너무 당연하게 여기는 것들을 차근차근 설명해 드려요. 평생을 교육계에 몸담으며, '이게 왜 어려운지'를 아니까 더 쉽게 가르칠 수 있죠."라고 그녀는 말한다.

중장년 강사들이 디지털 리터러시 교육에서 성공하기 위해서는 '공감 기반 교육'이 핵심이다. 기술 자체보다는 '왜 이 기술이 필요한지', '어떻게 하면 두려움 없이 접근할 수 있는지'에 중점을 두어야 한다. 또한 실생활 밀착형 예시를 통해 학습자들이 실제로 활용할 수 있는 수준까지 끌어올리는 것이 중요하다.

둘째, 세대 간 소통 코칭으로 갈등 해결사로서의 역할이다.

한국경영자총협회의 2025년 직장 내 세대 갈등 실태조사에 따르면, 응답 기업의 78%가 세대 간 소통 문제를 겪고 있다고 답했다. 특히 MZ세대*(밀레니얼+Z세대)*와 X세대, 베이비부머 세대 간의 가치관 차이로 인한 갈등이 심화되고 있다. 이러한 상황에서 중장년 강사들은 '세대 간 번역사' 역할을 수행하며 새로운 전문 영역을 개척하고 있다.

중장년 강사들의 세대 간 소통 코칭은 '체험적 지혜'에 기반 한다. 이들은 실제로 다양한 세대와 협업하며 겪은 시행착오와 성공 경험을 바탕으로 실질적인 해결책을 제시할 수 있다. 또한 기성 세대의 입장에서 젊은 세대를 이해하려는 노력과, 젊은 세대에게 전통적 가치의 의미를 전달하는 양 방향적 접근이 가능하다.

셋째, 로컬 크리에이터 양성으로 지역 특화 교육의 블루오션이다.

코로나19 이후 로컬 비즈니스와 지역 경제에 대한 관심이 급증하면서, 지역 특색을 살린 콘텐츠 크리에이터 양성 교육이 새로운 트렌드로 떠오르고 있다. 특히 지역에 오랫동안 거주하며 해당 지역의 역사와 특성을 깊이 이해하고 있는 중장년 강사들이 이 분야에서 독보적인 위치를 차지하고 있다.

경상남도 거창에서 사과 농부로 과수원을 운영하는 72세 강대욱 대표는 '요리하는 사과 농부의 시골 밥상'이라는 닉네임으로 블로그 방문 조회수만 2,525,000여 회에 이웃 수가 6,352명에 이른다. 불과 몇 년 전만 해도 블로그를 배우고 SNS를 배웠었다. 지금은 요리책을 출간한 작가이고 블로그, 페이스북, 인스타그램, 유튜브 등 마케팅의 귀재가 되었다. 농사를 지으며 '농촌 브랜딩'뿐만 아니라 지역 농민들을 대상으로 교육을 운영하기도 하며 농업 기술을 넘어 지역 스토리텔링, SNS 마케팅, 농업인에 특화된 다양한 로컬 브랜드 구축까지 아우르고 있다.

넷째, AI 활용 커리어 컨설팅으로 경력 전환 시대의 필수 서비스다.

McKinsey Global Institute의 2025년 보고서에 따르면, 현재 직장인의 87%가 2030년까지 최소 한 번의 주요 커리어 전환을 경험할 것으로 예측된다. 이러한 변화는 경력 전환과 재취업을 돕는 전문 컨설팅 서비스에 대한 수요를 급증시키고 있으며, 특히 다양한 경력 변화를 직접 경험한 중장년 강사들의 역할이 주목받고 있다.

62세 스마트폰 디지털 전문가 하연지 강사는 '디지털할매 연지쌤'의 닉네임을 사용하며, 시니어 세대에게 친근한 이미지로 스마트폰과 AI 도구들을 활용한 맞춤형 교육을 제공하고 있다. 그녀는

"디지털은 사람을 잇는 따뜻한 다리가 되어야 한다."라고 강조하며, 편안하고 즐겁게 따라할 수 있도록 하므로 강의에서 안정감이 느껴진다. 중장년 강사들은 실제 경력 전환 과정에서의 심리적 고민, 실무적 어려움, 네트워킹 노하우 등 AI가 제공할 수 없는 '인간적 조언'을 제공한다

다섯째, 시니어 창업 멘토링으로 100세 시대의 새로운 도전이다.

중소벤처기업부의 2025년 창업 현황 조사에 따르면, 50세 이상 시니어 창업가의 비중이 전체 창업자의 34%를 차지하며 지속적으로 증가하고 있다. 이들은 풍부한 경험과 네트워크를 보유하고 있지만, 변화된 창업 환경과 디지털 마케팅에 대한 이해 부족으로 어려움을 겪고 있다. 이러한 간극을 메우는 것이 바로 시니어 창업 멘토링의 핵심 가치다.

시니어 창업 멘토링에서 중장년 강사들의 가장 큰 강점은 '실패와 성공을 모두 경험한 선배'로서의 진정성이다. 이들은 사업 운영 과정에서 겪는 구체적인 어려움과 해결 방법을 제시할 수 있다. 또한 같은 세대로서 시니어 창업가들의 고민과 제약 조건을 깊이 이해하고 있어, 더욱 현실적이고 실용적인 조언을 제공할 수 있다.

이 다섯 가지 트렌드에는 공통된 성공 요소들이 있다. 첫째, 모두 중장년 강사들의 '경험적 우위'가 핵심 경쟁력이 되는 영역들이다.

둘째, 기술과 인간의 경험이 조화를 이루는 융합 교육의 특성을 가지고 있다. 셋째, '문제 해결'과 '가치 창조'에 중점을 둔다.

중장년 강사들이 이러한 트렌드를 성공적으로 활용하기 위해서는 자신의 경험을 현대적 언어로 재해석하고, 적절한 디지털 도구를 활용하며, 학습자들의 실질적 니즈에 부응하는 실용적 콘텐츠를 개발해야 한다. 2026년은 바로 이러한 준비를 마친 중장년 강사들에게 새로운 전성기를 선사할 것이다.

2. 중장년 강사의 경쟁력: 경험을 콘텐츠로 전환하는 방법

2026년 교육 시장에서 중장년 강사들의 가장 큰 자산은 수십 년간 축적된 경험이다. 하지만 이러한 경험이 저절로 가치를 인정받는 것은 아니다. 과거의 경험을 현재와 미래의 학습자들이 이해하고 활용할 수 있는 형태로 재구성하는 능력이야말로 중장년 강사의 핵심 경쟁력이다. 이 장에서는 경험을 현대적 콘텐츠로 전환하는 구체적인 방법론을 제시한다.

2.1. 경험을 현대적 가치로 재해석하라

중장년 강사들이 가진 경험의 가장 큰 장점은 '시간의 깊이'다.

이들은 산업화 시대부터 디지털 시대까지, 격변하는 시대를 온몸으로 경험했다. 문제는 이러한 경험이 현재의 학습자들에게는 '옛날 이야기'로 치부될 수 있다는 점이다. 따라서 과거의 경험을 현재와 미래의 맥락에서 재해석하는 작업이 반드시 필요하다.

69세 유창옥 강사는 전 대기업 임원 출신으로, 1997년 IMF 외환 위기 당시 기아자동차 수출정비부장으로서 겪었던 경험을 '불확실성 시대의 조직 관리 전략'으로 재해석하였다. 그는 팬데믹, 경제적 불안정, 기술 변화와 같은 현재 상황과 IMF 시기를 '예측 불가능한 변화'라는 본질에서 같다고 보며, 당시 배운 위기 대응 원칙이 지금도 유효하다고 강조한다. 절망적인 상황을 극복하고 희망을 찾아 강사로서 성공적인 제2의 인생을 살고 있다. 그의 저서 『희망 디자이너 유창옥』은 독자들에게 새로운 희망의 메시지를 전한다. 정말 배우고 싶을 만큼 멋진 분이다.

디지털 네이티브 세대가 주류가 된 현재, 중장년 강사들의 아날로그 시대 경험은 오히려 독특한 가치를 가진다. 이들이 경험한 '직접적이고 인간적인 소통 방식'은 디지털 커뮤니케이션이 놓치기 쉬운 중요한 요소들을 담고 있기 때문이다.

경험을 현대적 가치로 재해석할 때 지켜야 할 핵심 원칙들이 있다. 첫째, '본질과 형태의 분리'다. 과거 경험의 본질적 가치는 유지하되, 표현 방식과 적용 방법은 현재의 맥락에 맞게 변화시켜야 한다. 둘째, '보편성의 추출'이다. 개인적이고 특수한 경험에서 누구나 적용할 수 있는 보편적 원리를 찾아내야 한다. 셋째, '미래 지향적 관점'이다. 과거 경험을 현재에 적용하는 것이 아니라, 미래의 변화 방향을 고려한 통찰을 제공해야 한다.

2.2. 스토리텔링의 힘: 경험을 이야기로 풀어내라

(1) 정보에서 스토리로: 패러다임의 전환

2026년 교육 시장에서 중장년 강사들의 가장 큰 무기는 '스토리'다. 정보는 인터넷에 넘쳐나고, AI가 더 정확하고 빠르게 제공할 수 있다. 하지만 경험에서 우러나온 생생한 이야기는 그 어떤 기술도 대체할 수 없는 인간만의 고유 영역이다. 중장년 강사들의 경험은 시간과 감정이 압축된 강력한 스토리인 것이다.

Harvard Business School의 연구에 따르면, 스토리텔링을 활용한 교육은 단순한 정보 전달 방식보다 기억 효과가 22배 높다고 한다. 특히 실제 경험에 기반한 스토리는 학습자들에게 강한 몰입감과 공감대를 형성하여 더욱 깊은 학습 효과를 가져온다.

중장년 강사들이 본인의 경험을 효과적인 스토리로 구성하기 위해서는 체계적인 구조를 활용해야 한다. 가장 효과적인 방법은 '문제 제기 → 도전과 갈등 → 깨달음의 순간 → 교훈과 적용'의 4단계 구조다.

(2) 디지털 시대의 스토리텔링 전략

2026년, 스토리텔링도 디지털 환경에 맞게 진화해야 한다. 온라인 강의, 소셜미디어, 동영상 플랫폼 등 다양한 채널에서 효과적으로 스토리를 전달하기 위한 새로운 기법들이 필요하다.

첫째, '마이크로 스토리텔링'이다. 긴 이야기를 2~3분 분량의 짧은 에피소드로 나누어 전달하는 기법이다. 둘째, '시각적 스토리텔링'이다. 사진, 도표, 영상 등 시각 자료를 활용해 스토리의 생생함을 높이는 방법이다. 셋째, '인터랙티브 스토리텔링'이다. 청중의 참여와 반응을 이끌어내며 쌍방향으로 스토리를 전개하는 기법이다.

중장년 강사들의 스토리텔링이 지속적으로 효과를 발휘하기 위해서는 '스토리 뱅크'를 구축해야 한다. 본인의 경험을 주제별, 상황별, 대상별로 분류하여 체계적으로 정리하고, 시대 변화에 맞게 지속적으로 업데이트하는 것이다. 또한 스토리의 '범용성'도 중요하다. 특정 업종이나 상황에만 적용되는 지나치게 구체적인 스토리보다는, 다양한 상황에서 응용할 수 있는 보편적 가치를 담은 스토리가 더 큰 영향력을 발휘한다.

2026년 교육 시장에서 중장년 강사들의 경험과 스토리는 그 어느 때보다 소중한 자산이다. 이를 현대적 가치로 재해석하고 효과적인 스토리텔링 기법을 통해 전달할 때, 중장년 강사들은 교육 시장의 진정한 경쟁력을 확보할 수 있을 것이다.

(3) 중장년을 겨냥한 AI 교육 시장은 커진다

평균 수명이 100세에 가까워지면서, 50~60대는 더 이상 '노년기'가 아니라 '제2의 전성기'로 인식되고 있다. 이러한 사회적 변화는 중장년 강사 시장의 성장을 가속화하는 핵심 동력이다. 특히 주목할 점은 학습자 중 중장년층의 비중이 급격히 증가하고 있다는 것이다.

조선일보(2025. 5. 22) "중·장년 겨냥한 AI 교육 시장 커진다."에 의하면, 4050 대상 온라인 강의 플랫폼 '큐리어스'는 최근 카카오·삼성전자 개발자 출신 강사가 직접 강의하는 챗GPT 활용법 무료 강의를 열어 참가 신청을 받은 지 얼마 지나지 않아 신청자 수백 명이 몰렸다고 한다. 큐리어스 관계자는 "300개가 넘는 다양한 강의 중 AI 관련 강의가 가장 인기가 많다."라고 했고, 성인 교육 콘텐츠 스타트업 데이원컴퍼니가 운영하는 실무 교육 플랫폼 '패스트캠퍼스'도 AI 강의 페이지 방문자 중 24.6%가 45세 이상 54세 미만 중

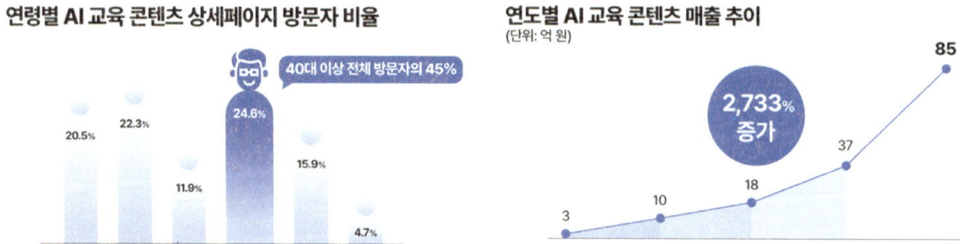

데이원컴퍼니 AI 교육 콘텐츠 트렌드
(출처: AI타임즈)

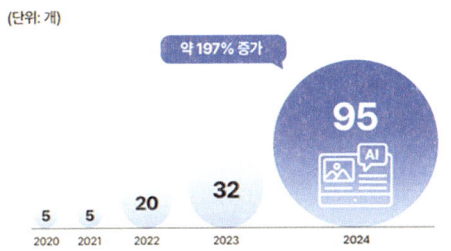

연도별 데이원컴퍼니 AI 교육 신규 콘텐츠 추이

(출처: AI타임즈)

장년층으로, 전 연령대에서 가장 많았다. 또한, 인공지능(AI) 교육 콘텐츠로 2020년 매출 3억여 원에서 2024년 85억여 원으로 2,733% 급증했다고 밝혔다.

이들은 취미 생활이 아니라 새로운 커리어 개발, 창업 준비, 디지털 역량 강화 등 매우 실용적인 목적으로 학습에 참여하고 있다. 2020년에 5개에 불과했던 AI 강의 수는 2024년에 152개를 기록하며 30배 이상 증가했다. 특히 2024년 한 해에만 95개의 신규 AI 강의를 론칭했다.

3. 중장년 강사 트렌드의 미래 전망

2026년, 중장년 강사 시장은 구조적 변화를 맞고 있다. 100세 시대의 도래와 평생학습 사회로의 전환은 중장년 강사들에게 전례 없는 기회를 제공하고 있으며, 동시에 새로운 형태의 교육 생태계가 형성되고 있다. 이러한 변화의 흐름을 정확히 파악하고 미래를 준비하는 것이 중장년 강사들의 지속적인 성공을 위한 핵심이다.

3.1. 100세 시대, 중장년 강사의 황금기

통계청의 2025년 인구 전망에 따르면, 우리나라 50세 이상 인구는 전체 인구의 47.3%를 차지하며, 2030년에는 50%를 넘어설 것으로 예측된다. 이는 중장년층이 더 이상 사회의 주변부가 아닌 핵심 구성원임을 의미한다. 특히 베이비부머 세대(1955~1963년생)가 본격적인 은퇴 시기에 접어들면서, 이들의 학습 수요가 폭발적으로 증가하고 있다.

한국교육개발원의 2025년 평생교육 참여 실태조사에 따르면, 50세 이상 성인의 평생교육 참여율이 42.8%로 3년 전 대비 18% 증가했다. 더욱 주목할 점은 이들의 학습 목적이 취미 활동에서 '제2의 인생 설계', '새로운 경력개발', '사회 참여 확대' 등 매우 적극적인 방향으로 변화하고 있다는 것이다.

중장년 강사들이 같은 세대 학습자들에게 제공하는 가장 큰 가치는 '깊은 공감과 신뢰'다. 이들은 동일한 시대적 배경을 공유하며, 비슷한 인생 경험을 바탕으로 서로를 이해할 수 있다. 이러한 동질감은 교육 효과를 극대화하는 핵심 요소가 된다.

중장년 학습자들은 이론적 지식보다는 실무경험과 실용적 노하우를 더욱 중시한다. 이러한 학습 특성은 중장년 강사들의 경험 기반 교육 방식과 완벽하게 일치한다. 강사와 학습자 모두 풍부한 경험을 가지고 있어, 쌍방향적 경험 공유가 이루어진다.

평생학습 사회의 새로운 패러다임

OECD의 'Future of Education and Skills 2030' 프로젝트는 미래 교육의 핵심으로 '평생학습(lifelong learning)'을 제시했다. 이는 중장년층이 더 이상 '학습을 마친 세대'가 아니라 '지속적으로 학습하는 세대'로 인식되고 있음을 의미한다.

McKinsey Global Institute의 2025년 보고서에 따르면, 현재 50세인 사람의 50%가 100세까지 살 것으로 예측되며, 이들은 70세까지 경제활동을 지속할 가능성이 높다. 이는 50대 이후에도 20년 이상의 활동 기간이 남아있다는 의미로, 지속적인 학습과 성장이 필수가 된다.

3.2. 세대 융합 교육의 블루오션

(1) 협업 교육의 새로운 모델

2026년 교육 시장의 가장 혁신적인 변화 중 하나는 '세대 융합 교육'의 확산이다. 이는 젊은 강사의 최신 기술력과 중장년 강사의 풍부한 경험이 결합된 새로운 교육 모델로, 기존의 단일 강사 중심 교육의 한계를 뛰어넘는 시너지 효과를 창출하고 있다.

세대 융합 교육에서는 각 강사의 강점을 극대화하는 역할 분담이 핵심이다. 일반적으로 젊은 강사는 '기술과 트렌드', 중장년 강사는 '전략과 통찰'을 담당하며, 이러한 조합은 학습자들에게 균형 잡힌 관점을 제공한다.

세대 융합 교육은 '세대 간 상호 학습'이라는 새로운 교육 패러다임을 제시하고 있다. 이는 전통적인 '선배가 후배에게 가르치는' 일 방향적 관계에서 벗어나, '서로 다른 강점을 나누는' 쌍방향적 관계로의 전환을 의미한다.

기업교육 시장에서도 세대 융합 교육이 새로운 트렌드로 자리잡고 있다. 삼성경제연구소의 2025년 기업교육 현황 조사에 따르면, 응답 기업의 63%가 '세대 간 협업 강화'를 주요 교육 목표로 설정했으며, 이를 위해 다양한 연령대의 강사진을 구성하는 기업이 증가하고 있다.

대기업 H사의 '세대 융합 리더십' 과정은 30대 조직행동학 박사와 60세 전 임원 출신 강사가 팀을 이뤄 진행한다. 젊은 강사는 최신 리더십 이론과 연구 결과를, 중장년 강사는 실제 조직 운영 경험과 위기관리 노하우를 제공한다. 이 과정을 이수한 관리자들의 팀 성과가 평균 15% 향상되었다는 결과가 나왔다.

코로나19 이후 확산된 온라인 교육 플랫폼들도 세대 융합 교육에 주목하고 있다. 국내 주요 온라인 교육 플랫폼들은 '듀얼 인스트럭터(dual instructor)' 시스템을 도입하여 서로 다른 연령대의 강사들이 협력하는 강의를 늘리고 있다.

(2) 미래 교육 생태계의 변화 방향

세대 융합 교육의 확산은 교육 생태계 전반의 변화를 이끌고 있다. 첫째, '강사 네트워킹'의 중요성이 증대되고 있다. 다양한 연령대, 다양한 전문 분야의 강사들이 서로 협력할 수 있는 네트워크 구축이 경쟁력의 핵심이 되고 있다. 둘째, '융합적 사고'를 가진 강사들의 수요가 증가하고 있다. 자신의 전문 분야만 깊이 아는 것이 아니라, 다른 분야와의 연결점을 찾고 시너지를 창출할 수 있는 능력이 중요해지고 있다. 셋째, '학습자 맞춤형 큐레이션'이 핵심 경쟁력으로 부상하고 있다. 개별 학습자의 연령, 경험, 목표에 맞춰 최적의 강사 조합을 제안하는 서비스가 각광받고 있다.

세대 융합 교육 트렌드는 중장년 강사들에게 새로운 기회를 제공한다. 이들은 '경험 전문가'로서 젊은 강사들과 대등한 파트너십을 형성할 수 있다. 또한 젊은 강사들과의 협업을 통해 자신의 콘텐츠를 현대적으로 업그레이드하고, 새로운 교육 기법을 습득할 수 있다. 중요한 것은 이러한 변화에 열린 마음으로 참여하는 것이다.

2026년, 세대 융합 교육은 트렌드를 넘어 교육의 새로운 표준이 되고 있다. 중장년 강사들이 이러한 변화의 흐름에 적극적으로 참여할 때, 그들의 경험과 지혜는 더욱 큰 가치를 발휘할 수 있을 것이다.

4. 중장년 강사를 위한 실행 가능한 액션 플랜

4.1. 디지털 도구 활용 역량 강화

디지털 리터러시는 이제 생존 전략이다. 2026년 교육 시장에서 디지털 도구 활용은 선택이 아닌 필수다. 온라인 교육 참여자의 89%가 강사의 디지털 역량을 중요 기준으로 삼고 있다. 핵심은 '선택과 집중'이다. 모든 기술을 익힐 필요는 없으나, 자신의 분야에 맞는 핵심 도구들을 전략적으로 선별해서 익혀야 한다.

ChatGPT는 중장년 강사의 경험을 현대적 언어로 재구성하는 최적 도구다.

4단계 활용법을 추천한다. 경험을 요약해 입력하고 → 현재 상황에 맞춰 재해석 요청하고 → 세대별 언어로 변환하고 → 강의를 구조화해야 한다. 그 다음은 Canva를 활용해 전문 시각 자료를 제작하면 디자인 경험 없이도 전문적 시각 자료 제작이 가능하다. 텍스트 중심 슬라이드에서 벗어나 인포그래픽 중심 자료로 학습자 집중도를 높인다. 강의 자료부터 개인 브랜드 구축용 로고, 명함까지 일

관련 디자인으로 제작할 수 있다. 별도 장비 없이 스마트폰만으로 전문가급 영상 제작도 가능하다.

4.2. 신뢰 기반 브랜딩 전략

본인의 경력과 경험을 바탕으로 개인 브랜드를 구축하고 전문성을 입증하는 콘텐츠를 지속적으로 제공해야 한다. 유튜브, 인스타그램, 네이버 블로그 등 SNS를 통해 최적화로 검색 노출을 높이고 전문성을 구축하는 신뢰 기반 브랜딩 전략이 필요하다. 중장년의 브랜딩 전략은 진정성과 전문성이 핵심 차별화 요소다. 중장년 강사의 최대 자산은 '신뢰성'이다. 이는 젊은 강사들이 모방할 수 없는 고유 경쟁력이다.

4.3. 세대별 맞춤형 콘텐츠 개발

중장년층과 젊은 세대의 학습 니즈를 분석하여, 각각의 타겟에 맞는 콘텐츠를 제작해야 한다. MZ세대는 8~12분 정도의 집중도를 보인다. MZ세대의 특징은 빠른 정보처리, 멀티태스킹, 워라밸을 중시한다. 전략으로는 5~10분 마이크로러닝, 시각화 강화, 인터랙티브 요소, 즉시 피드백이 필요하다.

X세대는 20~30분 정도의 집중도 좋다. X세대의 특징은 안정성

과 효율성을 중시하므로 실용적 접근이 필요하다. 전략으로는 체계적 구조, 실무 사례 중심, ROI 입증, 검증된 방법론이 제시되어야 한다. 베이비부머 세대는 60분 정도의 집중도를 보인다. 그들의 특징은 깊이 있는 학습과 인간관계를 중시한다. 전략으로는 본질적 원리, 사회적 의미, 경험 공유, 네트워킹 기회가 제공되고 융합형 접근으로 시너지를 창출하는 것이 좋다. 개인화 시대에 맞춰 하나의 주제를 세대별 관점으로 다각화해야 한다. '리더십' 주제를 MZ세대에게는 '소통형', X세대에게는 '성과형', 베이비부머에게는 '가치형'으로 접근한다.

2026년 중장년 강사의 성공 공식은 '경험 + 디지털 + 맞춤화'다. 풍부한 경험만으로는 한계가 있으나, 디지털 도구와 세대별 맞춤 전략을 결합하면 독보적 경쟁력을 확보할 수 있다. 체계적 준비와 지속적 개선을 통해 변화하는 교육 환경에 적응하는 강사만이 자신의 가치를 극대화할 수 있다.

5. '중장년 강사' 강의 시 주의사항 5가지

첫째, 세대 간 공감과 소통을 우선시하라.

강의 중 본인의 경험과 지혜를 전달하려는 의욕이 지나쳐, 젊은 세대의 관점을 간과하거나 일방적으로 가르치려는 태도를 보일 수 있다. 해결 방안으로는 학습자들의 시대적 배경과 관심사를 이해하고, 그들의 의견을 경청하며 상호작용을 강화해야 한다. 예를 들어, MZ세대와의 소통에서는 그들이 선호하는 디지털 플랫폼이나 트렌드를 활용해 대화를 시작하는 것이 효과적이다.

둘째, 기술 활용에 대한 두려움을 극복하라.

디지털 도구나 AI 기술을 활용하는 데 익숙하지 않다면, 강의 중 기술적 오류가 발생하거나 학습자들에게 신뢰를 잃을 수 있다. 해결 방안으로는 강의 전에 충분히 연습하고, 필요한 경우 기술 지원을 받을 수 있는 환경을 마련해야 한다. 또한, ChatGPT, Canva, Zoom 등 강의에 유용한 디지털 도구를 미리 익혀 강의의 품질을 높이자.

셋째, 경험을 과도하게 일반화하지 마라.

본인의 경험이 모든 상황에 적용될 수 있다고 생각하거나, 학습자들에게 이를 강요하는 태도는 반감을 살 수 있다. 해결 방안으로는 경험담은 "이것은 제 경험에서 나온 교훈입니다." 라는 식으로 학습자들이 스스로 판단할 여지를 남겨둬야 한다. 또한, 다양한 사례와 데이터를 활용해 강의 내용을 보완하자.

넷째, 지나치게 긴 강의는 피하라.

중장년 강사들은 풍부한 경험을 바탕으로 많은 이야기를 하고 싶어 하지만, 학습자들의 집중력을 고려하지 않으면 강의가 지루해질 수 있다. 해결 방안으로는 강의 내용을 핵심 메시지 중심으로 간결하게 구성하고, 학습자들이 참여할 수 있는 질의응답, 토론, 실습 등의 활동을 포함해야 한다. 예를 들어, 20분 강의 후 10분 토론 시간을 배치하는 방식이 효과적이다.

다섯째, 권위적인 태도를 지양하라.

중장년 강사로서의 경력과 연륜이 학습자들에게 권위적으로 비춰질 수 있다. 이는 학습자들의 자발적 참여를 저해할 수 있다. 해결 방안으로는 학습자들과 동등한 입장에서 소통하려는 태도를 유지하라. "저도 여러분에게서 배우고 싶습니다."라는 메시지를 전달하며, 학습자들의 의견과 경험을 존중하는 모습을 보여주라.

6. 시사점

이제, 여러분의 경험이 교육 시장의 새로운 통화로 완성된다. 지난 장에서 살펴본 것처럼, 중장년 강사는 '맥락적 지혜'를 품은 스토리텔러이며, AI와 디지털 도구를 적절히 활용해 세대 간 소통을 연결하는 가교다. 과거의 경험을 오늘날의 문제 해결 전략으로 재해석하고, 현장의 목소리를 담은 생생한 사례를 스토리텔링 기법으로 풀어내면 학습자는 '체험의 울림'을 얻는다. 동시에, ChatGPT · Canva · 온라인 플랫폼 등 디지털 도구는 여러분의 콘텐츠를 더 넓은 무대로 확장시키는 동력이다. 이 도구들을 익혀 반복 업무를 자동화하고, 세대별 맞춤형 형식으로 재편집하면 강의의 품질과 효율이 동시에 높아진다. 나아가 MZ세대와의 협업 프로젝트를 통해 서로의 강점을 결합한 융합형 교육 모델을 구축할 때, 여러분은 블루오션의 리더로 자리매김할 수 있다.

'100세 시대'에 접어든 지금, 중장년은 은퇴가 아니라 제2의 커리어 출발점이다. 커리어 컨설팅, 창업 멘토링, 로컬 크리에이터 양성 등 실용적 프로그램을 통해 지역과 산업을 연결하고, 은퇴 세대의 재능이 사회적 자산으로 전환되는 순환 구조를 만들어야 한다.

마지막으로, 여러분의 여정은 곧 '개인 브랜드의 완성'이기도 하다. 끊임없이 배우고, 성과를 기록하며, 온라인 채널에서 스토리와 전문성을 공유하라. 신뢰의 네트워크가 쌓일수록 강의 기회는 더 넓어지고, 더 깊이 있는 성과로 돌아온다.

미래는 이미 우리 곁에 와 있다. 여러분의 경험과 열정이 모여 새로운 교육 패러다임을 쓰고, 또 다른 누군가의 인생을 바꿀 힘이 되어 줄 것이다. 이제, 여러분의 이야기를 전 세계와 나눌 시간이다.

▣ 참고문헌

- 서울시 50플러스 재단(2024), 『기업 연계 일자리 채용 특성 분석 연구보고서』
- 조선일보(2025. 5. 22.), 『중·장년 겨냥한 AI 교육 시장 커진다』

- AI타임즈(2025. 5. 12.), 『데이원컴퍼니, AI 교육 콘텐츠 매출 85억 기록…"중장년층 수요 중심으로 2,700% 성장"』
- 서울시50플러스재단, 『기업 연계 일자리 채용 특성 분석 연구보고서』
- 한국정보화진흥원, 『2025년 디지털 격차 실태조사』
- 한국경영자총협회, 『2025년 직장 내 세대 갈등 실태조사』
- 중소벤처기업부, 『2025년 창업 현황 조사』
- 통계청, 『2025년 인구 전망』
- 과학기술정보통신부, 『2024 인터넷 이용 실태조사』
- 한국교육개발원, 『2025년 평생교육 참여 실태조사』
- OECD, 『Future of Education and Skills 2030』
- OECD, 『Education 2030』
- McKinsey, 『Global Institute의 2025년 보고서』
- Business Research Insights, 『2024년 보고서』
- Research Nester, 『2025년 교육 기술 시장 분석』
- 홀론IQ(Holon IQ), 『2025년 글로벌 에듀테크 시장 분석』
- 강대욱 네이버 블로그, 『요리하는 사과 농부의 시골 밥상』
- 박정희 네이버 블로그, 『브레인앤마인드센터』
- 하연지 네이버 블로그, 『디지털할매 연지쌤 네이버 블로그』
- 유창옥 네이버 블로그, 『희망디자이너 유창옥 네이버 블로그』

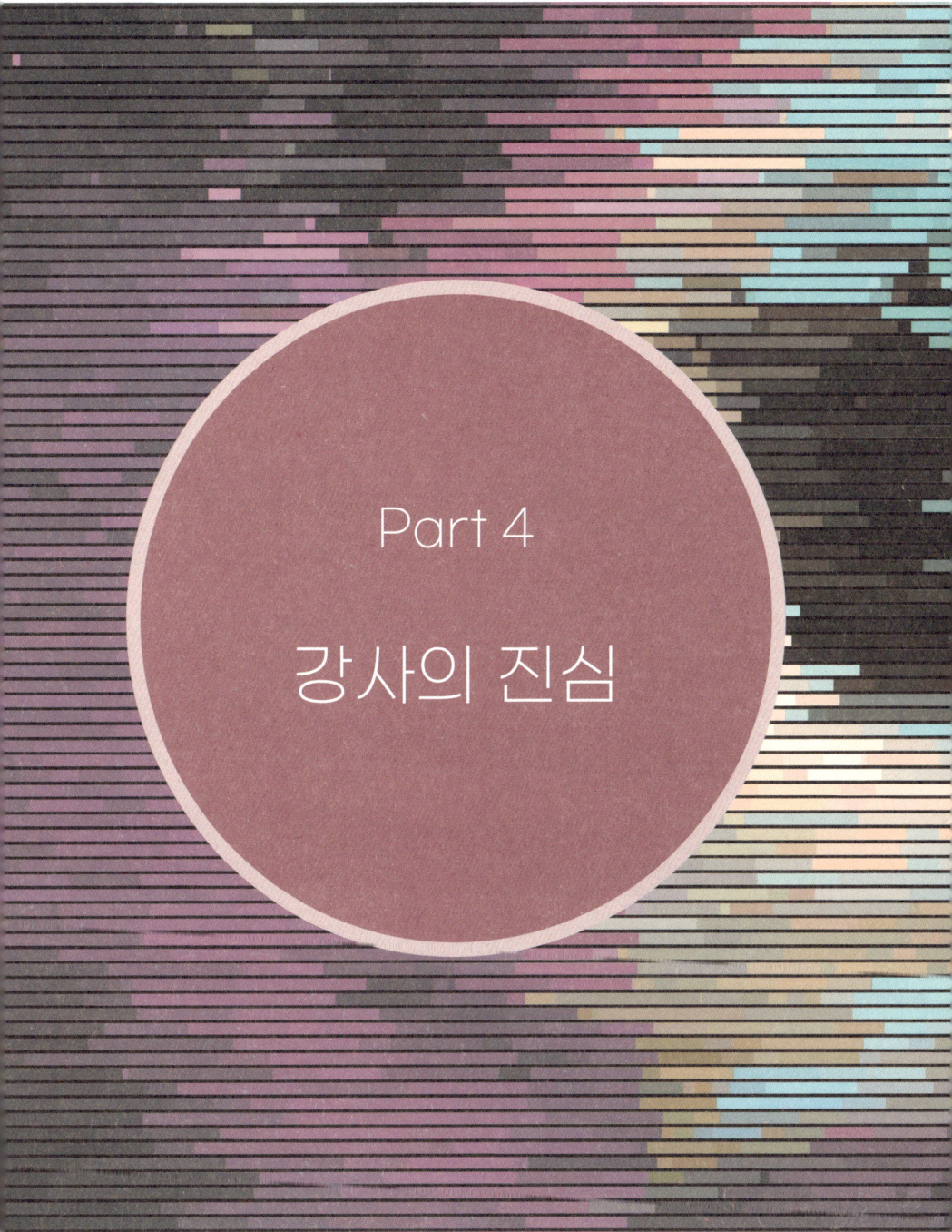

강사가 강사에게 전하는 원포인트 레슨

"강의의 성공은 당신이 전달한 지식이 아니라, 청중이 받아들인 것으로 판단된다."

- Lilly Walters, 커뮤니케이션 전문가.
『Secrets of Successful Speakers』(1993) 저자 -

김민태
(EBS 위대한 수업 그레이트 마인즈 프로젝트 책임)

· '자존감'을 대중화시킨 방송 프로듀서 1호
· 『나는 고작 한번 해봤을 뿐이다』, 『강의 트렌드 2025』 등 저서 5권
· 20회, 21회, 35회 한국PD대상 수상
· 기획다큐멘터리 「아이의 사생활」 등 연출

해시태그

#강사역량 #원포인트레슨 #경험 #지혜의전수

개요

- 코너명: 최고 강사의 원 포인트 레슨
- 인터뷰어: 김민태(EBS 위대한 수업, 그레이트 마인즈 프로젝트 책임)
- 인터뷰 대상: 『강의 트렌드 2026』 집필진
- 장르: 인터뷰 다큐멘터리

강사의 기준을 다시 묻다

김민태(EBS 위대한 수업, 그레이트 마인즈 프로젝트 책임)

"실패의 경험이 강사를 진짜 강사로 만든다."
"청중의 시각에서 나를 봐야 한다."
"청중을 넘어 세상에 도움이 되면 더욱 강한 강사가 된다."

최고 강사는 어떤 비법이 있을까? 강사의 강의가 끝나고 나는 조심스럽게 물었다. "강사가 되고 싶은 사랑하는 후배에게 어떤 말을 해주고 싶은가요?" 나는 이들이 들려준 이야기에서 강의가 직업적 행위를 넘어 하나의 태도라는 것을 배웠다.

열 명의 강사를 만나면서 가장 인상 깊었던 것은 그들은 대개 '실패'라는 공통분모를 가지고 있다는 점이었다. 조연심은

IMF 때 받은 상처가 오늘의 성공을 만들었다고 했다. 최재용은 회사 실패 후 새로운 길을 찾았으며, 한민은 학교를 옮기며 학생들의 냉담한 반응에서 진짜 자신을 발견했다. 그들에게 들은 빛나는 레슨은 바로 실패에서 나왔다.

두 번째로 놀라운 점은 '콘텐츠를 공유한다'는 철학이었다. 박정아는 자신이 개발한 콘텐츠를 아낌없이 나눈다. 정진수는 직접 현장에 뛰어들어 경험한 것들을 강의에 녹여낸다. 일반적으로 강사들이 자신만의 노하우를 숨기려 한다는 편견과는 정반대였다. 오히려 더 많이 나눌수록 더 성장한다는 것을 그들은 알고 있었다.

세 번째는 이들의 '청중 중심' 사고였다. 최동하는 "청중을 먼저 생각하라."고 강조하고, 장한별은 '사용자 친화성'을 역설한다. 최주리가 "분야를 더욱 뾰족하게"라고 강조하는 것도 결국은 청중의 관심을 끌어내기 위한 방법이다. 이들에게 강의는 자신을 드러내는 무대가 아니라 청중의 변화를 이끄는 공간이었다. 김순복의 "사람들이 제 강의를 통해 성장하고 변화되는 게 더 기쁘다."라는 말에서는 그 진심을 느낄 수 있었다.

네 번째는 'AI 시대에 대한 관점'이었다. 최재용은 "AI를 이해하면 기존의 강의보다 더 빠르게 시장에 침투하고 영향력을 확대할 수 있다."고 했고, 김순복은 "인간다움이야말로 AI 시대에 강사가 가져야 할 최고의 자질"이라고 강조했다. 서로 다른 면을 보고 있어도 AI는 강사 세계에서 이미 화두로서 점령하고 있었다.

마지막으로 가장 눈에 띄는 건 이들의 '**진정성**'이었다. 한민의 "자기 이야기로 청중의 마음을 열어라.", 조연심의 "사람들이 스스로 좋아할 수 있도록 돕겠다.", 정진수의 "경험에 투자해야 한다."는 말들에서 느낄 수 있는 것은 단순한 강의 기법이 아니라 삶에 대한 철학이었다. '시테크'와 '협업' 같은 개념을 창안한 42년 경력의 윤은기의 말은 강사에 대한 새로운 시각을 던져준다. "강의는 나를 위한 것이 아니라, 세상과 타인을 위한 것이다." 이 말은 오랫 동안 사랑 받고자 하는 한국 강사의 좌표를 제시하는 문장이기도 하다.

이들을 만나면서 깨달은 것은 진정한 강사는 '콘텐츠 전달자'가 아니라 '변화 촉진자'라는 점이다. 단순히 지식을 전달하는 것이 아니라, 청중의 마음을 움직이고 행동의 변화를 이끌어내는 사람들이었다.

AI가 아무리 발달해도, 사람의 경험과 상대방을 향한 진심만큼은 기계가 대신할 수 없다는 것을 이들이 증명하고 있었다. 강사라는 직업이 단순히 '말하는 사람'이 아니라 '삶을 바꾸는 사람'이라는 것을, 이 10명의 강사들이 보여주었다.

강사의 실력은 PPT나 화려한 스킬이 아니다. 얼마나 진정성 있게 자신의 경험을 나누고, 얼마나 청중의 입장에서 생각하며,

얼마나 끊임없이 성장하려 노력하는가에 달려 있었다. 이것이 내가 이들을 만나며 배운 가장 큰 교훈이었다. 여러분도 나와 같은 경험을 얻기를 바란다.

【요약】

- 강사들은 실패의 경험을 성공의 디딤돌로 삼았으며, 이를 통해 진정성을 획득했다.
- 콘텐츠를 독점하지 않고 적극적으로 공유하는 철학이 오히려 더 큰 성장을 가져다주었다.
- 강의의 핵심은 자신을 드러내는 것이 아니라 청중의 변화와 성장에 집중하는 것이었다.
- AI 시대에도 인간만의 경험과 진정성, 공감 능력은 대체 불가능한 강사의 핵심 역량이다.
- 진정한 강사는 지식 전달자가 아닌 '변화 촉진자'로 타인의 삶에 영향을 미치는 사람이다.

42년 강단의 비밀, 시대를 반 박자 먼저 읽어라

윤은기(한국협업진흥협회 회장)

42년간 한국 강단을 지켜온 레전드 강사 윤은기는 100세를 넘어서도 활동하는 연세대 김형석 명예교수를 제외하고 강의 경력이 가장 길다. 뿐만 아니라 개념의 창조를 통해 한국 사회에 새로운 패러다임을 제시했다. 지금은 누구나 받아들이는 '시테크(時tech)', '매력경영', '협업' 같은 용어들은 그가 창안했다.

70대의 나이에도 한 달에 열흘 이상 전국을 누비며 강의할 수 있는 비결은 무엇일까? 그에게 진성한 강사의 철학을 들을 수 있었다.

어떻게 하면 스테디 강사가 될 수 있을까?

언제나 새로운 강사는 태어난다. 어떤 이는 혜성처럼 나타나 유성처럼 사라진다. 이런 시대 그토록 긴 시간 강단을 지킬 수 있었던 힘은 어디서 나올까? 그는 "반 박자만 앞서 가면 된다"라고 말한다. 너무 빨라도 안 되고, 늦어도 안 된다는 것이다.

"사람들이 신기하다고 해요. 무슨 미국 대학 교수도 아니고 다국적 컨설팅 회사의 유명 연구원도 아닌데 어떻게 세계적으로 확산될 개념을 들고 나오냐고요."

그의 예측력은 첫 번째, 끊임없는 공부와 정보 수집에서 비롯된다. 그는 KBS, CBS, 교통방송에서 오랫 동안 시사 프로그램을 진행했다. 매일 정치, 경제, 사회, 문화예술 전문가들과 인터뷰하며 쌓은 지적 기반이 있다.

"방송 진행자로 시사 프로그램 2시간짜리를 10년 진행한 게 나한테는 박사학위 몇 개 쓴 것보다도 훨씬 많은 공부가 됐어요."

두 번째, 그가 예측하는 개념에는 언제나 익숙한 것과 낯선 것 간의 절묘한 연결이 있다. 소위 융합적 사고의 결과가 오늘날 최고 강사의 자본이 됐다. 이것은 학부에서는 심리학을, 대학원에서는 경영학을 전공한 것이 큰 도움이 되었다고 한다.

반 박자 빠른 직관, 시대를 설계하다

그의 강의가 지속가능한 이유는 시대적 가치를 반영하기 때문이다. 90년대 창시한 '시테크'라는 개념은 한국 사회에 시간의 가치를 일깨웠다. 이 개념은 일시적 유행이 아니라 사회적 현상이 되었다. 책은 30만부 이상 팔렸고, 삼성, LG 같은 대기업, 청와대에서 단체 구매해 읽을 정도였다.

'시테크' 다음에는 '협업'이라는 개념이 또 다시 사회에 자극을 주었다. 10여 년 전 창조한 이 말은 당시만 해도 사람들이 전혀 모르는 용어였지만, 지금은 일반 명사가 됐다. 당시 '협업 전도사', '미스터 콜라보'라는 별명을 얻으며 한 달에 20번씩 강의를 했다.

현재 그가 주목하는 것은 '엑스(X) 경영'이다. 곱하기 경영이라는 뜻으로, 일론 머스크를 비롯한 세계적인 테크 기업 CEO들이 AI와 협업을 이용해 짧은 시간에 어마어마한 성과를 내는 경영 방식을 말한다.

"엑스 경영은 초성과도 내지만 잘못하면 곱하기 0이 되어 망할 수도 있어요. 그래서 초리스크가 되는 거죠."

이처럼 그가 시대에 주목하는 이유는 언제나 강의의 목적을 생각하기 때문이다. "강의는 나를 위해서 하는 게 아니라 청중과 세상을 위해서 한다."고 말한다. 이런 철학은 강의 주제 선택에도 영향을 미친다. 돈 버는 방법이나 스킬을 가르치는 게 아니라, 실제로 세상에 보탬이 되는 주제를 잡는다는 것이다.

"강의료를 많이 받으면 좋죠. 좋은 데 쓸 수 있으니까. 하지만 돈을 벌기 위해서 강의한다는 것은 다른 거예요. 강의는 매우 공익적인 가치가 들어있기 때문에 타인과 세상을 위해서 해야 해요."

지속적인 학습과 최신성 유지

그는 일찌감치 명강사보다 스테디 강사가 되는 방향을 선택했다. 그래서 일시적 유행이 아닌 긴 안목을 유지할 수 있었다. 강의 주제 역시 언제나 사회적 이슈가 될 것을 미리 예측하고 선정했다. 지금도 여전히 공부를 멈추지 않는다. 매일 뉴스를 챙기고, 최신 트렌드를 파악하며, 강의에 반영한다.

"강의하는 사람은 책을 많이 읽고, 시사 정보를 챙기고, 세상의 변화를 잘 읽어야 해요. 사례를 들더라도 최신 예를 드는 게 좋아요."

그는 김형석 교수를 예로 들며 이런 자세의 중요성을 설명한다.

"김형석 교수님이 대단한 게, 105세인데도 강의할 때 최신 뉴스, 최신 정보를 다 반영해요. 신문에 칼럼도 쓰시는데, 그러다 보니까 뉴스를 챙기게 되고, 그게 강의에도 자연스럽게 반영되는 거죠."

윤은기의 메시지는 명확하다. 시대를 반 박자 먼저 읽고, 세상에 보탬이 되는 강의를 하며, 지속적으로 학습하라는 것. 그로써 스타 강사가 아닌 스테디 강사가 되라는 것이다.

강의 주제는 사회에 보탬이 되어야 한다

○ 숨은 포인트: 다양한 지식 기반을 구축하라.

○ 실행 팁

▶ 책, 뉴스, 방송, 칼럼을 통해 사고력을 확장하라.

▶ 최신 사례로 강의를 살아 있게 하라.

맞춤형에서 독보적 강사로 거듭나는 법

조연심(엠유 대표)

조연심은 퍼스널 브랜딩의 선구자로 통한다. 개인과 기업 대상으로 브랜딩 교육에 힘쓴 지 20년이 됐다. "사람들이 스스로 증명할 수 있도록 돕겠다."는 것이 스스로 정한 미션이다.

더불어 강의 경력 26년에 이르는 베테랑 강사이기도 하다. 강의 여정은 1999년 YBM에서 시작됐다. 당시 그는 회사에서 전설의 존재였다. 학습지 교사로 출발해 지국장을 거쳐 본부장 자리에 오른 입지전적 인물이었다.

직원들은 그의 성공담을 듣고 싶어 했고, 자연스럽게 강의 무대에 올랐다. 강사가 되기 위한 훈련을 받지 않았지만 청중은 언제나 귀를 기울였다. 현장에서 쌓은 경험 덕분이다. '이제 회사에서 독립할 수 있겠다'는 자신감이 생겼다.

본격적인 강연 무대에 서다

2008년 자신이 대표가 되어 회사를 세웠다. 월급이 보장되지 않았다. 조연심은 생계를 위해서도 '닥치는 대로' 강의했다. 강의는 금새 소문이 났다. 특히 재래시장 상인들을 대상으로 한 커뮤니케이션 강의가 인기였다. 강의는 점차 공공기관으로 확대됐다. 이 시기 강의 중개 업체의 도움을 받으며 주제를 확대해 나갔다. 자기계발, 커뮤니케이션, 고객 관리…. 기업의 요구가 바뀌면 키워드를 바꿨다. 하루 하루 착실하게 강의를 준비했다.

"살아야 했으니까요. 그땐 뭐든 닥치는 대로 했어요."

강의 평가는 좋았다. 그러나 어느 날 문득 자신에게 질문을 해보았다. '이 강의는 꼭 나여야만 하는가?' 불길한 자각이었다. 강의 반응이 좋으면 좋을수록 일은 늘었지만 불안감도 높아졌다.

인기 강사의 아이러니도 체험했다. 강사가 독보적인 존재가 되어 갈수록 이를 바라보는 기업의 불안도 덩달아 높아진다. 수급 불균형이 생기기 때문이다. 기업은 이 불안을 해소하기 위해 대안을 찾았다. 강의를 표준화하고 싶어했다. 기업 입장에서는 누가 해도 비슷한 강의를 할 수 있도록 하면 인기 강사 리스크를 줄일 수 있다. 조연심은 모든 요구사항을 수용했다. 하지만 깎여 나가는 강사료 문제는 어느 날 한계에 봉착했다.

"그 순간 알았어요. 이 방식으로는 결코 '조연심'이라는 이름을 만들 수 없겠구나."

강의료를 또 깎는다고 했을 때 단호하게 거절했다. 그러자 수입의 70%가 뚝 끊겼다. 반면 좋은 일도 있었다. 시간이 생긴 것이다. 그때 시작한 것이 소위 '뻘짓 프로젝트'였다. 자신의 이름을 걸고 진행하는 인터뷰를 기획하고, 브랜딩 콘텐츠를 만들고, 매년 책을 썼다. 이 '뻘짓'이 훗날 독창적인 강의의 토대가 되었다. 강의가 다시 들어오기 시작했다. 이번엔 조연심이 아니면 할 수 없는 주제들로 만들어갔다.

그렇게 자신이 했던 방식으로 증명하는 사이 세상이 바뀌었다. 2020년 코로나 19 위기를 거치며 사람들은 디지털로 만나기 시작했다. 디지털 평판을 축적해왔던 조연심의 인지도와 영향력은 이때 급격하게 커졌다.

맞춤형 강사에서 나를 증명하는 강사로

조연심은 대부분의 강사들이 '맞춤형'에 머물러 있다고 아쉬워한다. 요청에 맞춘다. 유행에 맞춘다. 이해는 가지만 그렇게 해서는 차별화하기 어렵다. 강사 수명이 짧아지는 게 큰 문제다. 우리나라에는 커뮤니케이션 분야에만 약 5천 명의 강사가 활동하고 있다. 레드오션이다. 이런 환경에서 나는 언제까지 맞춤형 강사로 활동할 수 있을까? 딜레마는 결국 선택을 요구한다. 그래서 조연심의 거절은 지금도 진행형이다.

"제가 지식 소통가라는 이름으로 활동하니, 요즘도 '소통' 키워드 하나 보고 어떤 기업에서 강의를 해달라고 요구합니다. 할 수 있죠. 그런데 저는 거절해요. 담당자님, 알고 계시는 그 소통이 아닙니다. 저는 브랜드로 소통하는 사람입니다."

선택에는 양면이 있다. 단기적으로 불리해도 장기적으로 유리할 수 있다. 2023년 인공지능의 바람이 불자, 조연심은 공부를 해야겠다고 생각했다. 대학원에 가서 논문을 썼다. 자신이 하는 일에 AI를 접목시켰다. 그러면서 퍼스널 브랜딩에 독보적인 존재가 됐다. 되돌아보니 거절은 끝이 아니라 새로운 시작이었다.

조연심의 메시지는 분명하다. '나 아니면 안 되는 강의를 해야 뾰족해진다.'는 것. 이것이 바로 무한 경쟁으로 치닫는 강의 시장에서 살아남고 성장하는 비결이라고 조연심은 강조한다.

원 포인트 팁

퍼스널 브랜드는 검색에 남는다

○ 숨은 포인트: 검색해도 안 나오는 강사는 존재하지 않는 강사다.
○ 실행 팁
▶ 본인의 전문 분야 키워드로 '검색 결과 1페이지'를 장악하라.
▶ 모든 강의 주제에 '내 이름표'를 붙여라.
예) 브랜드로 소통하는 강의 → 조연심의 브랜드로 소통하는 강의

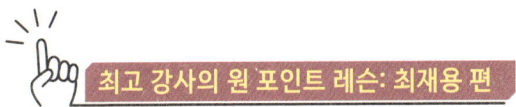

경험은 AI 시대 특별한 무기가 된다

최재용(디지털융합교육원 원장)

최재용은 트렌드를 누구보다 빠르게 읽었다. 위기를 기회로 바꾼 힘도 속도다. 15년째 강사 양성을 이어오고 있는 그는 늘 새로운 시도를 한다. 그 시작은 강사가 되면서부터였다.

최재용 원장의 삶은 굴곡이 많았다. 홈쇼핑 MD로 일하다 사업에 뛰어들었지만 실패하고 신용 불량자가 됐다. 절망감에 빠져 한때는 극단적인 선택을 고민하기도 했다. 삶의 끝을 고민하던 그가 다시 일어설 수 있었던 것은 우연히 듣게 된 공병호 박사의 '1인 기업교육' 덕분이었다.

"같은 강의를 세 번이나 들으러 가자 공병호 박사가 책을 쓰라고 조언했어요."

조언을 따라 홈쇼핑 경험을 바탕으로 원고를 썼지만 찾아가는 출판사마다 거부했다. 그러던 중 인연을 통해 출판 기회를 얻었다. 그렇게 나온 책이 「나는 매일 G마켓으로 출근한다」이다. 백수가 지마켓에서 물건을 파는 이야기를 담은 매뉴얼이었다. 책은 베스트셀러가 됐고 인생을 바꾸는 전환점이 되었다.

절망에서 피어난 강사의 길

책을 본 전문대 교수로부터 연락이 왔다. 학생들에게 강의를 해달라는 요청이었다. 최재용은 강의 경험이 쌓이면서 '교수'가 되고 싶다는 꿈이 생겼다. 내친김에 국립 공주대학교에서 전자상거래학 석·박사 과정을 밟고 마침내 학위를 취득했다.

점점 그의 이름이 알려졌고 어느새 창업 전문가로 이름을 날렸다. 2010년이 되자 방송에서 그를 찾기 시작했다. KBS 스펀지, MBC 불만제로, EBS 생활정보 프로그램 등 안 가본 방송국이 없을 정도였다. 이름과 얼굴이 알려지며 경제적으로도 안정을 찾았다. 하지만 그는 여기서 멈추지 않았다.

AI에 관심을 가진 것도 강사가 되는 처음과 비슷했다. ChatGPT가 나왔을 때 그것이 자신의 삶과 관련이 있을 것이라 생각하지 않았다. 그러던 중 제주도 처가에 놀러 갔을 때다. TV에서 대통령이 AI의 활용을 강조하는 모습을 보고 '유레카'를 외쳤다.

"대통령이 장관한테 지시하는 모습이 TV에 나왔어요. 요지는 모든 공무원들이 써보면 좋겠다. 그걸 보는 순간 저는 이건 분명히 뜬다 믿게 되었죠."

　AI의 시장성을 직감했다. 대통령의 지시는 행안부를 통해 전국 지방자치인재개발원과 서울시 인재개발원 등에서 교육으로 이어질 것이고, 이는 곧 강의 수요로 연결될 것이라고 예측했다.

　당시 국내에는 관련 책이나 교육이 거의 없었기에, 외국 자료를 참고해 독학했다. 유튜브를 훑었고 아마존에서 관련 책을 사고 강의를 들으며 자신만의 콘텐츠를 개발했다.

　2023년 2월 AI 관련 책을 출간하며 본격적으로 AI 강의를 시작했다. 최재용의 이름은 널리 퍼졌다. 제자들도 빠르게 성공 사례를 만들어냈다. AI를 모르던 사람들이 최재용의 수업을 듣고 전국 대상의 강사가 되었다.

　"제자들이 성공하는 모습을 생생하게 봤어요. AI 강의로 한 달에 수천만 원씩 버는 분도 있고, 완전히 일타 강사가 됐죠. 본인의 노력도 있지만 AI 시대의 힘이기도 해요. AI를 모르던 사람들이 강사가 되겠다고 왔는데 이제 전국을 다니면서 선한 영향력을 행사하는 거예요."

유레카 모멘트: 나이 제한이 없는 기술

　새로운 기술은 언제나 등장했고 사회는 변했다. 90년대 인터넷의 등장이 그랬고, 2000년대 모바일이 그랬다. 기회를 빨리 잡은 사람은 새로운 길을 만들었다.

AI도 마찬가지다. 하지만 차원이 다르다. AI를 교육하는 최재용은 AI가 고용과 산업에서 상상 이상의 변화를 가져올 것이라고 확신한다. 두바이의 AI 대학원을 방문했을 때 AI가 '미래의 석유'가 될 것이라는 통찰을 얻었다.

"지금은 AI의 시대입니다. AI를 배워 강의안과 강의 콘텐츠를 제작하면 기존의 강의보다 더 빠르게 시장에 진입하고 영향력을 확대할 수 있어요."

그는 대기업 출신의 퇴직자들이 AI 강사 교육을 받으러 오고 있다고 말한다. 이들은 기업교육에서 빠르게 호응을 얻고 있다. 풍부한 직장 경험이 있고 업무 효율화에 대한 고민을 거쳐 왔던 것이 큰 힘이다. AI 시대의 특별함은 바로 '나이'다. 나이 제한이 없고 누군가에게는 그 이상의 자산이 된다.

기존의 메타버스나 SNS는 나이 많은 사람들이 따라가지 못했다. 하지만 AI는 판이 다르다. 만약 타이핑을 못 하면 말로 하면 된다. 코딩을 몰라도 프로그램을 짤 수 있다. 오히려 나이 많은 사람들이 유리한 점도 많다. 질문을 잘하고 경험이 많기 때문이다. 그가 꼭 AI 관련 강사가 아니더라도, 트렌드를 선점하지 않더라도 물결에는 올라타라고 강조하는 이유다.

원 포인트 팁

당신의 이름이 AI 검색에 나오게 하라

○ 숨은 포인트: MZ세대 교육 담당자들은 이제 AI로 강사를 검색한다.

○ 실행 팁

▶ 자신만의 채널을 운영하라: AI는 유튜브 콘텐츠, 블로그, 홈페이지 등을 학습 자료로 활용한다

▶ 신뢰도 있는 매체에 기사와 칼럼을 기고하라: AI는 신뢰도 높은 소스를 우선 참조한다

자기 이야기의 힘

한민(문화심리학자)

한민은 문화심리학자로 역사·철학·사회학을 넘나드는 입담으로 유명하다. 특히 학자로서는 드물게 청중의 마음을 여는 스토리텔링이 뛰어나다. 이런 강점을 바탕으로 대학 강의부터 TV 강연 그리고 대중 현장 강연까지 종횡무진하고 있다.

그가 강사들에게 조언하고 싶은 것은 한 문장이다. "청중의 마음을 여는 데 자기 이야기만한 것이 없다." 이 단순한 진리를 통해 그는 다양한 무대에서 사람들의 마음을 움직이고 있다. 그가 전달하는 메시지의 힘은 자신의 삶에서 직접 경험한 깨달음에서 나온다.

그는 모교인 고려대학교에서 2006년부터 강의를 시작했다. 이듬해에는 강의 평가 상위 5%로 석탑강의상을 수상하는 영예를 안았다. 당시 그의 강의가 높은 평가를 받은 이유는 철저한 준비와 전달력이었다. 학생들의 강의 평가에는 "조곤조곤 말씀을 잘해주신다."라는 코멘트가 자주 등장했다.

하지만 2013년 학교를 옮기면서 새로운 도전에 직면했다. 심리학 교수로 임용되었지만, 리더십이나 기획과 프리젠테이션 같은 실용적인 과목을 주로 맡게 되었다. 그러자 학생들의 관심도가 현저히 떨어졌다.

"처음에 학생들이 제 강의를 듣지 않고 다른 곳 쳐다보는데 자괴감이 몰려왔어요. 저도 학생들 보다가 어색해서 칠판 바라보고. 첫 학기를 끝내고는 학교를 그만둘 생각까지 했어요. 하지만 막 태어난 둘째 아이 때문에 그만둘 수도 없었어요."

철저한 준비에도 마주한 실패

무엇이 문제였을까? 절망 속에서 그는 중요한 깨달음을 얻었다. 학교를 옮기면서 달라진 것은 장소만이 아니었다. 학문이냐, 실용이냐에 따라 학생들의 집중도가 달랐다. 청중의 특성을 파악하지 못한 결과가 쓰라렸다. 학술적 호기심이 있는 청중과 실용적 관심이 있는 청중은 바라보는 것이 달랐다. 새로운 학생들이 원하는 것은 지식 자체가 아니었다.

한민은 학생들이 흥미로워할 만한 최신 트렌드를 강의에 접목하기 시작했다. 평소 눈 여겨 본 인터넷 기사에서 수업 소재를 발굴했다. 그러자 학생들은 반응하기 시작했고 강의는 살아나기 시작했다.

"예를 들어 학생들에게 아이돌 기획사 프로듀서가 되어 시장을 분석하고 콘셉트를 설정해서 성공을 모색해보자고 과제를 내니 관심을 갖더라고요."

이 경험을 통해 한민은 자신의 강의 스타일을 완전히 바꾸게 되었다. 청중들에게 먼저 관심을 보이고, 그들의 세계에 들어가는 방식을 택했다. 경험에 바탕한 이야기도 과감하게 드러냈다. 자신이 겪은 실패담, 중년의 위기, 진로 고민까지 솔직하게 털어놓았다. 그러자 청중은 강의에 몰입하기 시작했다. 자기 노출에 대한 내적 저항이 없던 것은 아니지만, 그는 그것이 가져오는 효과에 주목했다.

진정성은 마음을 여는 열쇠

한민의 메시지는 명확하다. 자기 이야기는 단순한 사적 경험의 공유가 아니라, 강의 내용과 청중을 연결하는 다리라는 것이다. 개인적인 이야기를 통해 청중의 관심을 끌고, 그 관심을 유지하면서 핵심 메시지로 자연스럽게 이어가는 전략이다.

"자기가 노출한 내용하고 강의 내용이 잘 섞여야 돼요. 어떤 중요한 포인트를 뽑아내는 차원에서, 생각의 연결을 돕는 차원에서 활용이 돼야 합니다."

그는 이러한 연결을 만들기 위해 '연습'의 중요성을 강조한다. 어떤 사건이나 강의 주제가 자신의 삶과 어떻게 연결되는지 지속적으로 고민하고 찾아내는 습관을 만드는 것이다.

한민의 이야기는 강의의 본질에 대한 깊은 통찰을 제공한다. 지식 전달만이 아닌, 인간과 인간 사이의 진정한 소통을 추구하는 그의 접근 방식은 무한 경쟁 시대의 강사들에게 중요한 힌트를 준다.

원 포인트 팁

완벽한 사람보다 진정성 있는 사람에게 청중은 더 귀를 기울인다

○ 숨은 포인트: 특히 자신의 힘들고 괴로웠던 경험이 효과적이다. MZ세대 교육 담당자들은 이제 AI로 강사를 검색한다.

○ 실행 팁

▶ 자기 노출 → 공감대 형성 → 본론 전개의 3단계 구조를 활용하라: 청중이 먼저 마음을 열어야 내용 전달이 쉽다.

▶ 강의 내용을 자신의 삶과 연결 짓는 연습을 일상화하라: '이 주제는 내 삶에서 어떤 의미가 있을까?'

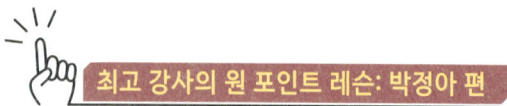

최고 강사의 원 포인트 레슨: 박정아 편

나눌수록 강해지는 강사의 길

박정아(아이티앤베이직 교육연구소 소장)

    박정아는 20년 가까이 강사로 활동하며 독특한 철학을 실천해 왔다. '콘텐츠를 꽁꽁 싸매지 말고 아낌없이 퍼뜨려라.'라는 것이 그의 신념이다. 이 철학을 바탕으로 180명의 강사 네트워크를 구축했다.

    강의 경력은 23살 때 시작됐다. 첫 직장에서 고객 서비스팀에서 근무했다. 갑자기 사내 강사가 결혼과 동시에 휴직했다. 공백을 잠깐 메우는 역할을 한다는 것이 무려 8년의 사내 강사를 맡게 됐다. 그러다 외부로 눈을 돌렸다. 안정적인 기업을 나와 프리랜서로 활동하며 시험대에 올랐다. 첫 번째 관문은 턱없이 적은 강의료였다.

    "강사 아카데미에서 강사를 양성하면서 한 달에 180시간씩 강의를 했어요. 1시간에 3만 5천 원이었죠. 일반 기업교육료*(15만원~30만원)*에 비해 훨씬 적었죠. 제 별명이 '강의 머신'이었어요."

프리랜서의 삶은 회사 다닐 때의 삶과 차원이 달랐다. 경쟁의 연속이었다. 강의를 많이 할수록 강의 실력이 느는 것은 당연한 일이었다.

강의에 대한 새로운 철학

강사들을 양성하면서 박정아는 수강생들에게 자신의 콘텐츠와 강의안을 아낌없이 나눠주었다. 선생이 된 만큼 이상한 일은 아니었다. 박 소장의 강의 자료는 수강생들을 통해 강의 현장으로 빠르게 퍼져나갔다. 그리고 예상치 못한 일이 일어났다. 다양한 기업에서 활용된 사례와 피드백을 받을 수 있게 된 것이다.

"수강생들이 실제 기업에서 써보고 저에게 얘기해요. 이걸 써보니까 이것은 좋고요, 이것은 안 좋았어요. 그래요? 그럼 나도 이걸 업데이트해봐야겠네. 하면서 수강생들과 소통을 많이 했어요."

박정아의 철학은 단순하면서도 혁신적이다. '세상에 온전한 내 것이 없다.'는 것을 인정하는 데서 출발한다. 모든 콘텐츠는 앞선 누군가의 아이디어, 인터넷 정보, 책에서 얻은 내용을 재구성한 것이라는 관점이다.

그는 자료를 공유하지 않는 강사들의 문제점을 명확히 지적한다. 똑같은 콘텐츠와 강의안을 몇 년씩 반복해서 사용하는 현상이다. 기업은 계속 변화하고 세상은 빠르게 흘러가는데, 새롭게 업데이트하지 않고 같은 내용을 반복하는 것을 "악순환의 반복"이라 표현한다.

공유가 가져온 나비 효과

단기적으로는 손해처럼 보이는 이 전략은 여러 긍정적인 효과를 가져왔다.

첫째, 평판이 높아졌다. 강의 자료를 제공 받은 강사들은 그를 '자료를 계속 만들어서 공유해주는 전문가'로 인식했다.

"제가 열심히 자료를 모아 콘텐츠를 업데이트하고 각종 논문도 찾으며 노력해 만든 자료들을 공유하다 보니 '박 소장은 계속 공부하고 발전하는 강사'라는 인식이 생겼어요."

둘째, 강사들과의 협업이 원활해졌다. 지식을 아낌없이 나누었던, 박정아는 강사들과 장기적이고 지속적인 협력 관계를 유지했다.

"강사들끼리 같이 협업을 할 때 자기 자료를 절대 공유하지 않는 강사들이 있어요. 받아만 가고 주는 걸 모르는 분들과는 협업하고 싶지 않아요."

셋째, 지속적인 콘텐츠 개발 동기가 생겼다. 기존 자료를 공유한 후에는 새로운 콘텐츠를 만들어야 했기 때문이다. 이는 강사로서 계속 성장할 수 있는 원동력이 됐다.

"이걸 안 주면 똑같은 강의안을 몇 년 동안 계속 같은 콘텐츠로 반복해서 쓰는 강사가 돼버리는 거예요."

"내가 가진걸 공유하지 않으면 어느 순간 똑같은 강의안을 몇 년 동안 계속 같은 콘텐츠로 반복해서 쓰는 강사가 돼버리겠더라고요."

박정아의 '퍼주기' 전략은 마침내 교육 사업으로 확장됐다. 자신이 개발한 한국형 업무 성향 진단을 기반으로 강사를 양성했고, 현재 180명의 강사를 이끌고 있다. 이는 단지 강사 개인의 성공이 아니라 함께 성장하는 생태계를 만든 것이다.

그의 메시지는 명확하다.

"내가 가진 콘텐츠를 아끼지 말고 세상에 풀어놓으세요. 공유하면 스스로 더 발전하는 강의를 하게 됩니다."

강의 자료를 공유할 때는
출처를 꼭 밝혀달라고 요청하라

○ 숨은 포인트: 자료를 공유할수록 나의 평판도 올라간다.

○ 실행 팁

▶ 공유한 자료에 대한 피드백을 수집하여 콘텐츠를 지속적으로 업데이트하라.

▶ 같은 자료를 반복해서 쓰기보다 새로운 콘텐츠를 개발하는 사이클을 만들어라.

▶ 자신이 만든 콘텐츠로 강사 양성 과정을 열어서 브랜드를 확장하라.

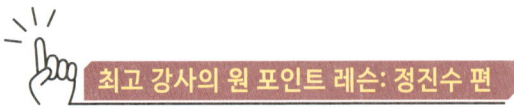

경험 없는 강의는 공허할 뿐입니다

정진수(감성컴퍼니 대표)

정진수는 국내 SNS 마케팅 강의 분야에서 독보적인 존재다. 2013년부터 블로그 마케팅을 시작해 2016년 국내 최초로 인스타그램 마케팅 서적을 출간했다. 이후 『1등은 당신처럼 SNS 하지 않는다』, 『네이버 스마트스토어 마케팅 시작하기』, 『인스타그램 마케팅 잘하는 사람은 이렇게 합니다』 등 SNS 분야의 총 13권의 책을 집필한 SNS 국가대표 강사다.

그의 강의가 힘을 가지는 이유는 단순하다. 바로 '경험'이다. 그는 "실무에서 직접 경험한 이야기가 가장 강력한 무기가 된다."고 말한다. 실제로 그는 커피숍부터 술집, 강의장, 피자집까지 다양한 업종의 매장을 직접 운영하며 얻은 경험을 토대로 생생한 강의를 펼친다.

블로그가 만든 강사의 길

그가 강사로서의 첫 발을 내 딛은 것은 우연이자 필연이었다. 마케팅 회사에서 일하며 피부 관리실 원장들에게 블로그 운영법을 알려주던 그는, 가르치는 자신이 정작 블로그를 하지 않는다는 사실에 모순을 느꼈다.

그래서 직접 블로그를 운영하기 시작했다. 블로그는 재미있었다. 회사 다니면서 하루에 두 세 시간씩 블로그를 직접 관리했다. 결과는 놀라웠다. 글 하나하나에 방문자가 몰리기 시작했다. 자연스레 개인 과외 요청이 늘었고, 아르바이트가 본업을 능가하는 수익을 가져다주었다.

"내 급여보다 과외 수입이 더 많아졌어요. 대표님에게 미안한 감정이 생겼고요. 그래서 회사를 그만둔다고 말씀드렸죠. 이왕이면 가르치는데 많은 사람 앞에 서는 직업을 해야겠다는 생각을 했어요."

이론과 현실의 간극에서 체험한 인사이트

정진수는 마케팅 강사로 성공한 뒤에도 사업에 뛰어들었다. 마케팅으로 맺어진 인연에서 공동사업으로 확장되기도 했다. 그러나 술집과 피자집 등 사업은 결코 만만치 않았다. 레시피 개발, 매장 운영, 직원 관리 등 실무적인 어려움을 직접 경험했다. 한마디로 현장에서 마주한 현실은 강의실의 이론과는 크게 달랐다.

이 경험이 SNS 강의에 중요한 전환점이 됐다. 이전에는 "SNS

마케팅이 중요하다, 전단지는 시대에 뒤떨어진 방식"이라고 가르쳤지만, 실제 사업을 해보니 현실은 달랐다.

"술집을 제가 직접 운영하면서 달라진 것이 있어요. 미디어 시대에 그토록 비효율적이라고 주장했던 전단지를 제가 직접 나눠줘야 했어요."

전통적 방법은 효과가 있었다. 그는 이 경험을 통해 현장에 맞는 솔직한 마케팅 방법을 강의에 녹이기 시작했다. 그러자 강의 반응은 더 뜨거워졌다.

"강의 듣는 분들이 마음을 더 많이 열어주더라고요. '이 사람 진짜 해봤구나, 책보고 말만 하는 게 아니구나, 같이 고생했구나.' 하면서 강의 반응이 무척 좋았어요."

그의 강의 철학은 명확하다. 좋은 강사는 경험에 투자해야 한다는 것이다. CS 강사라면 실제 고객 서비스 현장에서, 헬스 트레이너라면 직접 다이어트를 경험해봐야 한다는 것이다.

"경험에 투자를 해야 됩니다. 내 이야기와 경험이 같이 갖춰지면 훨씬 더 좋은 강의가 됩니다."

정진수는 지금도 이 원칙을 실천하고 있다. 새로운 SNS 플랫폼이 나오면 익숙하지 않더라도 직접 사용해본다. 스레드, 유튜브, 카카오스토리까지 모든 채널을 경험해보는 것이다. 이 중에는 좋아하는 것도 있고 왠지 꺼려지는 것도 있지만 중요하지 않다고 한다.

"하느냐 안 하느냐의 개념이 아니라 '다 해야 된다'의 개념인 거예요. 잘하든 못하든, 나랑 맞지 않더라도 해 본 다음에 '맞지 않다'고 말해야 합니다."

그의 메시지는 분명하다. 강사는 자신이 가르치는 분야에 몸소 뛰어들어 경험해야 한다는 것. 이것이 바로 치열한 강의 시장에서 살아남고 성장하는 비결이라고 그는 강조한다.

강의에 필요한 경험을 직접 투자하고 체득하라

- ○ 숨은 포인트: 직접 경험한 강의만이 청중의 마음을 움직인다.
- ○ 실행 팁
- ▶ 가르치는 분야에 최소 1-2개월은 직접 현장에 뛰어들어 경험하라.
- ▶ 새로 등장하는 플랫폼이나 도구를 싫어도 경험해보라.
- ▶ 현실의 어려움과 성공 사례 모두를 강의 콘텐츠로 활용하라 확장하라.

인간다움이 우리를 더 좋은 강사로 만듭니다

김순복(한국강사교육진흥원 원장)

AI 기술이 강의실을 점령해 가는 지금, 인간다움의 본질을 역설하는 강사가 있다. 김순복 한국강사교육진흥원 원장은 강사들의 성장을 돕는 '변화 디자이너'로 불린다. 1,500명에 이르는 강사 생태계를 이끄는 그녀는 "인간다움이야말로 AI 시대에 강사가 갖춰야 할 최고의 자질"이라고 강조한다. 공무원과 대기업 사무직 경력을 뒤로하고 교육 현장에 뛰어든 김순복의 여정에는 깊은 통찰이 녹아있다.

상처가 가르쳐준 진정성의 가치

김순복의 강사 생활은 공직자로서 내부 강사로 활동하던 중 "강사님처럼 되고 싶어요."라는 한 학습자의 말에 가슴이 뛰면서 시작됐다. 2019년 1월, 공무원직을 사직하고 본격적인 강사의 길로 들어선 그녀는 곧 강사 세계의 냉혹한 현실과 마주했다.

"겉보기에는 너무나 선량하고 법 없이도 살 수 있을 것 같은 유명 강사였는데, 사기꾼이었어요. 제가 참지 못하고 고발해서 형사재판까지 간 경우도 있었죠."

초기에 겪은 이 충격적인 경험은 그에게 강사의 인간성이 얼마나 중요한지 절실히 깨닫게 했다. 그 밖에도 앞에서는 응원하는 척하면서 뒤에서 모함하는 강사도 있었다.

"강의 경력 20년이 넘는 리더들의 그런 모습들을 보면서 엄청나게 상처를 많이 받았어요. 그래서 죽기 살기로 더 열심히 하면서 한국강사교육진흥원을 만들게 됐고, 인간다움을 많이 강조하게 된 거예요. 그분들 덕분에 성공했다고 해도 과언이 아니죠."

기술보다 마음을 움직이는 강사

김순복은 코로나19가 한창이던 2020년, 강의장이 문을 닫자 즉시 온라인으로 전환했다. 그녀는 디지털에 두려움을 느끼는 중장년 강사들에게 "디지털 친화적인 강사가 되어야 한다."라는 모토로 기술 교육을 제공했다.

해시태그가 뭔지도 모르던 사람, 컴퓨터를 전혀 할 줄 모르는 사람들에게 기초부터 가르쳐주었다. 그런 수강생들이 성장해서 지금은 김 원장을 뛰어넘는 강사가 됐다.

숟가락 난타로 유명해진 이복자 원장도 김 원장에게서 디지털 기술을 배운 대표적인 사례다. 처음엔 음악학원을 운영하며 "교수님, 숟가락 난타를 해보고 싶은데 과연 될까요?"라며, 조언을 구했던 이복자 원장은 지금 각종 방송에 출연하며, 숟가락 난타로 전국을 강타하는 명인이 됐다.

김 원장의 강의 철학은 단순하다. '퍼주기 아줌마'라는 별명이 말해주듯, 자신이 가진 것을 아낌없이 나누는 것이다.

"가진 것을 자꾸 주는 거예요. 강의 자료가 필요하다고 하면 옛날 관련 자료까지 다 줘버려요. 강의 AS가 100년이라고 말하면서, 몇 년 전에 수강한 사람들도 질문하면 다 찾아서 알려주고."

그녀는 과거 수강생에게 무료로 1:1 코칭을 해주고, 퇴직 사실을 모르고 문의하는 공무원들에게도 성심껏 답변하는 등 '강의 이후'에도 헌신적인 모습을 보인다. 이런 진정성 있는 접근이 '느껴지는 강사'로서 그녀의 영향력을 키우는 비결이다.

"수많은 강의료를 받는 것보다 사람들이 제 강의를 통해 성장하고 변화되는 게 더 기쁘고 가치로운 일이에요. 이게 제가 강사로 살아가는 사명이라고 생각합니다."

인간다움이 이끄는 AI 시대의 교육

김순복은 AI와 기술이 발전할수록 오히려 인간다움의 가치가 더욱 중요해진다고 강조한다. 그녀에 따르면 진정한 강사의 힘은 'PPT를 잘 만들고 AI 도구를 능숙하게 다루는 것'이 아니라, 학습자의 마음을 움직이고 변화의 동기를 심어주는 데 있다.

"강사는 강의력은 두 번째이고 인간다워야 합니다. 인성이 갖춰진 강사만이 강의실에서 마이크를 들고 누군가 앞에 설 수 있어요. 아무리 강의를 잘해도 인성이 바닥인 사람이 강의하는 건 금새 한계에 봉착한다고 생각해요."

이러한 철학을 바탕으로 그녀는 '김순복의 강사 레볼루션' 프로그램을 시작했다. 수십 년간 쌓아온 경험과 지혜를 디지털 시대에 맞게 디지털 언어로 재해석해 레전드 강사로 만들겠다는 야심찬 계획이다.

강의 AS는 평생 서비스다

○ 숨은 포인트: AI 시대에 진정성은 더 강력한 경쟁력이 된다.

○ 실행 팁

▶ 수업 후에도 연락 가능한 전화번호를 적극 공유하라.

▶ 관련 강의 자료는 요청 시 즉각 공유하라.

▶ 따뜻한 공감과 격려를 통해 수강생들의 자존감을 높여라.

'청중을 먼저 생각하라', 그 진짜 의미에 대하여

최동하(단국대학교 경영대학원 초빙교수)

최동하는 광고 대행사에서 프레젠테이션의 달인으로 활동하다 코칭과 강의 분야로 전향한 커뮤니케이션 전문가다. 현재 대학에서 협상을 가르치고 있으며, 다양한 조직에서 교육과 컨설팅을 진행하고 있다. 그가 강사들에게 전하는 핵심 메시지는 단순하지만 강력하다. "청중을 먼저 생각하라."

광고맨에서 강사로, 프레젠테이션의 경험이 만든 차이

강사 생활은 남다른 배경에서 시작됐다. 그는 20년 넘게 광고 대행사에서 일하며 수없이 많은 프레젠테이션을 경험했다. 특히 경쟁 프레젠테이션에서 단련된 그의 경험은 현재 강의 활동에 큰 자산이 되고 있다.

"광고 대행사에서 했던 프레젠테이션은 주로 경쟁 프레젠테이션이거든요. 수주를 위해서는 엄청나게 많은 변수들을 고려해서 해야 되기 때문에 굉장히 어려워요."

코칭을 처음 접한 그는 매스 커뮤니케이션에서 인터퍼스널 커뮤니케이션으로의 전환에 매력을 느꼈다. 이 지점에서 강의는 훨씬 자유롭다고 그는 말한다. 강의는 자신이 정리한 내용을 청중들을 살펴가면서 어떻게 하면 도움이 될까를 생각하면 되기 때문이다. 하지만 이런 자유로움이 오히려 함정이 될 수 있다는 것을 그는 뼈저리게 깨닫게 되었다.

가장 기억에 남는 실패담은 교사들을 대상으로 한 코칭 강의에서 일어났다. 경기도의 한 고등학교에서 교사들에게 강의하던 중, 그는 한 교사의 거침없는 지적을 받았다.

"강사님, 교사들에게 코칭에 대해서 강의를 할 때는 교사라는 직업의 특수성을 충분히 고려해야 돼요. 우리들이야말로 강사의 전형이잖아요. 맨날 애들 가르치는 사람들이니까요."

그는 교사들의 특성을 제대로 파악하지 못했다. 교사들이 써먹을 수 있는 차별화된 콘텐츠를 제공하지 못했고, 뻔한 이야기만 반복했다. 교사들은 '그런 거 다 우리가 알고 하고 있는 건데…' 하는 표정이었고 새삼스럽다는 듯이 "여기서 이 정도 수준의 얘기를 하면 참 곤란한 거 아닌가?"라는 직격탄을 맞았다.

강사로서 상처기 아물기 전, 또 다른 뼈아픈 경험은 임원급들을 대상으로 한 강의에서 일어났다. 최 대표는 당시 좌중을 압도하려는 욕심에 심리학의 대가 융의 그림자 이론을 활용해 한 임원에게 도발적인 질문을 던졌다.

"재무이사님, 제일 세상에서 제일 마음에 안 드는 그런 스타일의 사람은 누굽니까?"

재무이사는 "정확하지 않고 거짓말하는 사람"이라고 답했다. 최 대표는 융의 그림자 이론을 들어 "이사님이 그렇게 말하는 건 어쩌면 그런 사람에 대한 부러움이나 부족함이 있어서 그런 겁니다"라고 설명했다. 하지만 이는 재무라는 직업의 특성상 정확성과 진실성을 생명으로 여기는 그의 정체성을 정면으로 건드리는 발언이었다.

"그분은 그런 직업이기 때문에 굉장히 민감한 거죠. 자기 정체성을 건드린 거예요."

결국 그 재무이사는 "내가 30년간 이 일을 하면서 그걸 신념으로 알고 일 해왔는데, 거기다 대고 그게 부럽다니 그게 말이 됩니까? 이런 교육을 도대체 왜 하는 거예요?"라며 강의실을 나가버렸다.

강사의 실수는 메시지가 아니라 청중을 놓치는 데서 비롯된다

그는 많은 강사들이 범용적인 강의를 추구하는 것에 대해 경계한다. "시키는 거 다 해요."라고 말하는 강사들을 보면서 "그거는 아무 것도 못하는 거하고 똑같다."고 단언한다.

"주제가 같더라도 청중이 다 다르니까 교안을 새로 쓸 정도로 스터디를 하고 가야 되는 거죠."

청중에 대한 이해는 진정한 의미의 전문 강사로 성장하기 위한 필수 조건이라고 그는 말한다. 더 많은 수입을 올리고, 더 전문적으로 성장하기 위해서는 반드시 청중 맞춤형 강의와 강사가 되는 훈련이 필요하다는 것이다.

최동하의 메시지는 명확하다. 강의의 성공은 강사의 지식이나 화술보다 청중에 대한 깊은 이해와 배려에서 시작된다는 것이다. 이는 모든 커뮤니케이션에 적용되는 만고불변의 진리이기도 하다.

청중이 고마워할 만큼 준비하라

- ○ 숨은 포인트: 강의 내용에 '청중이 쓸 수 있는 것'을 담아야 반응이 온다.
- ○ 실행 팁
- ▶ 강의 전에 반드시 청중의 직군, 관심사, 최근 교육 트렌드를 조사하라.
- ▶ 강의 의뢰 담당자와 사전 대화를 통해 강의 기대치를 파악하라.

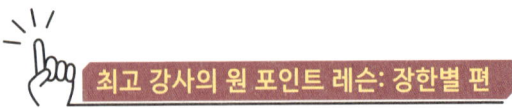
최고 강사의 원 포인트 레슨: 장한별 편

청중의 문제 해결까지 가야 비로소 완성

장한별(프로커뮤니케이션 대표)

장한별은 15년 이상 강사로 활동해 온 강의 전문가다. 기업과 공공기관을 중심으로 커뮤니케이션과 CS(Customer Satisfaction) 분야의 강의를 해왔다. 그의 이력은 강사에만 머물지 않는다. 한국강사신문 기자, 칼럼니스트, 작가로도 활동하며 '말하는 사람'으로 살아가는 삶을 확장해왔다.

그가 강의 초기에 겪은 실수는 강사의 기본을 돌아보게 만든 계기였다. 한 정치인의 사진을 웃음 요소로 사용했던 강의 현장에서 한 수강자로부터 20분간 호된 질책을 받았던 경험이다.

"그날 이후, 정말 많이 반성했어요. 내가 하고 싶은 말만 하고 있었구나. 그들이 듣고 싶은 말이 뭘까? 나는 왜 고민하지 않았을까?"

호텔 중식당 근무 시절의 일화도 강사의 자산이 되었다. 머리가 달린 새우 요리를 손님이 다 먹었다고 판단하고, 의사도 묻지 않고 치워버렸다가 항의를 받았던 경험이다. 손님은 아직 식사중이었던 것이다. 이 경험들을 통해 그는 '보통은 이래.'라는 자신의 데이터만으로 누구에게나 적용하려 했던 오만함을 반성하게 됐다.

'사용자 친화성' 강의의 중요성 그리고 좋은 강의를 위한 공부
장한별은 강의안을 매번 새로 고친다. 단순한 업데이트가 아니다. 청중에 따라 말투, 사례, 강조점까지 조정하는 일종의 '리셋'이다. 강의를 들을 사람의 직군, 연차, 고민, 상황을 가능한 한 많이 파악하려고 한다. 그는 이런 태도를 '사용자 친화성'이라고 표현한다. 청중을 고객으로 생각하고, 고객이 쉽게 이해하고, 갖고 있는 문제를 해결하는 데 도움이 되는 태도를 일컫는다. 그가 강의 준비를 하기 위한 공부도 '사용자 친화성'을 강화하기 위함이다.

"많은 강사들이 매스컴에 나올 만큼 유명하지 않아요. 책을 쓰고 강의를 많이 한다고 대중들이 많이 아는 것이 아니죠. 그런데 청중이 나를 보게 하려면 신뢰를 줘야 하잖아요. 가장 좋은 방법은 강의의 근거를 탄탄하게 해서 신뢰도를 높이는 겁니다."

이를 위해 심리학, 뇌과학, 인문학 서적을 탐독하며 자신의 주장에 과학적, 인문학적 근거를 찾는 노력을 게을리하지 않는다. 가령 "청소 잘해야 된다."는 누구나 할 수 있는 뻔한 이야기가 아닌, 왜 청소가 중요한지에 대한 근거 제시를 통해 설득할 수 있어야 한다는 것이다.

CS 교육의 한계를 넘어서

그의 전문 분야인 CS 교육에서도 이런 철학이 빛을 발한다. 기존의 CS 교육이 "친절해야 된다.", "사과해야 된다."는 일방적 지시에 그쳤다면, 그는 직원들의 현실적 한계까지 고려한 해결책을 제시한다.

커피숍 직원을 대상으로 한 교육 상황을 예로 들어보자. 강사가 "여러분 친절해야 됩니다. 컴플레인이 오면 사과하고 문제를 해결해 줘야 됩니다."라고 가르치면, 직원들은 이렇게 반박할 수 있다.

"강사님 우리도 해결해 주고 싶은데요. 저희는 직원 수가 부족해요. 너무 바쁘고요. 예를 들어 긴 대기로 인한 컴플레인이 오면 해결해 줄 수 없어요."

또 다른 상황도 마찬가지다. "고객이 커피 맛이 이상한데 바꿔주세요."라고 하면, 매뉴얼에 커피 교환 규정이 없어서 직원이 할 수 있는 건 "죄송합니다." 뿐이에요. 그런데 고객은 "죄송합니다."로 끝나면 정말 끝이 아니죠. 문제가 해결이 안 됐잖아요. 그런데 강사는 CS 교육을 받는 직원한테 자꾸 사과하라고 하고 친절하라고 해요."

그는 일방향으로 흐르기 쉬운 CS 교육의 구조적 문제를 비판하며, '현실적인 대안'을 제시할 수 있는 강사가 되어야 한다고 강조한다. 그는 모 여대 앞 김치찌개 식당의 사례를 들려주었다.

"고객이 대기하는 순간 스톱워치를 누르면서 줘요. 그러면서 '대기 시간이 15분이 지나면 계란말이를 서비스로 드립니다.'라고 해요. 그러면 어떤 일이 발생하냐면 고객들이 그 시간을 오히려 기다리는 거에요."

그가 말하는 청중에 대한 이해는 바로 이것이다. 문제 해결까지 가야 비로소 진정성 있는 강의에 도달한다. 고객 입장에서 기분이 나쁘지 않도록, 직원 입장에서 할 수 있는 방법을 함께 찾는 것. 이것이 진짜 사용자 친화적 강의라는 것이다.

하고 싶은 말을 하지 말고, 듣고 싶은 말을 하라

○ 숨은 포인트: 사용자 친화를 위해 공부하는 강사만이 살아남는다.

○ 실행 팁

▶ 청중의 직군, 연차, 관심사, 상황을 구체적으로 파악하라.

▶ CS 교육은 '사과'가 아니라 '해결책'에서 출발해야 한다.

최고 강사의 원 포인트 레슨: 최주리 편

수식어가 있는 강사가 되어야 합니다

최주리(올댓매너연구소 대표)

강사가 되는 길은 저마다 다르지만, 살아남기 위한 몸부림에서 시작된 강의는 특별한 힘을 갖는다. 최주리 역시 그랬다. 극장 CGV VIP 라운지에서 와인을 서빙하던 20대 청년은 카페와 고급 레스토랑 그리고 식음료 현장을 누비며 와인의 매력에 빠졌다. 그러던 어느 날, 누군가의 권유로 강의 세계에 입문했다.

"처음엔 강사라는 직업이 뭔지도 몰랐어요. 그래도 누군가에게 무언가를 알려주는 일이 좋아서 뛰어들었어요."

처음에는 CS(고객서비스) 교육으로 시작했다. 현대백화점 사내 강사로 일하며 아르바이트생부터 매니저까지 교육을 담당했다. 하지만 CS 시장은 진입 장벽이 낮은 대신 경쟁이 치열했다. 강의 수요는 많지만 나만의 콘텐츠가 없으면 도태되는 구조였다. 생계를 위해 닥치는 대로 강의하면서도 '나만의 분야'를 찾지 않으면 힘들겠다는 위기감은 점점 커졌다.

첫 번째 전환: CS에서 와인으로

위기감을 느낀 최주리는 자신만의 전문 분야를 찾기로 결심했다. 과거 식음료 업계에서의 현장 경험과 와인 자격증을 바탕으로 와인 강사로의 전환을 시도했다. 대학 와인 전문가 과정을 이수하고, 석사 과정까지 마쳤다. 와인 협회 이사, 심사위원 등으로 활동하며 기업 대상 와인 강사로서 나아갔다.

처음에는 기업에서 의뢰를 받지 못했기 때문에 원데이 클래스로 시작해 레퍼런스를 쌓아갔다. 누구의 도움도 없이 혼자서 차근차근 전문성을 구축해나갔다.

두 번째 위기: 코로나와 경쟁자 증가

10년 차가 되던 2020년, 코로나19로 인해 예상치 못한 위기가 찾아왔다. 와인 시장은 오히려 확대되었지만, 온라인 강의라는 새로운 형태가 등장했다. 많은 강사들이 와인을 소분해서 배송하는 방식으로 온라인 강의를 시작했지만, 최주리는 와인 산패 위험 때문에 이를 거부했다.

"와인을 오픈해서 강의 듣는 사람들에게 작은 통에 따로 따라서 각각 배송해 주는 건데, 자칫 산패될 수 있어서 위험해 보였어요. 와이너리에서 직접 제품으로 나온 게 아니다 보니….”

이 시기에 유튜버, 소믈리에, 와인샵, 수입사, 애호가 등 다양한 배경의 와인 강사들이 대거 등장했다. 시장은 커졌지만 경쟁자도 급증한 것이다.

"강사들이 와인 강사들도 한꺼번에 코로나 시기에 진짜 많이 쏟아져 나왔거든요. 경쟁자들이 너무 많아진 거예요."

세 번째 진화: 와인에서 비즈니스 와인으로

최주리는 또 다시 차별화의 필요성을 느꼈다. 단순히 와인 강사가 아니라, 와인 안에서도 더욱 전문화된 영역을 찾아야 했다. 10년간의 기업교육 경험을 바탕으로 '비즈니스 와인'이라는 새로운 분야를 개척했다.

그녀는 그동안 기업 대상 와인 강사로 활동한 이력을 바탕으로 국내 1호 와인 비즈니스 컨설턴트(대한민국최고기록인증원)라는 타이틀을 얻었다. 과거 CS 자격증과 더불어 의전 매너 자격증, 최근에는 협상 자격증 등 비즈니스 상황에서 활용할 수 있는 자격증을 취득해 더 견고하게 만들어갔다. 일반적인 와인 강의와 달리 비즈니스 상황에서 활용할 수 있는 실무적 내용에 집중했다.

나만의 분야를 뾰족하게, 그리고 또 뾰족하게

그 결과 최주리는 기업 대상 와인 강사로서 최고 수준의 위치가 됐다. 물론 와인 아카데미 분야는 유학파도 많고 최대표보다 뛰어난 강사가 많지만, 기업 와인 강의 분야에서 만큼은 그녀를 모르는 사람이 없을 정도다. 전문 분야를 뾰족하게 다듬은 결과다.

그녀는 단기적으로는 이것저것 하는 강사가 더 많은 수익을 올릴 수 있지만, 장기적으로는 전문 분야가 있어야 생존할 수 있다고 강조한다. 만약 한 강사가 A부터 Z까지 모든 강의를 다 한다면, 그 강사는 사람들 머릿속에서 잊혀진다는 것이다. 강사는 자기 경험만큼 강의할 수 있다는 것이 최주리의 소신이다. 그 이력을 한 문장으로 설명할 수 있을 때 바로 남과 다른 전문 영역에 있는 것이라고 강조한다.

"이름이 불렸을 때, 연상되는 한 문장이 있어야 해요. '최주리=와인 비즈니스 강사'처럼요."

원 포인트 팁

누군가 내 이름을 들었을 때 떠오르는 강사 소개 문구가 있어야 한다

○ 숨은 포인트: 분야를 좁히면 깊이는 자동으로 따라온다.

○ 실행 팁

▶ 내 이름을 들었을 때 연상되는 수식어를 하나로 정하라.

▶ 지금 벌기보다 5년 후에도 살아남는 전략을 세워라.

Epilogue

"교육은 나눌수록 깊어지고,
지식은 나눌수록 커진다."

『강의 트렌드 2026』 집필을 위해 12명의 집필진이 매월 모여 집필 교육을 진행했다. 각자의 강의 경험을 글로 풀어내고, 서로 다른 분야의 아이디어를 나누며 먼저 집필진이 배움과 지식을 공유했다. 그 과정에서 집단지성의 힘을 확인했고, 나눔에서 오는 기쁨도 느낄 수 있었다. 서로의 차이를 존중하며 하나의 흐름을 만들어낸 과정 자체가 우리가 말하는 '교육의 본질'을 보여주었다.

정현희
(한국강사신문
강사사업본부장)

강의 현장 역시 이와 다르지 않다. 한 사람의 배움이 강의실에서 나누어질 때, 그것은 더 큰 울림으로 확장된다. 강사의 경험은 학습자에게 새로운 시각을 열어주고, 학습자의 질문은 강사에게 더 깊은 성찰을 안겨준다. 교육은 이렇게 이어지며, 서로의 배움이 서로를 성장시킨다.

『강의 트렌드 2026』은 기업교육의 흐름을 기록한 결과물이자, 교육을 만들어가는 사람들의 이야기다. 올해는 특히 교육담당자를 직접 만나 그들의 목소리를 담았다. 강의를 기획하고 섭외하는 이들이 무엇을 고민하는지, 기업은 변화에 어떻게 대응하는지를 가까이에서 살피고자 했다. 모든 기업과 교육담당자의 상황을 대변할 수는 없지만, 다양한 경험의 축적은 다른 기업에도 인사이트를 줄 것이라 믿는다.

기업교육이 의미 있는 성과로 이어지려면 교육담당자의 기획력, 강사의 전문성과 진정성, 학습자의 성장 의지가 함께 모여야 한다. 교육은 혼자 만들어내는 결과가 아니다. 나눔이 쌓일 때에만 교육은 살아 움직인다. 앞으로의 교육은 더 많은 협력과 연결 속에서 발전할 것이다.

이 책은 강의 현장 이야기를 담고 있다. 이론에 머물지 않고, 현장에서 좋은 피드백을 얻을 수 있는 방법과 각 강의 분야의 최신 트렌드를 소개한다. 같은 분야의 강의라면 더욱 세밀한 시사점을 얻을 수 있을 것이고, 다른 분야의 강의라 하더라도 지금 필요한 교육방법론을 발견할 수 있을 것이다. 특히 김민태 부장의 '강사가 강사에게 전하는 원포인트 레슨'은 강사라면 누구나 고민했을 문제에 대한 현실적 해답을 제시한다. 자신을 성장시키고 더 나은 세상을 만들고자 강의하는 이들에게 큰 도움이 되길 바란다.

이번 집필 과정은 쉽지 않았다. 그러나 그 고민의 깊이만큼 『강의 트렌드』 시리즈는 점점 무르익어가고 있다. 교육의 트렌드를 읽는다는 것은 한 발 앞서 준비하기 위한 과정이다. 교육의 본질은 변하지 않되, 전달하는 수단과 방법의 변화가 더 효율적인 교육 운영을 이끌어줄 것이다.

끝으로, 기업교육 현장의 귀한 경험을 나눠준 집필연구위원 전)CJ인재원 이재하, 전)DB인재개발원 우성민, HD현대마린솔루션 김유진, NCSOFT 김서연, OB맥주 김혜영, 삼성화재 서성일, 카카오모빌리티 성하준, 코스맥스BTI 이종찬, 중소벤처기업연수원 김명진, 한국타이어 주윤진 교육담당자에게 깊이 감사드린다.

또한 마지막까지 함께해 준 12명의 집필진, 멋진 프로필 사진을 담아준 남상욱 작가, 그리고 출간 과정 전반에서 든든히 힘이 되어 준 한상형 대표에게도 고마움을 전한다.

『강의 트렌드』가 기업교육의 변화를 읽고 대비하는 데 도움이 되길 바란다.

〈강의 트렌드 2026 집필진과 운영진〉

한국강사신문 / 한국강사에이전시

한국강사신문은 '강사는 스승'이라는 생각에서 2016년 5월 15일 스승의 날에 창간한 인터넷신문사입니다. 강사뉴스, 책과 사람, 북세미나, 인터뷰, 칼럼을 다루는 '강사를 위한 전문뉴스'입니다.

대한민국 포털사이트 네이버, 다음, 구글, 줌, 네이트, 마이크로소프트와 MOU를 체결해 실시간 기사를 송출하고 있으며, 월 100만 명 이상이 한국강사신문을 방문하고 있습니다. 2023년 12월에는 EBS와 "품격 있는 국내 강연 문화 조성과 상호 콘텐츠 교류 협력"을 위한 업무협약을 체결한 후 강사를 위한 유기적인 협력관계를 유지하고 있습니다.

한국강사신문의 강사추천사업부인 '한국강사에이전시'는 강사들의 브랜딩을 돕고, 교육 기관에 강사를 추천하고 있습니다. 강의 취재와 인터뷰를 통해 다양한 분야의 실력 있는 강사들을 발굴하여, 기업과 기관에 강사를 추천하고 있습니다.

한국강사에이전시는 다양한 기업과 기관에 강사를 추천할 뿐만 아니라 의뢰 기관이 원하는 교육을 기획하여 진행하고 있습니다. 기업과 기관과의 온라인 콘텐츠 개발 등도 진행 중입니다. '네이버' 포털사이트에서 운영하는 '네이버엑스퍼트'에 전문가로 강사를 추천하여 상담을 할 수 있도록 지원하고 있습니다.

또한 '오늘의 강사', '주간강사', '월간강사'를 운영하여 강사를 소개하고 추천하고 있습니다. '오늘의 강사'는 월요일부터 목요일까지 기사로 소개됩니다. '주간강사'는 매주 1회, '월간강사'는 매월 1회 한국강사신문에 기사화되는 것뿐만 아니라 300여 곳의 기업과 기관 교육담당자에게 이메일 서비스가 이루어집니다.

■ 한국강사에이전시 강사 섭외문의

일반전화: 02-707-2210
문자문의: 010-3178-0827
메일문의: gaeahh17@gmail.com